中國學術思想 研究輯刊

二一編

林慶彰 主編

第1冊

《二一編》總目

編輯部 編

戰國時期道家之宇宙生成論

鄭倩琳 著

花木蘭文化出版社

國家圖書館出版品預行編目資料

戰國時期道家之宇宙生成論／鄭倩琳 著 -- 初版 -- 新北市：花
木蘭文化出版社，2015〔民 104〕
目 4+200 面；19×26 公分
（中國學術思想研究輯刊 二一編：第 1 冊）
ISBN 978-986-404-040-7（精裝）
1. 老莊哲學 2. 道家
030.8   103027143

ISBN-978-986-404-040-7

9 789864 040407

中國學術思想研究輯刊
二一編 第 一 冊   ISBN：978-986-404-040-7

戰國時期道家之宇宙生成論

作　　者　鄭倩琳
主　　編　林慶彰
總 編 輯　杜潔祥
副總編輯　楊嘉樂
編　　輯　許郁翎
出　　版　花木蘭文化出版社
社　　長　高小娟
聯絡地址　235 新北市中和區中安街七二號十三樓
　　　　　電話：02-2923-1455／傳眞：02-2923-1452
網　　址　http://www.huamulan.tw 信箱 hml 810518@gmail.com
印　　刷　普羅文化出版廣告事業
封面設計　劉開工作室
初　　版　2015 年 3 月
定　　價　二一編 27 冊（精裝）台幣 50,000 元

《二一編》總目

編輯部　編

《中國學術思想研究輯刊》二一編 書目

《中國學術思想研究輯刊》二一編各書
作者簡介・提要・目次

第一冊　戰國時期道家之宇宙生成論

作者簡介

鄭倩琳，台灣宜蘭縣人，一九七八年生，國立臺灣師大國文系博士。撰有《戰國時期道家之宇宙生成論》（碩士論文）、《先秦至魏晉孔子形象之道家化歷程——兼論儒道關係》（博士論文）及〈宗密難儒道元氣論探析——以《原人論》為討論中心〉、〈從《論語釋疑》之聖人論探王弼「以玄釋經」之得失〉、〈從《郭店・老子甲》「絕智棄辯」章探析《老子》相關思想之詮釋發展〉、〈從《莊子》外雜篇中「孔子困厄」之論述探析儒道之衝突與會通——兼論孔子形象之詮釋〉等單篇論文，並參與編輯《兩漢諸子研究論著目錄》。

提　要

本論文以「戰國時期道家之宇宙生成論」為題，旨在研討戰國時期道家文獻所呈顯出的宇宙生成思想。

在研究步驟上，筆者先就宇宙生成問題的起源作一考察，以求了解戰國時期對此一論題的討論情形。其後，再依次討論各文獻中有關宇宙生成問題的論述。最後，著手戰國道家宇宙生成思想對漢代氣化宇宙論之影響的研究。

各章之大旨如下：

第一章：說明本論文之研究動機、研討範圍，並交代戰國時期宇宙生成思潮產生的學術背景。

第二至八章：分別探析《老子》、《莊子》、黃老帛書、〈太一生水〉、《管子》、《鶡冠子》、《呂氏春秋》等文獻的宇宙生成論及其相關問題。

第九章：總結前論，並以此為基礎，進一步研究戰國時期道家宇宙生成論與漢代氣化宇宙論的關聯。

本文所得之結論是：戰國時期為道家宇宙生成論之重要發展階段。在《老子》、《莊子》、黃老帛書、〈太一生水〉、《管子》、《鶡冠子》、《呂氏春秋》等文獻中，各家的宇宙生成序列雖有不同；然而，其所討論的議題，有不少是重疊互見的。此正顯示出此一時期道家學者在宇宙生成議題上，所關注的焦點相去不遠，「宇宙」、「太一」、「神明」、「陰陽」、「精」、「氣」等課題皆在此時得到了充分的討論與詮釋。更值得注意的是，兩漢時期的氣化宇宙論正奠基於此一時期道家宇宙生成論的成果。

目　次

第二冊　五德終始說研究

作者簡介

藏明，山東煙臺人，歷史學博士，山東大學哲學博士後流動站博士後，現就職於邢臺學院法政學院，爲本專科生開設過《中國思想史》、《中國哲學史》、《中國傳統文化》、《旅行社經營與管理》等課程，主要從事中國史學、中國哲學的教學與研究，先後在《西北大學學報（哲學社會科學版）》、《中國礦業大學學報（哲學社會科學版）》、《華夏文化》、《管子學刊》、《科學‧經濟‧社會》、《明清海防研究》、《聊城大學學報（哲學社會科學版）》、《邢臺學院學報》、《衡水學院學報》等刊物上發表論文十餘篇，並參編《一本書讀懂中國哲學史》等書籍。

提　要

「陰陽家」是先秦時期重要的學術流派，司馬談在《論六家要指》中曾對陰陽五行學派的相關學說進行過論述，可見，該學派在當時有著較大的影響。陰陽之爲「家」始於鄒衍，鄒衍是陰陽學派的重要代表人物和學術集大成者。鄒氏的思想宏繁複雜，既有關於宇宙生成理論的五行相生說，又有相關的地理學理論——大小九州學說，還有陰陽主運說，而在鄒氏的眾多思想學說中，影響最大、流傳最廣的就是他的「五德終始說」。

從秦漢開始，「五德終始說」就成爲了歷代封建王朝的統治工具，歷代帝王都自稱「奉天承運皇帝」，就是宣稱他們是奉了天命，承接「五德終始」的

秩序來統治人民的。可見，該理論學說的確在歷史上產生過一定的影響，而五德終始說則主要具有四層含義：其一，是歷史觀的意義；其二，是正統論的意義；其三，是政治上的意義；其四，是思想上的意義。學術界無論是對其歷史觀意義、正統論意義的研究，還是對其政治意義的研究，都有一定的學術成果。但對於五德終始說思想史意義的研究，卻略顯欠缺。一種學說一旦產生就不會停滯不前，而是會在諸多思想家的傳承下繼續向前發展，五德終始說也不例外。梁啟超、侯外廬、徐興無等學者就認為，董仲舒、劉向對鄒衍的思想學說有所傳承，而他們所傳承的主要內容就是五德終始說。本文所要探討的重點就是五德終始說的產生，以及董仲舒、劉向對其的傳承與發展。

　　春秋戰國以來，陰陽觀念與五行觀念得到了長足的發展，它們由樸素的自然觀念發展成為了具有抽象意義的哲學概念。特別是，隨著陰陽觀念與五行觀念的繼續發展，二者完成了合流，這為五德終始說的形成奠定了相應的理論基礎。加之，戰國中期以後「造帝」運動盛行，這就為五德終始說的形成提供了終極的理論目標——構建大一統的政權。最為重要的是，鄒衍對儒家思孟學派的五行說、道家的自然觀，以及墨家、法家的相關理論進行了借鑒與吸納，使得五德終始說已經呼之欲出，尤其是燕昭王稱「北帝」的政治活動，直接促成了五德終始說的產生。五德終始說產生以後，並沒有停滯不前，董仲舒、劉向都從各自的時代背景出發，並結合自身的學術傳統，對五德終始說進行了繼承與發展。就董仲舒而言，其繼承了五德終始說中的「貴土」思想，並將土與忠、孝相聯繫，進而用於其宗法思想的構建。董仲舒還對五德終始說的自然之天理論進行了借鑒，並將其用於自身道德之天學說的構建。董仲舒同樣對五德終始說進行了發展，其一，他將陰陽觀念、五行觀念引入社會控制領域，並引申出了「三綱」觀念與「五常」觀念，彌補了「五德終始說」缺乏社會控制的缺陷。其二，他以五德終始說為藍本構建起了自身的「天人感應」學說，並對五德終始說的「符應」理論進行了初步的解釋。除此之外，董仲舒還在五德終始說的基礎上了構建起了自身的「三統說」。就劉向而言，其繼承了五德終始說中的政權轉移理論，進而認為天命不拘於某朝某代，而是不斷更替變化的。劉向同樣對五德終始說有所發展。其一，他借鑒了五德終始說「符應」理論的框架，並吸納了董仲舒「天人感應」學說中的相關理論，進而構建起了自身的「災異學說」。第二，他發展了五德終始

說以自然五行之間的生剋關係作爲政權轉移動因的理論，將自然之五行比附於人事，並認爲君王、大臣、女性等是促進歷史發展的重要因素，使五德終始說變的更加系統與全面。五德終始說是我國古代先哲們對歷史發展規律與歷史發展動因等問題進行思考的理論結晶，通過對五德終始說的研究，可以探尋出中國傳統文化所散發出的蓬勃發展的無窮生命力。

目 次

第三冊　老莊「自然」觀念的產生和變化

作者簡介

　　夏紹熙，1980 年出生於雲南省會澤縣。1999 年考入西北大學文博學院歷史學基地班，2003 年畢業，獲歷史學學士學位。同年保送西北大學中國思想文化研究所攻讀碩士，導師謝陽舉教授，2006 年畢業，獲歷史學碩士學位，學位論文為：《海德格爾與老莊思想的初步比較》。同年考取中國思想文化研究所博士研究生，導師張豈之教授，2009 年畢業，獲歷史學博士學位，學位論文為：《老莊自然觀念的產生和變化》。此後留校任教，現為中國思想文化研究所講師，研究方向為道家道教思想史。

提　要

　　「自然」觀念是中國思想史上極為重要的思想觀念，它的產生標誌著中國古代理論思維出現了質的飛躍。本文探討老莊「自然」觀念產生和變化的過程。嘗試運用社會史與思想史相結合的方法分析老莊「自然」觀念產生的社會歷史基礎，運用認知科學及其認知語言學、認知隱喻學的方法分析「自然」觀念的意義。

　　春秋戰國時期社會與思想急劇變動，產生社會變遷的主要原因是西周氏族宗法制度的動搖，與此相關聯的政治、經濟、思想觀念也在不同的層次上不斷重組，逐漸形成各種複雜的關係，並產生新的意義。當時，人們面臨的主要歷史問題是，應否清算或如何清算西周遺制，也就是如何面對急劇變化的現實世界的問題。

　　老子提出「道」的觀念，突破商周以來的宗教思想，對世界做總體的思

考,「自然」觀念是老子在深思「道」的意義過程中提出的。「自然」觀念的產生與老子思想的繼承性和創造性密切相關。本文從認知科學的角度分析了老子思想的創造性,並討論了老子「自然」觀念的特點,認為「自然」觀念充分展現了中國古代思想所能達到的深度。「道法自然」這個重要命題是一個隱喻結構。喻源域「道」的豐富影像映射到目標域「自然」之上,二者互動產生了「常」、「有無」等新的意義。老子思想有明顯的史官推天道以明人事的思維傾向。他指出人的行為是從自然之道的運行過程中發源的,自然之道規定了人的行為。

莊子以「自然」為中心繼承和發揮了老子的思想,以強烈的懷疑和批判精神,消除老子對「道」進行實體化描述的努力,剔除老子思想中陰謀詭詐、而不誠的因素。對老子提出的「自然」觀念進行了全面的深化。以兩行的態度、懷疑的方法、深層的直覺、靈活的語言、豐富的想像、超越的精神創造了一系列新觀念、新方法對「道」、「自然」等觀念進行了更深入的解釋,將「自然」觀念引入更豐富、更開放、有更多可能性和差異性的世界。將老子「道法自然」的思想深化為「道兼於天」的思想,突出了「自然」觀念的超越性。並從深入體驗、對現實世界的開放性認知、勤行實踐、站在較高層面上的全面反思等方面闡釋了「自然」觀念的超越性。

目　次

第四冊　老子與先秦思想：以儒墨道法爲主的考察

作者簡介

　　王強，1979 年 8 月生，陝西神木人。歷史學博士，研究方向爲中國思想文化與馬克思主義比較。在《光明日報》、《中國社會科學報》、《西北大學學報》、《求索》、《軍事歷史研究》、《華南理工大學學報》等刊物發表學術論文40 餘篇，其中多篇論文被《高等學校文科學術文摘》等刊物轉摘，論文《近代以來中國社會價值體系的變遷——兼論中華民族偉大復興的價值基礎》榮

獲第十屆全國馬克思主義論壇「青年優秀論文」。

提　要

　　春秋末期，禮崩樂壞，中國禮樂文明該向何處去，成爲先秦諸子所共同探討的時代課題。

　　戰國初期，以老子「自然」觀念爲基礎，諸子的「變化」觀念產生了，「變化」是「自然」的一種特殊形態，是從「不自然」向「自然」回歸的過程。莊子用「自然」來統攝生成變化，《易傳》則在儒家的立場上用陰陽來說明萬物生成變化的過程，創立了以「生生之德」爲核心的宇宙觀。

　　戰國中期，諸子用「精氣」思想來詮釋「道」的內涵，爲心性論的出現奠定了思想基礎。《管子》四篇實現了這個理論轉變，指出「氣」對於天地萬物的意義，以及「氣」對於身心的作用。在此基礎上，孟子與莊子闡述了各自的心性論。孟子從良知出發，在實踐倫理生活中擴充四端，終得「浩然之氣」；莊子則經「心齋」、「坐忘」、「喪我」超越感官欲望，在獲得本然之性後，又與社會生活融爲一體。

　　戰國晚期，諸子更加關注政治權力的運用，形成了國家治理的不同理論。《黃帝四經》提出「道生法」的命題，社會秩序由此得到了形而上的根據，使老子的「道」與現實社會相結合；荀子相繼提出「天人相分」的命題，認爲社會秩序獨立於自然秩序，但又離不開自然秩序。韓非則把老子的「道」與政治相結合，提出「因道全法」的命題，最終確立了以「法」爲核心的政治秩序。

目　次

第五冊 《莊子》眞人觀及其理想社會之研究

作者簡介

　　林瑞龍，一九七六年生，臺灣新北市人。國立中興大學中國文學系畢業，國立臺灣師範大學國文研究所文學碩士，目前於國立臺灣師範大學國文研究所博士班進修。曾任嘉義縣立竹崎高中教師，現任桃園市立壽山高中教師。

提　要

　　中國哲學是以「生命」爲中心，道家思想亦不例外，其出發點與目的仍是落在現實人生、現實生命之上，只不過其思想進路不同於儒家，但仍是在解決「生命」的哲學，故不當只是消極地教人出世、避世才是。

　　基於此因，遂興起研究道家思想的念頭，而道家思想中，特別鍾情於莊子。一來，《莊子》中有許多地故事，讀來既能滿足人的無限想像，又較貼近於現實人生；其次，《莊子》中所描繪出的境界，總使人不自覺地嚮往。至於《莊子》一書的研究，歷年來的著作頗多，分別由不同的面相、角度對《莊子》進行討論，故若欲以《莊子》爲題作研究論文，實難以再別出心裁，反覆思索過後仍不放棄，但爲避免所書寫者僅爲「泛論」性質的論文，故只取單一的角度對《莊子》進行討論。

　　既然中國哲學是以「生命」爲中心，便以「生命」的角度切入《莊子》，以瞭解莊子是如何看待人主體生命、又是如何安頓人主體生命？當然此種安頓，並非「生物學」上的安頓，即不是在處理自然生命的問題，而是專指個體心理、精神境界上的問題。而與《莊子》「生命」安頓有關的問題，一是「內聖」，一是「外王」。

　　本論文所欲達之目標爲：

　　一、釐清莊子理想人格間之關係，並討論「成聖」之可能性及其工夫進路。二、釐清莊子理想社會之主張，並試圖描述出理想社會之藍圖。三、莊子理想人格與理想社會之侷限。四、莊子理想人格與理想社會之時代意義。

目　次

第六冊 從「道術」、「方術」、「心術」觀念看《荀子》與《莊子》間學術觀之繼承與發展

作者簡介

張尉聖，目前就讀於中正大學中國文學系博士班。研究領域為先秦諸子、學術史、禪宗思想。曾經發表論文為〈從湯顯祖的情理概念看《牡丹亭》中杜麗娘的情志觀〉、〈《莊子·天下篇》與《荀子·非十二子篇》「道術」、「方術」觀念的承繼及其發展〉、〈張湛《列子注》中的道器論〉、〈葉夢得《石林詩話》自然含蓄的詩學觀〉、〈阮籍〈樂論〉的道器論〉。

提 要

荀子與莊子作為戰國時代儒、道重要思想，同時面對諸子興起救弊的現象，於〈天下〉篇與〈非十二子〉篇中評騭各家學術，具有對比性。而考索荀子自然天的意涵及解蔽理論皆有所取於莊子的部分思想，並納入儒家的思維，要明晰荀子對莊子的繼承，從性質相近的文獻去比對後發現，由莊子所提出的「道術」、「方術」觀念表述「全」與「曲」的學術發展，認為諸子所得在於一偏，於「道術」未有真正體認，所以標舉道家體系的學說，以標明「道術」的價值合於「內聖外王」之道，古代「經術」亦包含在「道術」中。落實在《莊子》一書的「心術」便是以「三言」的方法去描述「體道」後的實踐狀態。

　　荀子繼承發展莊子由「曲」而「蔽」的觀念，以認知各種「方術」間的蔽端去「兼知」，得其大清明之心。荀子以「解蔽」超越諸子學立場，在〈非十二子〉篇便是完全建構「全」的價值去評判所有經世的方術，並對儒家內部展開針砭，此「全」即承繼自莊子的「道術」觀念，然而充以「禮義」的內涵，以此作為「治人」之術。並在莊子的「心術」觀念上以「解蔽」確立士君子成聖的積學之路，由此展現荀子對《莊子》一書的繼承與超越之道。

目　次

第七冊　論莊子「遊」的人生哲學

作者簡介

張慧英，湖北通城縣人，出生於台灣澎湖，台南成功大學中國文學系畢業，台灣師範大學國文研究所碩士，西元 1999 年全國大專優秀青年代表，學生活動中心總幹事、學藝委員會主席。曾任高雄市旗津國中教師，現執教於台北市金甌女子高級中學，此爲旅台湖北人士所創之女子中學，教書迄今二十餘年。認爲人生旅行在一個時空下，因爲種種的不容易，所以都會特別的珍惜，更不願意錯過。抱著這是僅有的一次機會，傾全心欣賞人生風景，體會感動。

提　要

人的生命中會經過許多的起伏轉折，引發出人生的存在感受。當人面對生命中摯愛的告別，或是自我的生死大限時，我們才能眞正貼近生命最深的底層，去思考人生命的意義與價值。宋儒張載說：「富貴福澤，將厚吾之生也；貧賤憂戚，庸玉汝於成也。存，吾順事；沒，吾寧也。」既然人生的存在常是被放置在貧乏、恐懼、不安的環境之中，人除非從精神上得到滿足，否則對一切將無以從被壓迫中解脫。

莊子是繼老子之後，最有名的道家學者。莊子所處的年代，根據司馬遷《史記·老莊申韓列傳》的記載，是「與梁惠王、齊宣王同時」，與孟子所處的時代一樣，飽經戰爭、離亂的苦難。他置身在悲苦的現實世界，面對充滿殺戮、飢餓、流亡的戰禍，天下沉濁，人心苦悶，但他不僅沒退避，更以超然的態度把生命提升上來，因之，欲有豁達的人生觀、不羈塵俗的睿智，而獲得自由快樂的人生，此乃吾人之初衷，本論文便針對《莊子》中「遊」的人生哲學加以探討，安排本論文的架構及章節如下：

第一章：「緒論」。揭示本論文的研究動機及方法，處理文獻的態度及近代研究莊子學述要。

第二章：「遊的人生哲學」之提出與證成。「遊」之概念的提出，著眼於它在展現思想系統上的核心地位。「遊」之概念，其重要性不僅表現在數量之多，也表現在義理系統的樞紐地位。本文研究焦點分別從量的統計和質的分析兩端加以論述。

第三章：「逍遙遊的境界及其實踐的先決條件」。研究焦點在於針對莊子「逍遙」二字的意義做理解，並進一步就莊子的四個層次分析逍遙遊的境界，

及遊之前的先決要件。

第四章：「忘的意義及其境界」。研究焦點在「忘」的意義、對象、層次及境界的整全性理解。

第五章：「致忘之方」。「忘」既是涵養之工夫，便有致忘之方。莊子以為，透過理智的思辨，可使人改變觀念。茲依〈齊物論〉所言，而歸納為「齊小大」、「齊是非」、「齊物我」、「齊死生」四端論述之。

第六章：「遊方之外與遊方之內」。本章研究焦點在於人心的自由與現實生命不脫人世，須謹慎處世。莊子主張並提出兩種處世之方，以便安然行於人生旅途。

第七章：「結論」。總結以上各章節之探析，試圖為莊子學之研究，找到另一個可能的詮釋進路。

目 次

游在魏晉士人中的情意顯現

作者簡介

　　吳沂澐，臺灣臺南人，臺灣成功大學中國文學研究所碩士畢業，現為中國北京大學中國語言文學系博士生。主要從事中國古代文學研究，發表〈臥以遊之：論宗炳〈畫山水序〉對「遊」的藝術實踐〉、〈魏晉「達」之意蘊抉微——以竹林七賢與元康八達為考察對象〉、〈魏晉「癡」之多元面向解讀——以《世說新語》為例〉、〈魏晉時期「游」之文化意蘊——以《世說新語》為例〉等文章。

提　要

　　動盪的魏晉時期，死亡的威脅與生命自全的慾望，交織成士人矛盾的情

緒。濟世理想的破滅，是將生命與情感的自由視為唯一可靠的真實。「游」遂成為時人生命的出口，釋放真情的手段。本論以《游在魏晉士人中的情意顯現》為題，企圖通過「游」以觀照魏晉士人對自由追求與情感轉化的展現，主要從思想、實踐、文化三個方向進行探討。

於思想部分，著重於魏晉「游」之精神內涵解讀，主要分為承襲與轉化兩大部分，前者以莊學「游」精神為主，析論其境界層遞與實踐進程；後者以嵇康阮籍「自然」之論、郭象「適性逍遙」之論、支遁「至性逍遙」之論、陶潛「稱情足意」之論為魏晉「游」精神之立論代表，探討其人以「游」作為一種自由精神的象徵，如何把握莊周實義並開創當代時義。藉由比較二類之異同，透過意境層次之殊別，見其承襲與裂變處。

於實踐部分，以魏晉士人具體之「游行」作為考察對象，根據所「游」的對象、目的、方式之各異，分作「因物化情——自然酒鄉游」、「我輩恣情——競才誇誕游」、「會意忘情——方外浮游」和「觀畫暢情——澄懷臥游」四個面向。繼以「游」之情意態度作為別類依則，又分為山林漫游、河海傲游、七賢醉游、名士宴游、八達冶游、僧團行游、仙真隱游。釐清「游」之行為所反映的個人心理，進而耙梳「游」與名士、高士、高僧、文士之間的關係，貞定「游」與士人情感的互動表現。

目　次

第八、九、十冊　《鬼谷子》思想新解

作者簡介

　　林仁政，出生：1958 年，台灣省雲林縣土庫鎮。

　　學歷：東海大學哲學研究所碩士

　　經歷：國王鉛筆公司操作員，三愛電子公司會計員，彩虹照明公司品管、倉管組長，迪吉多電腦公司倉管專員，來永家電公司倉管課長、電腦中心主任，永信藥品公司資材、稽核、廣告、教育訓練，國際扶輪 3460 地區總監辦

事處秘書、月報總編，永信社會福利基金會幹事，職工福利委員會監察委員，東陽國小家長會會長，里民辦公室財務顧問，生源家電公司營業顧問，福建省福州市喜臨門食品公司總經理，中華生命哲學協會創會理事，永信醫藥文物博物館志工。

編著：健康飲食與生活，關懷國內高齡長輩社會福利問題

提　要

西漢、劉向所收錄鬼谷子之千古軼文〈善說〉，其《說苑》篇章諸多文辭之重視與考究，與《鬼谷子》的遊說、說辭方法之講究有等同的效果。所以說，劉向對他早就充滿著心心相惜之情。所謂善說的「說」一字，在《鬼谷子》文中就出現有 18 段 33 字之多。如「說之者，說之也；說之者，資之也」，「故外親而內疏者，說內；內親而外疏者，說外」等，事涉遊說、辯辭、君諫……。

《鬼谷子》與《管子》思想部份傳承於《六韜》。《鬼谷子》〈符言〉言：「高山，仰之可極；深淵，度之可測；神明之德，術正靜，其莫之極歟。右主德。」，明顯的將太公之字句「不可極，不可測」，改為「可極、可測」。「神明之德，正靜其極。」也改成為：「神明之德術正靜，其莫之極歟。」認為只要積極用心，高山或深淵之極都可以攀登與量測。高調強調人定勝天的開創與探險性精神，也彰顯出縱橫家的「有為」，與道家「無為」極大差異。《老子》言：無為、無欲、無事；但《鬼谷子》卻倡言：有為、有欲、有事。看似矛盾，卻是一體兩面。如《莊子》〈天下篇〉言：「不見天地之純，古人之大體，道術將為天下裂。」

筆者以管仲、衛鞅、韓非三人，分別就「道與功、兵與法、君與臣」，……鬼谷子培育縱橫家子弟，捨法家打破君臣權勢之壟斷僵局，打亂局勢、另起爐灶、再造新局。其策略乃是以積極的遊說、縝密的計謀，躍馬中原，……尉繚回答梁惠王說：「黃帝曰：『先神先鬼，先稽我智。』謂之天官，人事而已」（〈天官第一〉）；見證到鬼谷子相當重視人與事「說人之法也，為萬事之先」，「事用不巧，是謂忘情失道」（〈捭闔第一〉）之力量。最終使戰國後期的鬥爭，更形激烈。

鬼谷子後半生收徒教學授課，由其傑出之弟子蘇秦、張儀……等素人政治家，做出風起雲湧之合縱連橫的政績，遂改變了當時的政治形勢。往後雖因君主專制興起，國家為鞏固政權需要，嚴禁策士的發展，使縱橫家為之消

聲匿跡。但真實的歷史從未被淹滅，依舊夾帶著亙古以來人類生存與權力鬥爭的困惑，活生生地向前滾動而來。我們何其有幸，還能看得到其理論著作《鬼谷子》，……其前衛的縱橫哲思與方法，於二千多年前就曾帶領世人走出困頓之時局。……個人之發展，亦倍覺受用無窮。……鬼谷子像是諸子百家的優良傳統思想的最後一塊拼圖，終將於廿一世紀發揚光大，以利耀於中華民族與全世界。

目　次

上　冊

第十一冊　從《韓非子》寓言論韓非的政治思想

作者簡介

　　許薇君，民國 43 年出生於台北市，輔仁大學哲學系畢業，淡江大學中文所博士。現任職中央廣播電臺，並在淡江大學任兼職助理教授。曾獲文復會金筆獎、中國文藝協會文藝獎章、教育部文藝創作獎、兩岸交流紀實文學獎等。撰寫論文集《中國哲學的人生關懷》，短篇小說集《散場》、《明天不釣魚》、長篇歷史小說《隋煬帝》等。

提　要

　　本文主要目的，是以《韓非子》書中寓言，研究韓非以寓言寄寓的政治思想。《韓非子》中有大量寓言，其中絕大多數寓言皆為歷史寓言，此以歷史人物與歷史故事作為寓言主要素材的表現方式，必然與韓非以治國、治民為

依歸的政治思想具有密切關係。本文即企圖透過《韓非子》寓言，來探析韓非以「法」、「勢」、「術」建構而成的思想體系。

　　研究中國古代哲學家與其思想時，原典爲最重要依據，本文即以文本詮釋爲主要研究方法，並輔以文獻探討與歷史研究。全文分爲八章，第一章爲緒論，探討既有研究成果，並說明本文的研究動機、目的、方法、架構、範圍和重心。第二章說明《韓非子》寓言的背景與內涵，主要包括戰國時代寓言興盛的原因、韓非政治思想的淵源及韓非寓言的入世觀。第三章探析《韓非子》寓言中政治思想的理論基礎，分別從人性論、價值觀和治道觀予以探討。第四章解析《韓非子》寓言中的法制要素，從法的公平性、普遍性、標準性、強制性來做解析。第五章詮釋《韓非子》寓言中的勢位關係，從人設之勢、待賢不如任勢、信賞必罰、勢不能借於人等方向來做說明。第六章探討《韓非子》寓言中的術用模式，從無爲之術、術的謀略、因任授官、循名責實等方面分別探討。第七章爲《韓非子》寓言的政治理想，說明韓非的政治理想是：以國家利益高於一切的君國思想來達成國富兵強的終極目標。第八章爲結論，說明《韓非子》寓言不但透顯了韓非的政治思想，亦展現出韓非強烈的用世企圖，並說明韓非思想難以解消的困難，以及對當代政治的啓發。

目　次

第十二冊　「無」與「空」：以嵇康與大乘佛教的音樂觀為討論中心

作者簡介

　　韓文傑，1979 年出生於泰國曼谷，泰籍本名為 Nipon Sasipanudej，2013 年於國立臺灣師範大學國文研究所文學博士畢業，現在擔任泰國法政大學（Thammasat University）中文系暨東南亞學系專任講師，授中國文學史以及中國美學課，研究興趣為魏晉文學、魏晉思想、中國佛學。目前研究康德與大乘佛教的關係以及準備翻譯大乘佛經。

提　要

　　本文探討音樂的淵源與其功能，專門推敲中古嵇康及大乘佛教的音樂觀。筆者把論述分析在兩個不同的美學領域——「無」與「空」。在此的「無」指的是魏晉王弼的「貴無」的形上思考，在此的「空」指的是大乘所談的空論。

　　筆者把嵇康所提出來的「和」解釋當作一種體性（svabhāva）之說，而且這個體性之說互文於王弼的無論，音樂的和諧狀態屬於形上的體性，作為一種先天的存在物，我在此引用佛學的術語——體性解釋魏晉玄學，以佛解玄使王弼的無論歸根到底成為了一種有論，這個有論使湯用彤的歸類——漢為宇宙論，魏晉為本體論，無法成為可能，因為宇宙論在希臘哲學文化上其目的就是尋找萬象背後的第一因或原動力，因此原子論（萬象不過是最為基本的原子的運作）屬於宇宙論的一種考察，漢代的五行、氣象之說無法相比於原子論，因原子之說本來就含有本體的說法了（本體作為最為基本的原子），按照希拉哲學，宇宙論就是本體論的萌芽，所以我建議與其說魏晉為本體論，不如說魏晉作為一種一元論（Monism）或絕對論（Absolutism），因王弼把所有的現象上的存在物解釋當作無論的化身，王弼的方法就是把「無」在形上絕對化，這個「無」中生有，這個「無」還是存在的，作為一種先天的存在物，越非常有體性，所以無論就是體性論。

　　嵇康推論音樂的和諧狀態也呼喚了王弼的聲音，樂聲優先存在，跟我們的後天感受互不相干，音樂以平和為體，其功能就是感物無常，嵇康的方法論就是王弼的體用之說。因音樂以宇宙的和諧作為自己的體性，所以嵇康的樂論比較偏向重視旋律（melody），因旋律可以反照大自然的形上的和諧。這個和諧狀態跟我們的語義也毫無關係，這些語義，比如：喜、怒、哀、樂、孔子聞韶等等，都是我們的後天感受，而且各有各的文化領域，無法跨越文化的疆域。我們的這些感受在聽音樂前本來早就已經形成了，而後被和聲引發出來。嵇康還說不同的樂器可以引發不同的感受，比如：琵琶容易引發快感，琴容易引發舒緩的感覺，這是因為每種樂器各有各的傾向性，琵琶有傾向彈快節奏是因為線的部位放得比較近，琴有傾向彈慢節奏是因為綫的部位放得比較遠，這不是說琵琶不能彈慢節奏或琴不能彈快節奏，那不過是一個樂器的趨向性而已。

　　因各種樂器有自己的傾向性，琵琶才容易引發激動的感覺，琴容易引發舒適的感受，這也不是說琵琶不能引發舒適的感覺，琴不能引發激動的感受，

這談不上琵琶只有刺激、快樂的感覺，談不上琴只有緩慢、舒適的感受，此外這些趨向性也不過是拍節、音調的高低的組合而已，跟我們後天千變萬化的喜、怒、哀、樂沒有關係，音樂可以引發這些感受，可是樂聲本身沒有或擺脫掉這些感受，音樂的效果是無常的，一篇歡曲少年男女聽了歡欣鼓舞，有的老人聽了，老淚縱橫，因此我說嵇康的樂論是傾聽音樂的效果的相對論。

音樂的最高境界對嵇康來說是聽琴的神祕感，這個神祕感有兩種說法：（一）淡味、恬和淵淡（二）擺脫所有的喜、怒、哀、樂的那種境界，嵇康把擺脫哀樂的那個境界稱作「玄貞」（純潔的意思），第二個意義使他的樂論遠超過阮籍。

相比於樂聲的體性之說，佛教反而疑問樂聲是從哪裏來的？音聲不是形而上學的存在物，而是從我們的唯心來的，因出於我們的唯心，樂聲是唯心作也，它彷彿一種幻影或雲煙，無體性，這個幻影是般若而來的現象，它生起、維持、變質、消滅，一旦我們擺脫掉心的相應染（虛擬二元對立的思辨，比如：動/靜、明/暗等等），這個聲音的存在就站不住了。樂聲不過是我們的唯心作也，沒有體性。因音聲本無體性，佛樂才偏向重視所有現象的音質（acoutics），這個音質範圍很廣，從心裏念經、念佛的節奏拉到菩薩本願的維持狀況（如：阿毘跋致（Avivartin）的嚮往、修身與他們的能聞性），還包含天樂、梵唄、聲唄、咒，沉思現象上的音質成爲達空、完成佛性的一個重要手段。

目　次

第十三冊　嵇康〈聲無哀樂論〉之玄學思維——論題架構的思想格局對魏晉思潮之回應

作者簡介

　　張珍禎，民 68 年生於台北。師大國文所碩士班畢業。現任教於台北市立建成國民中學。自幼習琴，聽力音感甚佳，曉音律，可自度曲。教學時嘗試將古文、新詩譜曲，以唱遊方式引導學生背誦與鑑賞。青少年時期嚮往大海之寬，色之藍；少壯時期感覺人之於海，無所遁藏，漸偏愛山林之蓊鬱，行走其間。喜歡接觸文藝，音樂與詩是心靈想像的美好空間，書法是真實的紀錄，哲學則是善的源頭。嵇康的研究充實了生命的力量，延展了思想的高度，在人生面臨彷如魏晉的幽微人性之際，能不畏懼的向真、善、美的方向前行。

提 要

〈聲無哀樂論〉是嵇康生平的重要論作，所提出的觀點與傳統樂教立場不同，引起後世諸多爭論，堪稱魏晉時期一巨響，於主體性自覺、價值觀重建有十分深沉的啟發與影響，在藝術美學的理論與鑑賞之觸發，更是如漣漪般不斷擴散。然就中國文化符號性（非文字性）聽覺藝術方面，卻是自魏晉迄今一千多年來之絕響，實可謂前無古人而後無來者，可見長久以來對於「聲無哀樂」的觀點有所質疑者甚多，中國文化的傳統包袱著實不輕。

本論文研究之目的，起初便在釐清〈聲論〉往來論辨繁複之論點，從探析嵇康之音樂觀做為基始點，卻在研讀此論之際，審視學者詮解之說、概覽魏晉思想時，發現嵇康思想殊勝之處：「舊云，王丞相過江左，止道聲無哀樂、養生、言盡意三理而已，然婉轉關生，無所不入。」依此而言，僅三理即有可相互關照、互相掛搭之處。嵇康著有〈聲無哀樂論〉、〈養生論〉，於三理中占有其二，又嵇康以和聲養生濟世，則二論實有相關之處。而二論如何與歐陽建〈言盡意論〉相互為論？〈聲論〉中所提及的「得意忘言」，則以言不盡意的立場作為關涉言意之辨的線索。至此，〈聲論〉已非僅是筆者最初所欲探究嵇康之音樂觀而已。筆者再進一步思索，若三理能「婉轉關生」，以至「無所不入」，則其所引發之議題為何？其所關懷者應不脫離魏晉之思潮，於是魏晉玄學所涉及的命題，便成為筆者對〈聲論〉試探梳理的對象。

立基於前人的研究成果上，企圖從〈聲無哀樂論〉中爬梳出其所「婉轉關生」的論題，諸論題與嵇康其他作品的關係，以及與魏晉玄學的交涉，由此觀察到〈聲論〉所架構出的思想格局，正以玄思與實踐並進的方式，用生命對於魏晉玄學做出了畫時代具有創發性的回應。而這些都將以〈聲無哀樂論〉作為基礎，即〈聲無哀樂論〉可以是囊括、提挈嵇康思想的重要著作，並在魏晉玄學論潮當中，以當時獨特的清談方式，以具有創發性的論題，進行了玄學內容的提點，讓後人可以任由不同的概念進行主觀性的詮釋，此論作因而婉轉關生，生生不息，在在表現出魏晉是個自覺、獨立自主與精神自由的時代。

鎖定魏晉玄學為主要研究範圍，以〈聲論〉作為出發點，進而關聯嵇康之思想，甚至牽涉魏晉思想的主題範圍，但論述範圍主要在嵇康著作本身。第一章為緒論，先說明研究目的，進行文獻探討，界定研究的範圍，確立研究方法與論文撰寫之詮釋進路。在文獻探討後，將〈聲論〉的義理進行分析

比對，歸納出〈聲論〉的架構與關涉之主題。所析出的論題有六：「音樂」、「言意」、「有無」、「聖人」、「養生」及「自然與名教」，將此六者依「玄理」——「物」與「才性」——「人」二分後再並列爲論。「玄理」部分首論「音樂觀」，乃因本論文以〈聲無哀樂論〉爲主題，傳統以樂論觀之；嵇康以音樂來表現「得意忘言」，此觀念被當時藝術所資取，於是將「言意觀」放在「音樂觀」之後；「有無觀」則進一步由言意之辨探討「聲無哀樂」立論的辯證方式。「才性」部分欲從本體論下接人生哲學，以至社會思想，所以順序分別爲「聖人觀」、「養生論」、「自然與名教」。總而言之，此論題分爲二部分六命題，而排序時思考各部分內在理路之論述邏輯，可以環環相扣，再者此二部分可並列齊觀，則各論題依其二分後論述之順序，既可並列又可相互牽涉，如「音樂——聖人」同論至道，「言意——養生」同論功夫與方法，實「有無——名教與自然」同爲生命實踐，果眞婉轉關生，具有時代意義。

第二章至第四章爲論文的主要部分。第二章爲「〈聲無哀樂論〉的詮釋進路」，先以自然宇宙觀、認識方法論，確立嵇康的本體論以及論辯的方法。第三章爲「和聲無象——玄理的體察」，探討嵇康由和聲體悟道的玄解，聲即是道。並以音樂在時空特殊的存在方式，亦是一種類於言與意的關係，由此詮釋嵇康的言意之辨。最後由聲、情關係，言、意關係，發現其關聯道家有、無思想的運用，爲延伸老、莊以來辨異而玄同的思維模式。

在結構上與第三章並立的是第四章「哀心有主——才性的觀證」，討論道下落於人的生命展現。從嵇康在〈聲論〉中對和聲的體察，「哀心有主」所展現的是一個對和聲多元性的詮釋，這樣多元性的詮釋，就詮釋者而言，基於每個人對於和聲體察的層次不同，各人不同才性的觀證所導致。至人是嵇康認爲能「聽」者，妙音非其不能御，而也是心目中理想的形象。著眼於這個論點，「才性」便是一個生命追求實現不可忽略的觀點，也是多元發展很重要的基點。生命實踐的工夫所在多有，〈聲論〉中呈現音樂導養的觀念，涉及嵇康的養生觀，與其對當世養生風潮的回應。〈聲論〉中呈現的「聲」、「情」關係，便是嵇康對「自然」與「名教」的會通，也從個人生命的修養擴展到社會群體的關懷，而「無聲之樂」便是起點，也是訖點。

全文從本體論及至道，下貫至工夫與實踐，企圖以「螺旋式」的理路作爲詮釋進路。第五章則爲結論，呈現研究的成果與貢獻，末以本論文不足之處以及可再發展的方向作結。

目　次

第十四冊　干寶生平與學術研究

作者簡介

　　鄭妹珠居處台南，任教嘉義，爲中學國文教師。大學時代醉心浪漫，以詩詞情懷讀文，揀擇的是文人的閒逸；歷經年歲，再次撥揀，反倒敬重時代濁流中，文人於順逆中透微的人格及氣度。有幸師事江建俊老師，沉浸魏晉一多變、唯美、受挫，敢於青白眼的時代，完成干寶相關研究，驚然人之出口同出一氣，生命的長養在順逆間一呼一吸，透光能明，後人讀之，深重如心。

提　要

　　學界研究干寶其人者不多，但研究其著作《搜神記》者卻朗朗可觀，何以後人略過作者，逕往《搜神記》研究；又干寶著作遍及四部，何以獨耀眼於子部《搜神記》，實在值得探研。因之，干寶其人、其全著作，成爲本研究兩大對象。

　　本論文凡六章來自二方向：一爲干寶之生平；一爲學術研究。前者爲輔，屬外緣背景研究，置於第二章；後者爲本論文的主要重點，將干寶著作依四庫經、史、子、集分類，藉以辨析干寶的學術思想，唯因集部資料亡佚過多，已難有全貌，故與子部合一章，則分別置於第三、四、五章，最後再置結論一章。

　　每一部皆著手於時代背景、著作動機與思想內涵、價值影響四大面向，藉以從中剖析干寶著作的縱向思想，此縱向大抵由順儒與反儒兩大脈絡構成，前者主要源自《易注》陽主陰輔的讖緯元素，後者則是反天命，重人事的史家自省所構成；前者是順承，比重多，後者爲反思，比重較少，但卻是干寶最大成就所在，即爲後人推崇《晉紀·總論》的史論地位與《搜神記》子部成就的部分。

　　故通本《搜神記》爲經部陽主陰輔與史部自省、子部小說反儒思想所構成；故《搜神記》有史部省思，並非殘叢小語之作，然因尚在轉型，亦未進化至純小說創作的階段。故本論文乃提供《搜神記》之研究者，子部之外更多思考面向，亦爲《搜神記》的時代價值，做一重新定位。

目　次

第十五冊　王陽明思想再評價

作者簡介

　　王建宏（1975～2010），陝西省咸陽市旬邑縣鄭家鎮人。1993 年畢業於旬邑縣一中，入西北大學文學院新聞學專業，1997 年畢業，獲文學學士學位。同年進入西部機場集團工作。1999 年至 2002 年就讀於西北大學中國思想文化研究所，師從方光華教授，獲歷史學碩士學位，學位論文爲《從內聖外王到心性論——〈大學〉流變初探》。畢業後在西部機場集團工作。2006 年考入西北大學中國思想文化研究所，師從張豈之教授研習宋明理學史，2009 年獲歷史學博士學位，學位論文爲《王陽明思想再評價——以成聖之道爲中心的考察》。同年進入西北大學哲學與社會學院任講師。2010 年 12 月 9 日因病去世，年僅 35 歲。

提　要

　　王陽明（1472～1529）是心學的集大成者。對王陽明思想的評價，是理學研究的重要內容。但長期以來，在對王陽明思想的評價上，存在套用西方模式的現象，沒有反映出陽明作爲十六世紀中國思想家的特色。另一種常見的做法是，對王陽明思想個別命題進行抽繹，將陽明思想抽象爲心即理、知行合一、致良知等命題，分別詮釋，缺乏對陽明思想整體的把握和認識。

　　本文在前人研究的基礎上，以成聖之道爲切入點，對已有成果進行梳理檢討，力求在把握陽明思想之整體的基礎上，採用思想史和社會史研究相結

合以及「問答邏輯」的方法，對王陽明思想重新做一評價。王陽明的聖人觀與此前儒學史上聖人觀念的最大不同在於，否定知識性路徑，將「其心純乎天理」作爲聖人的唯一標準，成聖的根據是人人心中自有的「良知」。從成聖之道的角度看，「心即理」命題是王陽明對成聖本體論的證明。誠意（包括事上磨練和知行合一）和致良知則是王陽明探索提出的成聖工夫論。「萬物一體之仁」是王陽明對於聖人境界的直接描述。

在此基礎上，本文歸納提出王陽明思想的幾個特點。分別是：主體性，以成聖之道爲例，王陽明強調主體自身能夠自我完備、自我實現；過程性，強調關係，強調在具體的情景、具體的關係中展開的理、與具體的事物聯繫在一起的理，而不是抽象的、不變的理，這是王陽明思想的又一大特色；啓蒙性，否定外在的「理」，也否定了外在的權威和經典的無上地位，確立了主體的地位；極端的道德價值本位立場，王陽明把聖人觀念徹底道德化，體現出了極端道德價值立場；唯意志論色彩，突出強調主體的活動性、自決性和非實體性，賦予意志以極端重要的地位。

目　次

第十六冊　王門後學工夫論研究

作者簡介

　　許珮玟，桃園縣人，臺灣師大國文系學士、碩士，目前為師大國文系博士候選人。獲得科技部 103 年度，獎勵人文與社會科學領域博士候選人撰寫博士論文獎學金，研究領域為宋明理學，著有相關論文。

提　要

　　從黃宗羲《明儒學案》中可知，明代整體學術實以陽明學術為代表，此派不止代表了宋明理學的理論高峰，陽明「門徒天下，流傳逾百年。」更影響了明代中晚期的整體學風，是以欲了解明代整體的學術風貌，必從陽明學入。陽明良知教可說是明代的顯學，在陽明歿後，王門諸子對於良知教，不論是在本體或工夫上，都有相當的歧見，彼此間曾進行多次的論難，以致於派別繁多，一分為多，因此，陽明後學的研究，實為極待開發的研究領域。

　　從陽明學思歷程來說，有學前三變與學後三變，而後學中分別視默坐澄心與致良知二者為陽明學定論，並分別以此展開對致良知教的詮釋，以致心上之知與致良知於事事物物體貼良知教法，故王學分流的源頭，其因即在陽明工夫進程的不同，及其隨機點撥的教法，而造成王門諸子的良知異見。

　　若從體用上來分析後學諸子的異同，諸子對於體用一源可謂同聲肯認，然因體證良知的教法有所不同，分別有即用見體，與立體達用的差異，主即用見體者，認爲格物有工夫義，即是致知的工夫在格物上作，相較之下，主立體達用者，將格物視爲吾人良知之功化，發用只是本體效驗，是以雙方在格致論題上，已有相當大的不同。

　　在貞定了各家對體用的思考後，必須說明王門後學各家的工夫進程。分別有龍溪的先天正心、後天誠意之學，以四無之說開出了良知學的理論高峰，而緒山的悟本誠意，與龍溪後天誠意之學，則是同將工夫論的核心概念從致知轉向誠意。南野的循良知之學與東廓主無欲戒懼，都是先作本體的工夫後，再以格物的工夫向外推擴。近溪爲王門第三代學者，對工夫的思考已從心性工夫轉向日用工夫，將良知學實踐於日常生活。另外，雙江的歸寂工夫與念菴的識本保聚，則是在二子對本體爲未發的思考下，強調在心上作工夫，是一後返的工夫路向。

　　本文亦從諸子學脈取徑的觀點，作爲詮釋諸子學問的另一向度，「溯濂洛以達洙泗」實爲後學的共識，但是雙江與念菴特尊白沙，認爲陽明學從白沙主靜說而來，二子以歸寂說來思考王學，因此本文認爲此思考型態，或許是心學另一型態的可能說法。

　　另外，整體檢討目前學界對後學分派的三大進路，分別爲調合與判教、朱陸異同、矛盾說三者，除以調合與判教爲判準的說法，能夠如實的展現後學的學問外，朱陸異同以性學與心學分判後學，另一說則以本體與工夫之間存在矛盾爲觀察角度，此二進路皆在分判標準上有理論效度的問題。最後本文嘗試進行重新分派，站在工夫論的角度，分後學爲外推派的龍溪、緒山、近溪，收斂派的雙江與念菴，以及工夫具有中介性質，綜合派的南野與東廓。以上即爲重新分派的嘗試，本文期望能從各家工夫論的不同，看到王門後學體貼陽明學的差異，進而展開整體王門後學的思想面貌。

目　次

第十七冊　王船山學術思想研究——以學術思想的傳承與創新爲視角

作者簡介

　　李君，1980 年生，山東平度人。2003 年畢業於煙臺師範學院歷史系，2006、2014 年先後於西北大學中國思想文化研究所獲碩士、博士學位，自 2006 年起在青島大學工作，主要從事宋明理學史研究。

提　要

　　本文是以王船山爲中心的學術思想史研究，通過研究船山學術思想的具體問題和思想資源，理清其基本概況，審視中國古代學術思想在明末清初這一社會轉型期的傳承與創新的歷史狀況。

　　研究學術思想的傳承與創新，首先應當研究學術目的傳承與創新。船山繼承了先儒維護道統、延續「聖學」的基本觀念，確立了鮮活而又獨特的道統意識，並作爲其學術思想的根本目的。首先，船山的道統意識經歷了確立和演化的過程。情感因素和直覺體驗在最初確立的過程中起了決定性作用，而學理分析對道統意識的演化起主要作用。其次，以道統爲指引的擔當精神（即「忠」），與船山學術思想的關係密切，體現出道統對學統的決定作用。再次，通過船山對佛、道、心學、西學等「異端」思想的批評，能看出道統意識對思想視角的限制。這是本文的第一章。

　　船山思想的論證思路是從天道論經由心性論，最後落腳於人道論，按此可以分出天道論、心性論和人道論三個方面內容，即第二、三、四章。

　　第二章論述了王船山的天道論，包括虛氣關係、太極與陰陽關係、道與理關係等三方面的內容。首先，虛氣關係是船山闡發張載思想的第一步，是宇宙論的前提。他通常採用太虛的空間意義，而放棄了本體意義。其次，太極與陰陽二氣的關係問題是船山天道論的核心，也是其整個思想的邏輯基礎。船山批

評太極動靜生化陰陽的思想，主張陰陽二氣異體交融即爲太極，是爲了保證與陰陽相對應的仁義的實在性，以便更好地解決倫理問題，維護聖學純正。同時，船山《易》學的「乾坤並建」原則是太極陰陽論的直接體現。在此基礎上能夠分解出「即占以示學」、「占義不占利」等其它解《易》原則，成爲船山批判象數、義理《易》學的理論基礎。但二體之氣渾爲一體之太極的路徑，最終需要依靠神秘的感應論。這種建立在直覺體悟基礎上的統一性，無法保證聞見之知的獨立性，更無法成爲近代自然科學的基礎。再次，船山嘗試在義理上溝通道器、理氣兩組概念，提出「道理有分」之說。但他爲了突出人的修養工夫對天地所示大道的必要性，仍然主張道不遠人，將人作爲天地的中心和目的。他接受「理一分殊」之說，認爲人由踐行人道而與天道相通，殊一相貫，體用一源，即主張因人因地因時而推行聖人之道，而不能限於對「理一」的抽象把握。這表現出了一些與朱學、王學不同的特色。

第三章論述了船山的心性論，從命、性、心自上而下、自天而人的三個層級展開。心性論是船山由天道論證人道思維模式的橋梁部分，是天人相通的交際。人因「繼」天之命而具性，心則主持並體現性。首先，「天命不息」和「命分德福」是其中的兩個重要問題。本體之氣生化不息，天命於人者也日生日新。天人的職分不同，人能夠體悟太極的統一性，但不能等同於天，故天命不可造；命有「德」、「福」的不同，則現實中有德福不一致的狀況。一則強調修養的必要性，一則解釋了人的聞見能力的有限性，保證了人對天命的敬畏。其次，天命不息，故人性日生。船山通常以人而不是物作爲受命對象，與朱熹等前儒有所不同。他將闡發張載「氣質之性」爲「氣質中之性」，以解決朱學的理氣分離問題；又闡發「習與性成」論，將健動的人性論發展到極致。他面對惡如何產生的問題時，以陽明學「無善無惡」說爲主要論敵，試圖創造一條異於先儒的道路，但仍延續了以氣質或才情解釋惡源的傳統套路。再次，心論是船山工夫論的直接基礎，也是其論證結構的關鍵，明以張載爲宗承，實對張載、朱學、王學有都有借鑒，也都有不同。

第四章論述了船山的人道論。人道論是船山學術思想的落腳點，討論人自身完善的方法和目的等問題。首先，工夫論論述人道完善的方法。爲避免前人的弊端，船山主張「格致相濟」，但仍強調德性之知爲大。其次，鬼神論是解釋生死和祭祀等問題的基礎，也是修養工夫的有益保障，故船山主張鬼神不滅。這是恒存之天理在氣論中的轉化與發展，與傳統儒學的曖昧態度不

同，也與佛教的輪迴說不同。再次，生死問題是船山人道論乃至整個學術思想的終極問題。神不滅保證了生命的永恒價值和人道的貞正，這看似較傳統儒學更爲神秘，實則將鬼神之事更多地拉入人事範圍，反而淡化了鬼神的神秘色彩。這既是船山重氣、重實思想的體現，是儒學內在邏輯發展的必然，也是對當時宗教繁興的哲學回應。

第五章是全文總結。首先以「互爲道器的天人之學」概括船山的學術思想。他繼承了由天道而論人道的思路，在肯定天道統一性的前提下，強調天人有分，強調人道自強不息對於天道的必要性，形成了具有時代特色又頗具創造力的天人之學。他認爲經過天人之間互爲道器、交相爲用的發展過程，可以達至天人和諧的終極目的。其次，從熊十力對船山哲學的批判性發展，分析船山學術思想的內在問題，明瞭其聖學「大夢」的缺憾，進而更好地反思傳統儒學的困境與出路。

目　次

第十八冊　社會與學術：黃宗羲與明清學術思想史的轉型

作者簡介

　　吳保傳（1981～），男，安徽泗縣人，歷史學博士，講師，現爲西安科技大學思政部教師。2010 年畢業於西北大學中國思想文化研究所，師從張豈之先生，獲得歷史學博士學位。主要研究方向爲中國思想史、民族文化史。先後承擔 2008 年國家社會科學基金項目 1 項、主持 2014 年陝西省教育廳人文社會科學基金課題 1 項，並主持校級研究項目 3 項。公開發表學術論文 10 餘篇。

提　要

　　本書是作者論述明清之際早期啓蒙思潮的哲學著作。

　　作者以明末清初的關鍵人物黃宗羲爲取樣，全面考察其學術思想，進而擴展到明清學術思想史的轉型問題研究，對社會轉型和學術啓蒙的關係進行了深入探討。主要從三個方面進行：從社會與學術互動的角度考察黃宗羲的生活世界及其時代特徵，指出黃宗羲時刻關注社會與學術之間理想關係的建

構，而其出發點則是社會權力的發掘和運用問題；以《明夷待訪錄》、《明儒學案》為中心分析黃宗羲早期社會啓蒙向學術啓蒙的轉變過程、原因及影響；以氣學超越義之建構為中心，分析黃宗羲對社會轉型哲學基礎的建構過程，重點討論氣學超越義對明末清初史學、實學近代轉型的深刻影響。

最後指出，黃宗羲不僅積極推動了明清之際早期社會啓蒙向學術啓蒙的轉變，而且還為社會轉型提供了可資借鑒的發展思路。該研究既是對明清早期啓蒙說的接續與回應，為明清學術思想史的深入研究拓展了空間；又是對當代中國現代化轉型、中華文化傳承創新等現實重大問題的聚焦與反思，為這些問題的當前解決提供了發展思路。

目 次

第十九冊 古存則道存——晚清存古學堂學人的學術思想與經世的追求

作者簡介

黃琬柔，高雄人，東吳大學歷史學系學士、東吳大學歷史學系碩士，現為國立臺灣大學歷史學系博士生。本書為其碩士論文。

提 要

存古學堂在清末首由張之洞所倡設，嗣後各省紛紛成立，是為清末專以學習中學為主的學堂之一。關於存古學堂的討論並不多見，任教其中者更是在當代既不特別顯赫，日後的研究者也相對忽略之學者。深究其因，與存古學堂翼護中學，政治立場亦與清廷一致不無關係。本論文正是聚焦於存古學堂中任教的學人群體，如曹元弼、王仁俊、張爾田與楊壽昌等人，這些被排出新學話語權之外的所謂守舊人士，其實自有其一套面對世局的價值觀與經世的方法。討論這些過去較少關注的學人思想，也許更能豐富中國近代思想學術的樣貌。本論文冀圖討論他們是如何在清末種種世局變化中，援用傳統思想資源以求經世之道？在這樣的時代背景下，他們又何以如此堅持中學仍具有其價值，並且致力維護之？而存古學堂學人的學說思想，在當時又具有什麼獨特性的意義？

本論文以清末各類報紙、存古學堂學人著作及清廷官方檔案，首先討論存古學堂成立的動機與背景，並概述其辦理情形。此後則聚焦至張爾田與孫

德謙合著之《新學商兌》，剖析其中關於中國經典解讀上的學術批評，與張、孫二人批評背後對中西學的看法。最後則藉由清末盛行一時的西學源出中國說，與具體的主權、議會、立憲等清末出現的新議題，探究存古學堂學人如何援用經典來面對這些新思潮，又遭遇到什麼困境與限制。本文在討論上述議題的同時，並兼及其他言論立場相異的學者如康有爲、梁啓超與章太炎等人，以見清末思想學說發展中，存古學堂的特殊之處。

目　次

第二十、二一冊　晚清諸子學研究

作者簡介

　　黃佳駿，高雄市人，民國66年生。畢業於國立暨南國際大學中文系學士班、國立彰化師範大學國文研究所碩士班、博士班。專長爲清代思想、清代經學、先秦諸子學、先秦道家思想等。碩士班與博士班皆受業於國立彰化師

範大學張麗珠教授門下，目前興趣在於中晚清、民初思想，並以晚清諸子學、民初諸子學的課題爲主要研究範圍。

提　要

　　晚清爲一講求革變時期，其學術之趨勢體現於社會經濟、政治上與當代文化之改革上，而此革新、求變之風向亦可求索於當代諸子研究的範疇。晚清學風大抵不以持守傳統經學爲滿足，諸子學雖以古學之姿復起，學者乃能融會諸家理論與方法而求其嬗變，故晚清諸子學既有創新的格調亦有復古的面向。

　　從創新面來說，晚清諸子學能兼容西學，亦能結合當代經世思想，強調古代諸子理論與當代致用學說的聯絡，以尋求社會致用爲的鵠；以復古面向而論，晚清諸子學亦繼承正統派方法，稟持乾嘉以來實事求是的學術理念，運用考據訓詁治學，亦能融通佛學思想而影響晚清以降的思想界發展，故可說晚清諸子學之於清代學術，有承繼與開新的雙重特色。本文乃整理晚清至民國前相關的諸子學研究著作，由四個議題，即「乾嘉考據學」、「致用之學」、「佛學」、「西學」貫串其中的思想，並試圖藉由晚清學者如魏源、嚴復、章太炎、梁啓超、劉師培等學者的義理思想發微，以釐清晚清諸子學之學術脈絡與價值意義。

目　次

第二二冊　朱謙之的哲學與哲學史研究

作者簡介

趙濤，男，1978 年生，河南三門峽人，先後學習於河南師範大學思想政治教育系、武漢大學哲學學院。2010 年畢業於武漢大學哲學學院中國哲學專業，獲得哲學博士學位，現爲湖北大學馬克思主義學院講師。主要研究中國哲學與傳統文化。主要講授《中國哲學史》課程。

提　要

本文從哲學層面整體地考察朱謙之的中國哲學思想的形而上本體論的創建、中國哲學史研究、日本哲學史研究、中國哲學對歐洲的影響研究，彌補了近現代中國哲學發展史研究中對朱謙之學術貢獻的重視不夠之不足。

全文共分五個部分。第一章主要全面地考察了朱謙之以哲學史上的思想資源爲基礎的哲學思想的創建——虛無主義思想與唯情哲學思想，指出朱謙之早年思想的軌跡是從提倡虛無主義思想轉變爲唯情哲學思想。這兩個階段的特點是：（1）在方法論上，虛無主義思想是懷疑和否定一切的邏輯理性推

理，是「從有到無」的思路；唯情哲學思想是肯定現有世界和信仰非理性的「眞情」，是在「從無到有」思路基礎上的進一步拓展，不再是簡單地「從無到有」生成論意義上的理論推演。（2）在本體論上，虛無主義思想追尋到超越現象界的虛無本體，是體用二分的；唯情哲學思想認爲「眞情之流」充塞宇宙，並貫徹本體和現象界，是體用合一的。（3）在政治理想上，虛無主義思想表現爲一定程度上對無政府主義的肯定；唯情哲學思想表現爲社會大同的理想，不過兩個階段都是以整體的世界主義的眼光來構建一種普遍性理論。（4）在思想資源上，除了西方思想影響外，虛無主義思想以道家老莊思想爲主要依託；唯情哲學思想以儒家思想爲主要底色。朱謙之早年思想從懷疑到信仰，從否定現實到美化、肯定現實，從超越的理想性、絕對性回歸經驗層面的現實性，這種轉變是流行進化說「從有到無」轉變爲「從無到有」的思路運用，不過虛無主義是「體用二分」的，而唯情哲學卻是「體用合一」的，這兩者實際上都是對普遍性本體的形而上追尋和建構。同時，唯情哲學從「眞情」的本體論建立，在近代中國儒學的發展中客觀上發展了儒家的心性論。

第二章主要討論了朱謙之的中國哲學史研究成果。第一節、第二節論述了朱謙之對道家老子、莊子的研究成果。道家思想對朱謙之的影響貫穿其學術生命數十年，考察其老莊研究概況對把握其思想主旨無疑是非常重要的一個線索。文章肯定了朱謙之《老子校釋》的重要學術價值，分析了他對老子、莊子哲學研究的特點和價值，指出他的老莊哲學研究與他對自由的思考、追求眞理的思想相關。第三節分析了朱謙之在中國哲學通史上的研究特點，他主要是從「純化」的角度對中國哲學史在封建時代的發展史做了考察。第四節分析了他對中國哲學史史料學的研究，指出他的研究，實際上是中國哲學史這一領域在現代的開創者之一。

第三章探討了朱謙之對日本哲學史的開創性研究。日本哲學在德川時代吸收了中國哲學的思想從而有了相當大的發展，因此，朱謙之考察中國哲學對日本思想的影響也是非常重要的。本章從中國哲學對日本思想的影響方面進行論述，從總體上概括了朱謙之對日本哲學史研究的概況和特點，指出朱謙之 20 世紀 50 年代的研究代表了其對日本哲學史研究的主要成果。他的研究在日本哲學通史和中日哲學比較研究兩個方面比較突出，既對日本的朱子學、日本的古學和日本的陽明學以及整個日本哲學史進行

了比較全面的研究，又在日本哲學史的論述中注重中日哲學家的相互影響和思想比較。他偏重於從唯物主義思想的發展歷史來看待日本的哲學史。總體上看，應該給予朱謙之的定位是：他開創了中國的日本哲學史學科。他關於日本哲學史的研究，超越了日本以往的研究，用全新的視野開創了中國的日本哲學史學科。

第四章考察了朱謙之探討中國哲學對歐洲思想的影響概況。中國哲學不僅影響日本，在西方近代也曾給予歐洲思想以一定的影響。朱謙之在國內的這一領域的研究是比較早的，他從哲學層面對中國哲學影響歐洲的具體情況做了考察。他通過對 16、17、18 世紀中國哲學影響歐洲的系統闡述，拓展了人們關於中國哲學對外影響的視野，也給予我們新的眼光來估量中國哲學的普世價值。從他的研究中我們看到，中國哲學影響歐洲的被動性，以及中西文化接觸促進人類文明發展的重要性，這也提醒我們當前要主動加強文化的輸出，加強與世界其他國家的文化交流，促進人類文明的發展。

結語部分從總體上總結了朱謙之的哲學及哲學史研究的貢獻。

目 次

第二三冊　錢穆的朱子學研究

作者簡介

石力波，女，1972 年 12 月出生，黑龍江省林甸縣人。1992～1996 年就讀於哈爾濱師範大學中文系，2005～2008 年就讀於東北大學文法學院，2009～2013 年就讀於西北大學中國思想文化研究所，師從張豈之教授，獲歷史學博士學位。

近年來在各級各類期刊上共發表學術論文 20 餘篇，碩士畢業論文《論墨家的科技倫理思想》獲東北大學優秀學位論文獎。博士畢業後，參與到張豈之教授組織的「中華優秀傳統文化核心理念讀本」的撰寫工作中，負責《日新月異》單行本的寫作，目前單行本已交由學習出版社出版。

提　要

作為學通四部的史學大師，錢穆治朱子學的成績斐然；作為 20 世紀新儒家史學方面的代表，錢穆治朱子學的觀點及方法都別具一格。

錢穆認為，在中國學術思想史上，只有朱子堪與孔子並提。他矗立中道，無論是尊朱還是攻朱，中國中古以後的學術思想都是圍繞朱子學而展開。

在錢穆看來，朱子對中國學術思想史主要有四大貢獻，其最大貢獻體現在對儒家新道統之組成上，第二大貢獻是彙集並注釋「四書」，第三大貢獻是對經學地位之重新估定，第四大貢獻是集孔子以下學術思想之大成。

錢穆不僅看重朱子的綜合會通精神，而且讚賞朱子的別出創新精神，認為宋明理學諸儒均是「別出儒」，而朱子正是「欲以綜彙之功而完成其別出之大業者」。

對於朱子學，除了在學術地位的評判上與眾不同外，在理氣論、心性論、學術精神等方面錢穆也提出了很多不同的觀點。錢穆認為，在理氣論上，朱子學是「理氣一體渾成」而非「兩體對立」；在心性論上，錢穆反對學界的理學與心學的門戶之分，並極大地提高了「心」在朱子學體系中的地位，認為歷來「善言心者莫過於朱子」；在學術精神上，錢穆賦予朱子學以「乾道」品格，並認為這種學術品格是遠承《易》的傳統而來。

在方法論層面上，錢穆治朱子學主要有三大特色：於會通處觀朱子，以「一體兩分、兩體合一」的思維疏解朱子學，以史學立場解「理」言「心」說「性」，而這些方法體現的都是一種「以中治中」的思維。

整體而言，錢穆在朱子學的研究上成績卓著，這些成績無論是對於朱子學，還是對整個中國學術思想史研究的意義和影響都是深遠的。當然，錢穆的以朱子學為代表的理學研究也存在著理論上的困境，主要體現在視野上民族性與人類性的衝突，範疇上會通性與差異性的矛盾等方面。

錢穆的朱子學研究也彰顯了錢穆本人的學術特質，這主要體現在五個方面：融會古今中西的自然主義天道觀，溝通理智與情感的客觀經驗論，以史證心、以心顯道──「唯道論」的學術本質，「一天人、合內外」的一體化思維和四部之學的融通──義理、考據、辭章相得益彰的學術樣態。

本文得出的最後結論是：從朱熹到錢穆──學脈的傳承與範式的轉換。

目 次

第二四冊　唐君毅的儒教理論之研究

作者簡介

　　陳振崑，曾任華梵大學哲學系主任，臺灣大學高等研究院短期訪問學人，元培科技大學通識中心主任。現職華梵大學哲學系副教授、中國哲學會秘書長。主要研究領域為宋明理學、現代新儒學及比較哲學。新近學術研究重心

為「唐君毅與儒家宗教性的探索」與「程朱理學心統性情說的現代道德義涵」。

提　要

　　本文主要的研究目標是藉著釐清道德意識與宗教意識的分際，探討唐君毅的儒家宗教理論是何種形態的人文宗教理論？且嘗試指出此種人文宗教理論的優越性與侷限性。

　　本文首先以理論與實踐的對比，界定儒學與儒教的辯證關係，並區分儒教實踐涵蓋宗教信仰、道德倫理與政治法制三個層面。劃分唐君毅之哲學體系的三個階段，指出其終極關懷所在。再界定宗教意識的本質要素，與論證道德意識與宗教意識的對比關係。繼之分析唐君毅的儒教理論與其終極理想。最後，在人性論方面建立唐君毅論人的三向度的主體性。在天道論方面論述天德流行的內在性與超越性。在天人合德論方面指出唐君毅所開啟的一條天路歷程，此歷程是人性可以感發性情，且透過禮樂孝道與三祭的宗教實踐，進而與天地合其德。

目　次

第二五冊　北宋「文字禪」研究

作者簡介

趙娜，女，1984 年生，山東菏澤人。2005 年 6 月在魯東大學獲得歷史學學士學位。2005 年 9 月至 2011 年 7 月，就讀於西北大學中國思想文化研究所，分別師從於方光華先生和張豈之先生，學習與研究中國宗教思想史，並獲得歷史學碩士與博士學位。現爲河南科技大學人文學院講師，從事中國思想史的教學與研究。迄今爲止共發表學術論文 18 篇，主持、參與各級課題 16 項，並獲得「河南科技大學博士科研啓動資金」資助。

提　要

「文字禪」是北宋禪宗的基本形態之一，代表當時禪學發展的主流。具有鮮明的時代性，打破了禪宗中傳統的「師承」脈絡，在法眼宗、臨濟宗、雲門宗和曹洞宗多個禪宗宗派中皆有反映。臨濟宗汾陽善昭、雲門宗雪竇重顯、臨濟宗楊岐派圓悟克勤和臨濟宗黃龍派覺範惠洪等禪師運用「代別」、「拈古」、「頌古」、「評唱」、「擊節」等「不離文字」的形式，改變了「說似一物即不中」的語言觀，實現了從「了萬法於一言」到語言文字爲「道」之標識的轉變，肯定了語言文字的作用；然而在運用語言文字時，禪師們又堅守「不立文字」的傳統，借用「繞路說禪」、權宜解禪的表達方式，調和了「不立文字」與「不離文字」的關係。

從本質上看，「文字禪」在心性論、修行論、解脫觀等方面仍保持禪學特色。但也廣泛吸收了傳統佛學、隋唐佛教義學及其儒道等思想，體現出了多文化的融合。它在調節士大夫心理、復興宋代儒學、建構新的社會秩序等方面，對宋代學術和文化的發展也具有重要影響。

「文字禪」是在前代禪學基礎上發展而來，適應了新時代下禪宗的生存和發展，擴大了禪宗的發展規模和影響力，體現出創新性和教化的多樣性；但其「精英化」趨向也縮小了受眾範圍，所誤解的禪法，更爲禪宗的衰落埋下隱患。

目　次
凡　例

第二六、二七冊　宋代禪宗臨終偈研究

作者簡介

姬天予，祖籍河北省安國縣，1953 生於台灣省嘉義縣。中興大學中國文學系碩士，玄奘大學中國文學系博士，曾任玄奘大學、元培科技大學通識中心兼任講師，現任玄奘大學兼任助理教授。

提　要

　　生死事大，生死之感爲古今人所共懷；生死哲學爲古今哲學之所共重，宋代禪宗臨終偈對生死教育應有其意義。

　　中國的臨終詩作源遠流長，在中國詩歌歷史上的作品雖然不多，但因死亡的主題而占一席之地，且因時代的不同而各有特色。禪宗的臨終偈雖也是臨終之作，但因思想背景之不同，並不在中國臨終詩的基礎上發展，而呈現出禪宗臨終偈獨出一脈的特色。禪宗的臨終偈上承西方二十八祖，但禪宗到中國後，臨終偈的性質已經將西方祖師的傳法性質，轉而爲對學人的最後教誨。東方祖師的第一首臨終偈爲惠能創作，其後臨終偈在青原、南嶽兩系中蘊釀發展。禪宗五家先後成立，其中臨濟、曹洞、潙仰三家的開派祖師都有臨終偈傳世，這對臨終偈的發展當有莫大的鼓勵及示範作用。臨終偈至宋代而大盛，在內容上，禪宗以解脫生死爲目的，所重者爲參究自己的本來面目，故而在宋代禪宗臨終偈中，宣說法身之體性、闡明參究法身之方法，爲宋代禪宗各宗派之所共。在生死哲理上，申寫色身無常，法身恆存的禪法，爲宋代禪宗臨終偈之主要內容。在臨終偈的外在形式上，展現出宋代禪宗臨終偈特有的文學藝術風格。在臨終偈的內在敘事上，因著現實環境及各人的境遇不同，禪者在不同的死亡情況下，展現出隨緣歷境的生死解脫，以踐行禪者的生死智慧和生死美學。

　　凡所學問皆宜回饋生命，宋代禪宗臨終偈爲中國文學之一環，願此一研究成果，除提供現代生死學之另一思路外，也能豐美現代人對生死的哲思。

目　次

戰國時期道家之宇宙生成論

鄭倩琳　著

作者簡介

鄭倩琳，台灣宜蘭縣人，一九七八年生，國立臺灣師大國文系博士。撰有《戰國時期道家之宇宙生成論》（碩士論文）、《先秦至魏晉孔子形象之道家化歷程——兼論儒道關係》（博士論文）及〈宗密難儒道元氣論探析——以《原人論》為討論中心〉、〈從《論語釋疑》之聖人論探王弼「以玄釋經」之得失〉、〈從《郭店・老子甲》「絕智棄辯」章探析《老子》相關思想之詮釋發展〉、〈從《莊子》外雜篇中「孔子困厄」之論述探析儒道之衝突與會通——兼論孔子形象之詮釋〉等單篇論文，並參與編輯《兩漢諸子研究論著目錄》。

提 要

本論文以「戰國時期道家之宇宙生成論」為題，旨在研討戰國時期道家文獻所呈顯出的宇宙生成思想。

在研究步驟上，筆者先就宇宙生成問題的起源作一考察，以求了解戰國時期對此一論題的討論情形。其後，再依次討論各文獻中有關宇宙生成問題的論述。最後，著手戰國道家宇宙生成思想對漢代氣化宇宙論之影響的研究。

各章之大旨如下：

第一章：說明本論文之研究動機、研討範圍，並交代戰國時期宇宙生成思潮產生的學術背景。

第二至八章：分別探析《老子》、《莊子》、黃老帛書、〈太一生水〉、《管子》、《鶡冠子》、《呂氏春秋》等文獻的宇宙生成論及其相關問題。

第九章：總結前論，並以此為基礎，進一步研究戰國時期道家宇宙生成論與漢代氣化宇宙論的關聯。

本文所得之結論是：戰國時期為道家宇宙生成論之重要發展階段。在《老子》、《莊子》、黃老帛書、〈太一生水〉、《管子》、《鶡冠子》、《呂氏春秋》等文獻中，各家的宇宙生成序列雖有不同；然而，其所討論的議題，有不少是重疊互見的。此正顯示出此一時期道家學者在宇宙生成議題上，所關注的焦點相去不遠，「宇宙」、「太一」、「神明」、「陰陽」、「精」、「氣」等課題皆在此時得到了充分的討論與詮釋。更值得注意的是，兩漢時期的氣化宇宙論正奠基於此一時期道家宇宙生成論的成果。

目次

第一章 緒 論

　　本論文以「戰國時期道家之宇宙生成論」為題，旨在研討戰國時期道家文獻所呈顯出的宇宙生成思想，以下筆者將逐步論述本論文之研究動機、研究範圍、研究方法與全文架構，並說明戰國時期討論宇宙生成問題之風潮，以求對研究論題之學術背景作一交代。

第一節　研究動機

　　個人碩一時修習「兩漢諸子研究」課程，初次接觸《淮南子》，其中有關氣化宇宙論的部分言博辭繁、連漫成文，加上詮釋者不知凡幾，實在令人感到目眩神迷、望之怯步。直至拜讀陳師麗桂《淮南鴻烈思想研究》以及〈淮南子的道論〉後，才能通曉其文、窺見其義。因為這次的經驗，對於有關宇宙論的議題，筆者開始格外關注。

　　從《淮南子》的氣化宇宙論，可以知道，兩漢時期的氣化宇宙論已近乎完備階段，這一套氣化宇宙思想主宰著漢代哲學的走向。然而，有關宇宙問題的討論並非由漢代開始，早在戰國時期，宇宙天地的構造以及運作已經形成一股論述風潮。在這股風潮中，「宇宙如何生成」的問題也隨之躍上哲學舞臺，《楚辭・天問》以及子彈庫帛書〈四時〉篇都有相關論述，進一步考察，更可以發現，在《老子》、《莊子》、黃老帛書、〈太一生水〉、《管子》、《鶡冠子》、《呂氏春秋》等道家典籍中亦有討論，「道」、「一」、「太一」、「陰陽」、「氣」與「精」都是其中的熱門議題。

　　以往學界對於戰國時期的宇宙生成議題已進行了相當程度的討論，亦累

積了一些研究成果，然而，有些問題亦一直懸而未決：《老子》中有關的宇宙生成的論述是否僅是主體修養下所呈顯出的一種境界？〈太一生水〉中的「水」究竟爲何物？《管子·水地》的「水」是否爲萬物之根源？二者之間是同是異？同時出現於《管子》及《呂覽》中的「精氣」，其意涵爲何？「精」與「氣」又爲何結合爲「精氣」一詞？「太一」一詞，或曰神祇，或曰宇宙根源，吾人如何詮釋宇宙生成思想中的「太一」？以上種種，皆有再討論的必要，而對於學者著墨較少的《鶡冠子》，吾人亦不能忽略其宇宙生成思想。再者，各別文獻的宇宙生成論間，是否存在著淵源關係？戰國時代宇宙生成思想對於漢代宇宙論又有著如何的影響？

以「宇宙生成論」爲研究論題，經由對道家文獻的考察，吾人當更能釐清此一時代，哲人對此一論題的思考理路，在重釋原典的過程中，筆者期盼能對「太一」、「陰陽」、「氣」、「精」等相關問題作一相應的了解，並疏理出道家後學轉化《老子》之「道」的發展脈絡。

第二節　研究範圍

本論文以戰國時期的道家文獻所呈顯之「宇宙生成論」爲討論重心，以下筆者將依本論文研究所選取之時間斷代、文獻材料與「宇宙生成論」之議題作逐步之說明。

一、時間斷代──戰國時期

本文將論述焦點置於戰國時期，乃因戰國時期正爲「宇宙生成論」之重要發展期〔註1〕，漢代哲學中完備之宇宙生成論述皆奠基於此時，是以有深入探討之必要。再者，本文所研究的對象乃是「道家文獻」，此中無可避免的問題是：先秦之典籍多是經由後人編輯而成，出土文獻之成書時間眾說紛紜，吾人如何能確切斷定文獻之年代？的確，要完全確定文本之成書年代並非易事，以黃老帛書爲例，言其成書於戰國早期、中期、晚期者皆有之。眾訟紛

〔註1〕 葛兆光云：在殷周至春秋，即使是在「大傳統」中，宇宙觀念也可能還在零星、具體、不成系統的階段；「小傳統」包括兵法、方技、數術，宇宙知識是具體技術中的模糊背景。到了戰國時代，思想家才開始自覺地討論宇宙時空的問題。參見氏著《中國思想史》（第一卷），上海：復旦大學出版社，2001年12月，頁143。

紜之下，吾人如何取捨？

有論者以為：「文獻成書年代」與「思想發生年代」本身就存在著差距，若太過於執著經典的成書年代，可能會造成「以『時』害『義』」之蔽；更何況思想觀念的發展自有其規律，亦不必全然為「時間」所侷限，是以在史料的安排上，可採取「大範圍」的論述形式來進行〔註2〕。

對此，筆者以為：若吾人承認先秦子書的成書過程皆必須經歷一段長時間的流傳與演變，那麼，吾人在處理文獻成書年代的問題時，必然難以得到確切的答案。學術的淵源並非單一，思想的流傳不限一地，再加上著作者個人思辨的偏向、著重的議題各不相同，種種因素都增加了問題的困難性。呈現在吾人眼前的文獻，其成書年代的確可能與思想發生的時間相去甚遠。是以筆者贊同以「大範圍」的方式進行論述，然而，這並不表示，吾人可以完全不顧慮文獻之成書年代，或是徑自以思想觀念的發展來斷定成書年代之先後，因為，如此一來，亦將產生「以『義』害『時』」之蔽。

在筆者所選取的文獻材料中，《莊子》、黃老帛書、〈太一生水〉、《管子》、《鶡冠子》等都可確定為戰國時期道家的作品，其所反映的思想亦可代表此一時期。《呂氏春秋》雖成書於秦初，然書中思想之醞釀與發展亦應在戰國時期，且其思想體系亦以道家為本，兼儒墨名法之旨，應歸為黃老道家〔註3〕。其次，關於《老子》之思想與成書，據學者推估，在春秋晚期時，老子思想應已開始流傳，《老子》之原書雖不可得，然今日可見《老子》書之版本卻有通行本、帛書本、竹簡本三種，這正呈顯出文獻在異時異地流傳的事實。從古本與今本的差異，吾人更可看出戰國時期老子後學將「道」客體顯實化的痕跡，而這正是筆者所要著力辨析之處。

再者，對於《易傳》何以不列入討論，筆者亦在此一併說明。在《易傳》中，的確已有「易有太極，是生兩儀，兩儀生四象，四象生八卦，八卦定吉凶，吉凶生大業」（〈繫辭傳〉）此種「貌似」宇宙生成論之說〔註4〕，亦有「天

〔註2〕　參見陳明恩《氣化宇宙論主體架構的形成及其開展》，淡江大學中文研究所碩士論文，李正治先生指導，1995年6月（1998年4月修正稿），頁34。

〔註3〕　陳師麗桂言：「高誘序《呂氏春秋》說：『此書以道德為標的，以無為為綱紀』。可見，先秦道家思想在《呂氏春秋》中，是佔著很大的比重的。」參見師著《秦漢時期的黃老思想》，台北：文津出版社，1997年2月，頁7。熊鐵基則將《呂氏春秋》歸為「新道家」，而此「新道家」其實就是司馬談所言之「道家」，參見氏著《秦漢新道家》，上海：上海人民出版社，2001年3月，頁105～106。

〔註4〕　〈繫辭傳〉之說原義是在說明《周易》的筮法，其宇宙生成的意涵應該視作

施地生，其益無方。」(《象傳・益卦》)、：「『《泰》：小往大來，吉，亨。』
則是天地交而萬物通也。」(《象傳・泰卦》)等「天地生萬物」之論，以及關
於「陰陽」〔註5〕、「神明」〔註6〕、「精氣」〔註7〕的論述。這些議論本身或
多或少帶有「創生」之意味，或者與宇宙生成的論題有關，此皆表示出：《易
經》本身即允許了宇宙生成論的詮釋進路，戰國以後，哲人的詮釋更將其導
向氣化宇宙論的方向〔註8〕。然而，《易傳》是否應歸於道家，筆者仍持保留
態度。〈繫辭傳〉與《象傳》中，的確存在許多與道家天道論相關的議題，然
而，《象傳》中「天行健，君子以自強不息」(《大象傳・乾》)、「地勢坤，君
子以厚德載物」(《大象傳・坤》)等說法，亦與儒家有濃厚的淵源關係。是以
筆者以為：《易傳》哲學並非專屬於道家，是以筆者不以章節之形式將《易傳》
列入，然而〈繫辭傳〉及《象傳》中相關的議題則必須納入本文之討論。

二、文獻材料——道家文獻

本論文以戰國時期的道家文獻為研究對象。眾所皆知，「道家」此一名
稱，在先秦時並未出現，道家亦未曾形成一個統一的學派〔註9〕，考證道家
的起源及傳承並非易事，只能說當時有一批哲人有一種大體一致的思考路數
和思考興趣，這大體一致的思路和興趣就成為一股思潮。葛兆光指出：他們
思路的起點是從「天道」開始的，然後才從這裡推衍出一個知識系統。「道」
的思想以及從「道」的思考衍生出來的處理宇宙社會人生問題的知識，在公

漢代易學的發揮。參見朱伯崑《易學哲學史》，台北：藍燈文化，1991年9
月，頁74。

〔註5〕 如：《繫辭傳》言：「一陰一陽之謂道。」，又言：「乾坤其易之門邪？乾陽物
也，坤陰物也，陰陽合德而剛柔有體。《繫辭傳》上：陰陽之義配日月。」《文
言傳・坤卦》言：「陰疑於陽必戰。」

〔註6〕 如：《繫辭傳》言：「陰陽不測之謂神。」、「以通神明之德，以類萬物之情。」、
「陰陽合德而剛柔有體，以體天地之撰，以通神明之德。」

〔註7〕 如：《繫辭傳》言：「精氣為物，游魂為變，是故知鬼神之情狀。」又言：「天
地絪縕，萬物化醇；男女構精，萬物化生。」

〔註8〕 漢代哲人尤其如此，《易緯・乾鑿度》中即有一段論述「太易」、「太初」、「太
始」、「太素」的文字。

〔註9〕 王葆玹指出：先秦道家大概從未形成統一的學派，其構成的形態較之儒墨似
更為鬆散。正由於是鬆散的、不統一的，先秦文獻才未出現「道家」這個名
稱。談論先秦道家的鬆散和不統一，並不意味著絕對地否認先秦道家的系統
性或體系性。參見氏著《老莊學新探》，上海：上海文化出版社，2002年5
月，頁2。

元前五至公元前四世紀前後的出現並不孤立，是好幾類相近又略有別的思路。葛氏並將其約略分爲「古道者之學」、「黃帝之學」以及「老子之學」：「古道者之學」以《國語・越語下》之范蠡、《越絕書》之計然爲代表，他們有著半是陰陽數術半是道者的色彩，其將宇宙天地的理解，作爲自然與社會知識的基礎；「黃帝之學」指《黃帝書》、《管子》中的若干篇，其將偏重實用的知識與技術範疇的思路引向對宇宙觀念、制度建設、個人生存等方面的思考；「老子之學」指《老子》中通過宇宙之道的體驗，追尋對天道、世道、人道的終極理解，以及《莊子》中偏向對人精神超越和自由境界的探尋〔註10〕。

　　葛氏所言，乃是一種概括性的分類，「古道者之學」、「黃帝之學」與「老子之學」並非壁壘分明的三個派別。然而，吾人由此可知，道家之所以以「道」名家，實乃因道者有著喜言天道、擅長「以天道下推人事」的學問性格，雖然「道家」之名的出現，乃是後人反省整理的結果，先秦道家人物並沒有自覺地以「道者」自居，然而，其善言天道宇宙的特點，正是後人將其歸爲一類的原因。在本論文中，筆者大致是依司馬談〈論六家要旨〉所言「道家使人精神專一，動合無形，贍足萬物。其爲術也，因陰陽之大順，采儒墨之善，撮名法之要，與時遷移，應物變化，立俗施事，無所不宜，指約而易操，事少而功多」的定義下，使用「道家」一詞，這樣的「道家」自然與陰陽之學密切相關。而此「道家」之名，實質上亦即「黃老道家」〔註11〕，筆者之所以捨「黃老」之名，而取「道家」之名，原因有二：一者，吾人由《老子》三版本之差異，可以看出戰國時期黃老學者對原始老子之學的轉化，也就是說，今本《老子》中存在黃老哲學思想；然而，以「黃老」之名涵蓋《老子》並不妥當。二者，《莊子》外雜篇亦有黃老思想，劉笑敢將之稱爲「莊子後學中的黃老派」；然而，《莊子》內篇並不如此，是以「黃老」之名亦不

〔註10〕 參見葛兆光《中國思想史》（第一卷），頁 111。
〔註11〕 陳師麗桂指出：就作爲黃老之學源頭的黃帝之學來說，漢志所列黃帝著作之內容與類別，除了道家類的《黃帝四經》、《黃帝君臣》、《黃帝銘》、《雜黃帝》等四種與小說家的《黃帝說》之外，其餘雜占、醫經、經方、房中、神仙、天文、曆譜、五行各類依託的黃帝著作，都和陰陽家有深厚的關係。而陰陽之說也始終出現在黃老之學的論著中，如：馬王堆黃老帛書〈稱〉，《管子》之〈幼官〉、〈幼官圖〉、〈四時〉、〈五行〉、〈宙合〉，《呂氏春秋》之〈應同〉、〈召類〉以及《淮南子》之〈天文〉、〈地形〉、〈時則〉、〈覽冥〉等等。凡此，在在說明了陰陽學和黃老學之間的緊密關係。參見師著〈〈論六家要旨〉的思想傾向〉，收入王初慶等著《紀實與浪漫——史記國際研討會論文》中，台北：洪葉文化事業，2002 年 3 月，頁 403～404。

適用於整部《莊子》，因此，筆者擇取「道家」之名。

戰國時期道家哲人的思路同中有異，互相影響，形成一股當代的思潮。《莊子》、黃老帛書、〈太一生水〉、《鶡冠子》、《管子》等書的哲學理路當然有其差異性；然而，其對「宇宙生成」議題的討論，對天地萬物生成的關係，則有共同的興趣，此正是本論文所要深入探究之處。

三、研究議題——宇宙生成論

論及「宇宙論」一詞，吾人極易將其與西文 Cosmology 連結起來，Cosmology 一字首由十八世紀 Crisian von Wolff 所提出，其意含為「對於宇宙或自然世界的一種理性探討所形成的知識。」鄔昆如對其所作的說明是：形而上所討論的對象是「宇宙」（Kosmos），也就是具體事物的抽象化、系統化和次序化，問及這個世界的現象。為什麼會有秩序，它的秩序是如何來的？是如何發展的？以及對人生有何意義？這種是「宇宙學」，或傳統譯為「宇宙論」（Cosmology）〔註 12〕。這也就是說，西方宇宙論將其論述重心置於「秩序之形成」，此一論述之特性是否與中國之宇宙論有所不同？丁原植即質疑：中國古典文獻中之「宇宙」一詞與西方之「cosmos」一詞所指涉之內容並不相同。針對西文 cosmology 一字，其言曰：

> 作為 cosmology 根源的 cosmos 是指「秩序」，而「秩序」是面對 chaos
> 所發生的 logos。因此在西方哲學的始源中，cosmos 與 logos 發揮著
> 相同的作用。我們甚至發現關於 cosmology 事情的探討先所關注的
> 問題是 arche（始基），是由「始基」所發生的宇宙秩序的展現，是
> cosmogony（宇宙發生論）。這就是根基於 cosmos 與 logos 的內在連
> 繫而發生的一種「秩序」的探討。因此，「秩序」的觀念不但是「宇
> 宙論」的作用，同時也是西方哲學的一個特殊的要求。〔註 13〕

其又言：

> Cosmos 統攝著一切顯現者（人亦為其中的一種），它展現為「秩序」，
> 為 logos。人之為人只在「渾合——等同於」（homo-legein）呈示其
> 為秩序的 logos 中。〔註 14〕

〔註 12〕參見氏著《哲學概論》，台北：五南，1987 年 9 月，頁 220。
〔註 13〕見丁原植〈宇宙論與先秦哲學的宇宙觀念〉，收入氏著《文子新論》，台北：萬卷樓，1999 年 10 月，頁 346。
〔註 14〕同上註，頁 347。

丁氏並指出先秦哲學的宇宙觀念，與西方宇宙論之不同點在於：

（一）在中國哲學的探索中，「宇宙」並不是哲學問題的根基，它並未如古希臘哲學中以「秩序」的意含作為哲學思索的指向。「宇宙」的問題，是配合著「道」的說明而提出的，它們本身並不是哲學考辨的所在。「道」與「宇宙」的關係，並不是相互間的從屬，而是呈顯與隱蔽的兩種面相。

（二）中國哲學之「宇宙」一詞，僅涉及萬物存在的事實層面，而萬物存在的問題不是對此事實的辨析，而是如何面對與處置這個事實。「宇宙」是人所操作的事情，而不是自為發生的世界。「宇宙」不是哲學所對應的世界，它是哲學所操作之「域」。〔註15〕

丁氏所言之第一項乃是許多學者所言「中國哲學之本體論與宇宙論不分」的原因。就西方哲學的定義而言，宇宙論探討整體存在界的始源、材質、結構、元素、時空等具體性質的整體存在界的問題。本體論則討論存在界的存在之意義、目的、本質、有無、規律、規範等抽象原理的問題。然而，在形上學研究的過程中，本體論與宇宙論的問題意識經常重疊且互為假借。而在中國哲學中，此二論題更幾乎都是被一起討論的〔註16〕，正如丁氏所言，就中國哲學而言，「道與宇宙乃是呈顯與隱蔽的兩種面相」，二者實為一體。再者，丁氏指出：西方宇宙論乃是根基於 cosmos 與 logos 的內在連繫而發生的一種「秩序」的探討，中國哲學之宇宙論則不如此。的確，就中國之宇宙論而言，「秩序」乃是隱含於「道」之中，「道」之運行即代表「秩序」的成立。就道家來說，道家哲學雖不特別強調「秩序」，但並不代表其所言萬物的生化就必然是無中生有、無序雜亂的。《老子》所云：「夫物芸芸，各復歸其根，歸根曰靜，是謂復命，復命曰常，知常曰明」即以萬物之歸根復命為常，即可說明道家之自然乃是有秩序與次第的。

丁氏所言之第二項則顯示出：就中國哲學而言，言「宇宙」之重心在於說明人對宇宙的安置，此正是中國哲學以人為主體的特色。由丁氏之論可知，中國哲學中之宇宙論的討論重心本有相異於西方哲學者，中國之宇宙論與道論密切關連，以人為主體，自有其特殊之姿態與風貌，而從屬於宇宙論之下的「宇宙生成論」所要探討的主題又是如何？

對此，王葆玹有言：

〔註15〕同註7，頁348～356。
〔註16〕參見杜保瑞《反者道之動——老子新說》，北京：華文書店，1998年5月，頁4。

筆者同意學術界流傳已久的一種說法，即漢代哲學主要是某種宇宙論。不過應指出，所論「宇宙論」只能算是一種簡稱，它確切地說是「宇宙生成論」，可分爲宇宙發生論和宇宙構成論兩部分。前者是從時間上推究宇宙的發生發展過程，這種推究常常會推出一個最早的起源；後者是從空間上考察、推算宇宙的結構，結果往往變成主觀規劃，設置一個結構中心。〔註17〕

王氏將「宇宙生成論」分爲「宇宙發生論」與「宇宙構成論」兩個部分。前論之焦點在於探討宇宙如何發生；後者則在討論宇宙如何構成，乍看之下似乎前者之討論以時間爲主軸，後者之討論以空間爲主軸；然而，在實際考察上，二者其實是分而未分的。舉例而言，在道家文獻中，「精氣」既在宇宙發生過程中扮演極爲關鍵之角色，亦爲宇宙構成之基本質素。

再者，古典文獻中之「宇宙」一詞本已同時指涉了時間與空間。《尸子》卷下有云：「天地四方曰宇，往古來今曰宙。」此處以「天地四方」定義「宇」，以「往古來今」定義「宙」〔註18〕。「宇」乃是包天含地的空間，而「宙」是由古至今的時間，「宇宙」乃是人事萬物呈顯生滅之場域。「宇宙生成論」之研究乃是探討文獻中有關「宇宙如何發生、構成，並探究萬物存在及變化的最終依據」的記載，而在道家哲學中，「萬物之存在與變化」的事實裡，其實就已隱含了「秩序」的存在，因此，吾人可將道家的「宇宙生成論」進一步定義爲「研究天地宇宙如何發生、構成，並探究萬物存在及其隱含的秩序之最終依據」的論題。

「宇宙生成論」的提出正反映出古人對宇宙時空的掌握，人類的進步亦正在於設想這些不可確知、無法想像的問題〔註19〕。今日吾人對「宇宙生成

〔註17〕 見氏著《正始玄學》，濟南：齊魯書社，1987年9月，頁184。

〔註18〕 考察古代「宇」、「宙」二字的原始意義可知，「宇」字本義爲「屋邊」，亦即「屋檐」；而「宙」字本指房屋之棟樑，《淮南子·覽冥》有言：「而燕雀佼之，以爲不能與之爭于宇宙之間」，高誘注：「宇，屋檐也，宙，棟梁也」即用其原始義，參見李玲璞、臧克和、劉志基《古漢字與中國文化源》，貴陽：貴州人民出版社，1997年7月，頁164。「宇」、「宙」二字皆本指生活空間，古人由生活空間之變化（日升月落、春去秋來），而逐漸體驗到「時間」的意義，是以「上下四方曰宇，往古來今曰宙」的定義於是形成。

〔註19〕 歐崇敬言：「我們怎麼去構想一個沒有起源的起源所在之內呢？對於它的表達方式當然有些非比尋常。……人類的進步，恐怕在於去設想這些不可想像的問題，使得人類的智慧增長。哲學有了一項任務即是發現人類的限制和無知，並且在限制處不斷地力圖去打破。」見氏著《混沌之知的構造》，台北：洪葉

論」之探討正可呈顯出古人對生活環境的認知歷程。

第三節 研究方法

在確立了研究範圍之後，以下筆者先就本論文之研究方法作一說明：

王師開府於〈思想研究法綜論──以中國哲學為例〉中，綜合學者的意見，將哲學研究的方法分為發生研究法、解析研究法、系統研究法、比較研究法以及實踐研究法五種〔註 20〕，本論文研究所採取之方法為其中之發生研究法、解析研究法、系統研究法、比較研究法，以下申論之。

（一）發生研究法

勞思光於《新編中國哲學史》中提及：「所謂發生研究法，即著眼於一個哲學的思想如何一點點發展變化，而依觀念的發生程序作一種敘述〔註 21〕。」王師開府則認為：發生研究法不只是一種史實的敘述而已，也不僅限於研究一位哲學家，發生研究法可以研究一個哲學學派，甚至某種哲學概念或思想，本身就是屬於思想史或哲學史的研究，其研究的重點在於哲學概念或思想的發生及發展歷程〔註 22〕。

本論文以戰國時期道家文獻的宇宙生成思想為研究對象，自當將焦點置於此種思想的發生及其發展過程，而其相關範疇（如：「宇宙」、「太一」、「精」、「氣」等）的發展歷程，亦在本文討論之列。

（二）解析研究法

勞思光指出：解析研究法是要分析哲學家所用的詞語及論證的確切意義，所根據的是客觀的分析〔註 23〕。王師開府則以為：「解析研究法」乃指分析法在哲學上之應用，其透過個別哲學概念、命題及論證的考察，對哲學思想的局部成分，獲得精確而固定性的理解，以作為理解更大範圍思想的穩固基礎。他並特別強調：對概念、命題作哲學解析時，不能祇用訓詁的方法，作字義的解釋或文法的分析，而必須歸納哲學文獻中使用哲學概念的各種情

出版社，1998 年 11 月，頁 168。

〔註 20〕 參見師著〈思想研究法綜論──以中國哲學為例〉，《國文學報》第二十七期，1998 年 6 月，頁 168～182。

〔註 21〕 參見勞思光《新編中國哲學史》，台北：三民書局，1997 年 10 月，頁 10～11。

〔註 22〕 參見師著〈思想研究法綜論──以中國哲學為例〉，頁 168。

〔註 23〕 參見勞思光《新編中國哲學史》，頁 10～11。

形，以哲學性思考來進行分析，才能對概念、命題作出較準確的詮釋〔註24〕。

由王師之論可知，對某一概念作解析時，必須歸納文獻中所使用的各種情況，以哲學角度來進行研究。因此，本論文首先針對單一文獻中的各別概念，如：「宇宙」、「宙合」、「太一」、「一」、「陰陽」、「氣」、「精」等等，進行哲學性的分析，若此一概念重出於他處，筆者亦將納入討論。舉例而言，筆者在探討〈太一生水〉之「神明」時，即同時參照了《莊子·天下》、《莊子·知北遊》、黃老帛書〈經法·名理〉、《鶡冠子·泰鴻》、《淮南子·道應》、《左傳·襄公十四年》、《史記·封禪書》中的「神明」說，以求對〈太一生水〉之「神明」作出確切的詮釋。

（三）系統研究法

王師開府指出：「系統研究法」是指綜合法在哲學研究上的應用，其將各種個別的哲學概念、命題、理論匯聚起來，找出它們之間的各種關係，以建立整體的哲學思想系統。再者，系統研究法和解析研究法，在方法上是相反而相成，相得而益彰。解析的研究做得愈精確，則由此建立的系統愈周延而穩固；反過來，系統的研究做得嚴謹，在系統中的各部分意義的解析也愈準確而清晰。這裡面有所謂「詮釋的循環」的功能〔註25〕。

解析研究法重在「分析」，而系統研究法重在「整合」，本論文在對各別範疇進行分析詮解之外，同時亦著重各別範疇之間的相互關連，以求建立一完整的思想體系。舉例而言，《莊子》外雜篇之宇宙生成思想乃是由「宇宙生成序列」、「天地」、「宇宙」、「氣」、「陰陽」、「神明」、「太一」等範疇組合而成，是以筆者除了分析各個概念之意涵外，尚須注意它們彼此之間的關連性。

（四）比較研究法

王師開府指出：比較研究法是把不同的哲學思想拿來作比較研究，以突顯不同哲學的特殊性、價值和地位。發生法、解析法、系統法，大體可視為一個系統內的研究法，而比較研究法則可在兩個以上的系統作比較，不過在比較中仍可用其他方法以為協助〔註26〕。

本文在「戰國時期道家的宇宙生成課題」一節中，即以單一概念為中心，比較、辨析各個文獻中，某一哲學概念的意涵有無差別，並嘗試推求出哲學

〔註24〕 參見師著〈思想研究法綜論——以中國哲學為例〉，頁170。
〔註25〕 同上註，頁175。
〔註26〕 同註19，頁180。

概念的發展情形。

　　藉由以上之說明，吾人可知：就學術目的而言，哲學問題之研究方法大致可歸納爲發生研究法、解析研究法、系統研究法、比較研究法四種，而此四類彼此之間亦互有關涉。本論文旨在討論戰國時期道家宇宙生成思想之發生及發展過程，自當對道家各文獻中關於「宇宙生成」的論述作出精確的詮釋，並建構各文獻中系統性的宇宙生成思想，而比較各文獻中宇宙生成論的差異，亦是本文之重心，因此，四種研究法皆爲本文研究所必須。

　　在研究步驟上，筆者將先就宇宙生成問題的起源作一考察，以求了解戰國時期對此一論題的討論情形。其後，再依次討論各文獻中有關宇宙生成問題的論述。最後，著手戰國時期道家宇宙生成思想對漢代氣化宇宙論之影響的研究。

第四節　學術背景──戰國時期的宇宙生成思潮

　　自古以來，人類對其所處生活場域的好奇與興趣，從未稍減〔註27〕。目所望者即爲「天」，足所踏者即爲「地」。「天地」雖舉目可見，卻又是遼遠無窮的，誰能眞知「天之極」，誰能到達「地之端」？究竟「天」爲何狀？「地」是何形？「天地」之外，又是如何？日升月落，春去秋來，人們從「空間」的變化中，體驗出「時間」的流逝〔註28〕，歸納出天地的規律〔註29〕。然而，「日」、「月」何以互代？四季爲何輪替？這些律則到底是如何形成的？天地規律的背後，是否有一最高的主宰，抑或最終的根源？

〔註27〕古代中國很早就有了天圓地方、上下四方的空間觀念。由河南濮陽西水坡仰韶文化遺址中，所遺留的用蚌殼擺成的龍虎圖案，可以知道，中國古代的四方四神所蘊涵的空間和時間觀念，必須提到相當早的時代。參見葛兆光《中國哲學史》（第一卷），頁17。

〔註28〕《墨經・經上》曰：「久，彌異時也。」《經說上》「久：合古今，旦莫（暮）。」「久」爲時間，人們認識時間，總是通過「異時」的不同，才感覺到時間的持續。參見劉文英〈中國古代的時空觀念〉，《中國哲學史》1979年第9期，頁39。

〔註29〕物質世界的確有客觀的自然律存在，以控制物體的活動。此種肯定是自明的，經驗可以作證，物體活動的恒常性與規律性，人人可見，例如日夜循環，天體的運行，生命的種種現象，都有一定的規律，如果不承認在本性內有一種傾向，使之恒常地活動，那些自然律則無法解釋。參見李震《哲學的宇宙觀》，台北：臺灣學生書局，1978年11月，頁150。

　　從遠古以至春秋時期，人們對於這些問題的思考尚停留在片斷零星而不成系統的階段。到了戰國時期，哲人們已能自覺地討論天地時空的問題，宇宙生成問題也在此時成爲眾人討論的對象之一。之所以有這樣的變化，當然必須歸功於古代科學的發展。在戰國時代，曆法、天象紀錄、天文儀器都有長足的進步，此時以陰陽合曆爲特色的曆法已然形成，人們已經歸納出廿四節氣及十九年七閏的規律；天象的紀錄則有日月蝕、隕石、彗星等記載，星空廿八宿已經被區分出來，並製作了包括一百顆星的星表〔註30〕；再者，人們已知利用土圭日影來測定一年的長度，判定季節的更替，也發明漏壺以計量時間。因此，人們對於自身所處的時空環境，有了更準確的掌握，對於宇宙構造的問題也提出了可能的假設，至少可以確知，蓋天說在此時已經形成〔註31〕。天地構造問題似乎已經得到了解答，時人更進一步將觸角往前延伸，將問題的焦點置於「天地未生，窈冥不可考」〔註32〕之時。

　　《鬼谷子‧符言》有云：「一曰天之，二曰地之，三曰人之，四方、上下、左右、前後，熒惑之處安在？」；鄒衍擅談天，其根據陰陽學說、五德終始，追尋「天地未生，窈冥不可考而原」的時空源頭；范蠡亦有「陽至而陰，陰至而陽。日因而還，月盈而匡〔註33〕」之圓道觀。凡此種種，皆可看出思想家在此時熱衷於宇宙時空之討論。而戰國時代對於宇宙生成問題的興趣，更可在《楚辭‧天問》以及長沙子彈庫帛書〈四時〉篇中看出端倪。

　　〈天問〉曰：

〔註30〕馬王堆漢墓尚出土有〈五星占〉、〈天文氣象雜占〉等天文資料。天文史專家認爲，這是世界上保存下來最早的天文書。〈五星占〉前面是占文，後面是五星位置。以五行配五方，記錄了秦始皇元年至漢文帝三年，共七十年間土星、金星的位置。〈天文氣象雜占〉書上用朱墨兩色繪有雲、蜃、氣、暈、虹、恒星、彗星等各種天象圖，共約 250 幅，還有圖象名稱、解釋、占文等文字說明，記載了瞻雲、望日、察氣、觀景等方術。這是一種典型的利用天象來占驗災異變故、戰爭勝敗的星占學專書。

〔註31〕參見呂理政《天、人、社會——試論中國傳統的宇宙認知模型》，台北：中央研究院民族學研究所，1990 年 3 月，頁 13。又，葛兆光指出：在戰國時代，「蓋天說」的宇宙觀十分盛行，其主張：天穹是圓的，以北極和北斗爲中心，日月列星隨天體旋轉而東升西墜。北極爲天之樞軸和中心，有至高的「一」的地位，隨季節轉動斗柄的北斗，被視爲天意的發布者，操縱季節的變化，而斗柄在一年中分別指的四方即東南西北，也有了神聖的象徵物、象徵色、象徵季節。參見氏著《中國哲學史》（第一卷），頁 144。

〔註32〕見《史記‧孟荀列傳》。

〔註33〕見《國語‧越語下》。

> 曰遂古之初，誰傳道之？上下未形，何由考之？冥昭瞢闇，誰能極
> 之？馮翼惟像，何以識之？明明闇闇，惟時何爲？陰陽三合，何本
> 何化？

屈原將對天地生成問題的疑惑一傾而出，他問道：在遙遠往古之時，是誰來開
關天地、創造宇宙〔註34〕？天地尚未形成，昏暗混沌，如何能夠窮極〔註35〕？
宇宙生成之前，廣大渺遠、沒有形象，如何能夠認識〔註36〕？白晝黑夜相互交
替，「時間」的定義是否就是如此？陰陽相互滲合，以成萬物，其根源爲何？如
何能夠變化〔註37〕？

接著，他又問道：

> 圓則九重，孰營度之？惟茲何功，孰初作之？斡維焉系，天極焉加？
> 八柱何當，東南何虧？九天之際，安放安屬？隅隈多有，誰知其數？
> 天何所沓？十二焉分？日月安屬？列星安陳？

人說：圓天有九重，然而，這是誰去環繞測量的呢〔註38〕？如此浩大的工程，
誰又能夠完成呢？或言：天似蓋笠，那麼蓋頂與轇繩又繫於何處？天之樞軸
又在哪裡？傳說中八根撐天的支柱位於何地，西北又爲何會垮陷〔註39〕？有

〔註34〕針對「誰傳道之」之「傳道」，姜亮夫言：「傳道，諸家訓説皆以爲傳説稱道，
非也。傳説稱道，不一其人，何能言誰？傳道，流轉導引也。此言天地之始，
與下文言天之質者義實相貫。」參見氏著《屈原賦校注》，台北：文光圖書，
1974 年 8 月，頁 274～275。

〔註35〕「昭」字本當作「旳」，形近而誤作「昭」。《説文・日部》：「旳，尚冥也。」
古義同「昧」。冥、旳、瞢、闇，皆言混沌未闢之象。「極」，追究。二句問在
混沌黑暗之中，誰能追究出宇宙的形態。參見湯炳正、李大明、李誠、熊良
智注《楚辭今注》，上海：上海古籍出版社，1997 年 4 月，頁 82。

〔註36〕湯炳正等言：「馮翼」爲「元氣盛滿貌」，參見湯炳正、李大明、李誠、熊良
智注《楚辭今注》，頁 82。又，江林昌曰：馮翼，大氣彌漫的樣子。惟象，即
未像，無形也。所謂「馮翼惟象」，是指宇宙產生之前，大氣彌漫而無形象。
參見氏著《楚辭與上古歷史文化研究——中國古代太陽循環文化揭秘》，濟
南：齊魯書社，2002 年 9 月，頁 242。
論者多認爲「馮翼」指大氣盛滿瀰漫的樣子，然而，筆者以爲：宇宙生成之前是否一
定是「大氣」瀰漫的狀態，在〈天問〉中並沒有明確指出。

〔註37〕「陰陽三合」即「陰陽參合」。「三」、「參」古通用。參見湯炳正、李大明、
李誠、熊良智注《楚辭今注》，頁 82。

〔註38〕江林昌認爲：「圓則九重，孰營度之」乃言太陽環繞著圓天方地作循環運動，
其所問的「孰」，正是指太陽。參見氏著《楚辭與上古歷史文化研究——中國
古代太陽循環文化揭秘》，頁 245～246。

〔註39〕屈原此處所問爲「八柱」，即天之八柱，然則所「虧」者自當爲「西北」而非

人將天分爲中央與八方，那麼九天的邊際何在，彼此又如何相連？九天之際究竟有多少角落，誰又能知道正確的數字？有人言：日月沿黃道運行，每年會合十二次，然而，日月會合於天上何處？十二次又是如何劃分？日月如何能夠繫屬於天頂，列星又如何能排列得井然有序？其下，屈原還以「出自湯谷，次於蒙汜。自明及晦，所行幾里？」、「夜光何德，恐則又育？厥利維何，而顧菟在腹？」以及「女歧無合，夫焉取九子？伯強何處？惠氣安在？何闔而晦？何開而明？角宿未旦，曜靈安藏？」分別質問有關日、月、星辰的神話。

從〈天問〉的論述，可以知道，當時人對於自身所處的場域，已有了一定的關切與認識，對於天地的構造、日月的輪替、星辰的運行，亦提出了一些假設與詮釋。當然，人們的好奇並不以此爲滿足，他們開始將視野置於天地未生、宇宙未成之時，去思慮那渺茫未知的過去。宇宙如何創闢？天地如何形成？「時間」究竟爲何物？「陰陽」之上，是否另有本源？這些問題困惑著他們，也刺激他們去尋求各種可能的解答。

除了〈天問〉之外，長沙子彈庫帛書〈四時〉對於宇宙生成論題亦有所著墨。〈四時〉篇首段描述：遠古之時，天地一片混沌，其後，包戲（亦即「伏犧」）娶「女墳」，生下四子，是爲「四神」。在「未又（有）日月」之時，「四神」分守四方，互相換位，「步以爲歲，是隹（惟）四寺（時）」。第二段中，則說道，經過「千又（百）歲」後，「日月夋（允）生」，然而此時天地不寧，九州不平、山陵崩墮。是以炎帝命祝融率「四神」以青、赤、黃、白、黑五色木支撐天地，奠定「三天」、「四極」，恢復宇宙秩序，從此之後才有了由日月之行表示的「四時」。第三段則言「共攻（工）夸（？）步十日四寺（時）」，才有了一日之內「四時」（宵、朝、晝、夕）的劃分〔註40〕。

此中，值得注意的是：〈四時〉中以「夢夢墨墨，亡章弼弼」來形容天地未開之時，茫茫昧昧、幽明無別的情狀〔註41〕，與〈天問〉「馮翼惟像」、「冥

「東南」。參見湯炳正、李大明、李誠、熊良智注《楚辭今注》，頁83～84。

〔註40〕 參見李零《長沙子彈庫戰國楚帛書研究》，北京：中華書局，1985年7月，頁64～73及《中國方術考》，北京：東方出版社，2000年4月，頁193～194。

〔註41〕 李零有言：夢夢墨墨猶茫茫昧昧。參見氏著《長沙子彈庫戰國楚帛書研究》，頁65。馮時曰：夢夢，讀如芒芒。其意爲廣大曠遠。墨墨，讀如昧昧。再者，針對「亡章弼弼」一句，其以爲：亡，讀爲盲，盲訓昏冥。章，昭明也。而「弼」古音（並紐物部）與「勿」（明紐物部）聲韻皆近；「勿」與「昏」字形可互作（《說文》「吻」字下《段注》曰：「昏聲也。凡皆从氏，不从民。字

昭曹闇」有極大的相似性，亦與黃老帛書〈道原〉「濕濕夢夢」、《呂氏春秋・應同》：「芒芒昧昧」雷同。此外，文中尚提及寒、熱二氣，以此代表陰陽；青、赤、黃、白、黑五木則代表五行。李學勤認爲：以五木奠四極，意味著五行的空間分布；以四色名四神，則意味著五行的時間循環。以五行說爲原則的宇宙間架論，在帛書裡已經表現得相當完整〔註42〕。

再者，在〈四時〉中，最明顯的特徵即是對「四時」的強調。「四時」不僅指涉春、夏、秋、冬四季，亦指涉一日之內宵、朝、晝、夕的變化。「四時」的定位，更是宇宙秩序形成的第一步，「日月」的出現，甚至要在「四時」之後，天地脫序也要由「四時（神）」來加以挽救。這些論述，都顯示出「時間」的定位對於時人的重要性。在古代以農爲主的社會中，依四時輪替、日月運行來製訂曆法，也的確是人間秩序確定的首要工作〔註43〕。

〈四時〉反映出時人的宇宙觀乃是由四時、五行、陰陽所架構而成，然而，對於四時、五行、陰陽的根源問題，作者所提出的，乃是一種神話式的解釋。同樣的，〈天問〉篇中關於天地宇宙的討論，亦帶有濃厚的神話色彩。

經由以上的論證，吾人可知，戰國時代的確興起了一股討論天地生成問題的思潮，這樣的思潮不只反映在〈天問〉及〈四時〉中，更反映在其他道家文獻裡；時人對於此一問題的解答不僅有神話式的詮釋，亦有哲學性的思辨，筆者則把焦點置於戰國時期道家文獻中的哲學性思辨。

亦作腦、作䐉，皆囪之俗也。」）；古文「勿」、「昏」多與「閔」通，而「昏」、「閔」皆有昏闇不明的意思，故帛書「弼弼」即昏亂不明之意。「盲章弼弼」乃幽明不別而難知也。參見氏著《中國天文考古學》，北京：社會科學文獻出版社，2001 年 11 月，頁 17。

〔註42〕參見氏著〈論楚帛書中的古史與宇宙論〉，《簡帛佚籍與學術史》，南昌：江西教育出版社，2001 年 9 月，頁 53。

〔註43〕連劭名指出：共工步十日四時的故事，實際上是敘述曆法的產生。時人直接觀察日月星辰的活動來確定農事的安排，所以帛書在敘述天體及日月的生成之後，接著描述曆法的產生過程。參見氏著〈長沙楚帛書與中國古代的宇宙論〉，《文物》1991 年第 2 期，頁 44。

第二章 《老子》的宇宙生成論及其相關問題

　　「道」為《老子》書中最具創造性與關鍵性之概念；對於「道」之詮釋形態，袁保新先生歸納為「客觀實有」與「主觀境界」二類〔註1〕，並以馮友蘭、方東美、徐復觀、唐君毅等人的詮釋為第一類之代表，而以牟宗三、勞思光等人之詮釋為第二類的代表。事實上，經由河上公注本與王弼注本的比對，吾人即可見後世詮解《老子》「道」的差異。這樣的爭議其來有自，顏世安說：「老子道論中，道一方面是高於知識能力的幽微勝境，一方面又是知識語句描述的自然本相，這兩個方面奇妙的混合，是學術界解釋老子思想歧義紛出的一個重要原因。老子以後，戰國道家思想的發展，始終與這個問題糾纏在一起。〔註2〕」這二類詮釋，孰優孰劣之判定儘管非本文之重心；吾人卻不能否認，就今本《老子》而言，《老子》文本的確允許了「客觀實有」此種詮釋進路的成立〔註3〕。吾人考察《莊子》、《鶡冠子》、《黃老帛書》、《文子》、

〔註1〕 袁氏解釋道：所謂「客觀實有」的詮釋形態，也就是將「道」的形上意義理解作獨立在人類心靈之外、客觀自存的「超越實有」（transcendent reality），而「主觀境界」的詮釋形態，則肯定「道」乃是經由主體實踐修養所證的「境界」，既不可以「形上實體」視之，也不能從宇宙發生論的觀點認作「第一因」。袁氏之論參見氏著《老子哲學之詮釋與重建》〈老子思想中「道」之形上性格底商榷〉，台北：文津出版社，1991年9月，頁135～136。

〔註2〕 參見顏世安〈道與自然知識——談《太一生水》在道家思想史上的地位〉，《郭店楚簡國際學術研討會論文集》，武漢：湖北人民出版社，2000年5月，頁558。

〔註3〕 袁保新認為：客觀實有詮釋系統未能重視老子思想發生的機緣，執意將老子形上思想類比為西方的形上理論；再者，此種詮釋不能為老子中政治人生方面的主張，提供內在關聯性的說明；三者，在此種詮釋下，「不道」、「非道」

《淮南子》等文獻可知，「客觀實有」之詮釋理路確實在戰國以至秦漢的老子研究中形成一發展脈絡，且蔚爲大觀。

為明戰國時期道家宇宙生成論之源流，吾人勢必要對《老子》文本中有關宇宙論之部分重作審視，以求盡量還其原貌。然而，由於出土文獻之挖掘，現今之《老子》版本已有通行本、帛書本、竹簡本多種，對於三種版本之歧異，筆者所持之態度是：三版本乃是不同的詮釋版本〔註4〕，吾人固不能全然以古本爲是，以今本爲非；卻仍可以從古本與今本的差異看出思想之流變與偏重。

為了全面性的討論「宇宙生成」此一議題，以下將由《老子》書對「道之性狀」的論述開始進行討論，進而論及「道之創生」。

第一節　道之性狀

關於道性狀之描述，今本第四章（亦見於帛書甲、乙本）有言：

道沖而用之，或不盈，淵兮似萬物之宗。

亦可視爲「常道」的表現，如此說來，老子何必鼓勵世人守道呢？由此可知，「客觀實有」的詮釋形態將導致老子思想內部的破裂。袁氏之論參見氏著《老子哲學之詮釋與重建》〈老子思想中「道」之形上性格底商榷〉，頁138～140。對此，楊儒賓則質疑：吾人如何能夠確定《老子》中有關客觀實體的道的描述只是一種「姿態」而已？他以爲：牟宗三以莊子到魏晉玄學的發展脈絡爲據，定位出《老子》道的解釋。然而，道家教派系統鬆散，道家中人對於問題的解決可能大異於前人，是以吾人理解老子，應扣緊老子文本，將後人的注疏還諸後人，如此，將可發現老子的道所顯現出來的客觀實體性之姿態，很可能就不是姿態，而是老子思想的本義。再者，要理解老子的道，確實是可以往兩個方向走，但我們如果將視野限定在老子的文字系統內，它們顯然是透露著實存的意味。也許一些帶有存有論意義的「道」字，可以說它只是指向境界本身……可是對於一些具有宇宙論意義的道字，視爲境界型態，終有窒礙。參見氏著《先秦道家「道」的觀念的發展》，台北：國立臺灣大學出版委員會，1987年6月，頁40～43。

〔註4〕 丁原植指出：戰國時代對於《老子》一書的認知與後世不同。他們並不是就學派意義的「某家」或強調爲「某人」的作品來看待這些資料。而是將它視爲一種人文探索與建構的觀念根基。因此，在傳抄或注釋的時候，時常將各種地域思想的闡發與衍生的觀念摻雜其中。參見氏著《郭店竹簡老子釋析與研究》，台北：萬卷樓，1998年9月，序言VI。袁信愛則以爲：原始版本之《老子》不可得，而想依據不同詮釋版本的《老子》來還原原始版本之《老子》又有困難，那麼竹簡老子、帛書老子和今本老子都只是不同的詮釋版本。袁氏之論見氏著〈經典與詮釋〉，《哲學與文化》第廿六卷第四期，1999年4月，頁349～350。

此言道之沖虛幽隱、似有若無，然其作用卻是無窮盡的。《老子》言「道」乃是「似」萬物之宗，下文更言道「湛兮似或存」，《老子》不直指道之實存，只以「似」言其存在，然又賦予其「沖」、「不盈」、「淵」的性狀與內質，並言其存在先於天地萬物。此言道「似萬物之宗」，今本《老子》二十五章亦言「有物混成，先天地生」，針對道之先在性問題，王博認為：道對於物的先在性是一種時間上的先在，而不是一種邏輯上的先在，或者範疇的先在。講時間上的先在，是宇宙論；講邏輯上的先在，或者範疇的先在，是本體論，老子基本上講的還是宇宙論。到王弼注釋老子時，才把宇宙論基本上轉變為本體論〔註5〕。而杜保瑞則以為：老子雖以經驗中的時間上的「先」字來說道與天地的關係，但是，我們在理解上要從「非時間性」的「思維優位」上來認識此「先」，那就是：「原理以規範者的身分指揮著經驗的發展」，因此說「道」就是天地萬物運行的總原理，也就是說原理對經驗而言有著規範義的優位性〔註6〕。對此，筆者以為：本體論與宇宙論之爭乃是後代注家的不同詮釋，《老子》本身其實並沒有明確表達其意，其文本同時允許兩種詮解的成立，事實上，就中國哲學而言，本體論與宇宙論本是互有關連，難分彼此的，這也就是說，道家後學可以將「道」釋作是萬物運行的總原理，亦可將「道」解釋為生發萬物的根源，而這兩者並不互相衝突。當然，本文所要著重討論的乃是「時間上的先在」此種詮釋進路〔註7〕。

再者，今本第十四章亦對道之性狀有所論述，其言曰：

視之不見名曰夷，聽之不聞名曰希，摶之不得名曰微，此三者不可致詰，故混而為一。其上不皦，其下不昧，繩繩不可名，復歸於無物，是謂無狀之狀、無物之象，是謂惚恍。

〔註5〕 參見王博《老子思想的史官特色》，台北：文津出版社，1993年11月，頁226。
〔註6〕 參見杜保瑞《反者道之動——老子新說》，北京：華文出版社，1998年5月，頁16～17。
〔註7〕 王博與杜保瑞之爭論關係到西洋哲學中對於「優先性」（Priority）的界義。「優先性」有二：一者為時間上的優先性（Priority of time）：當一物的存在在時間上先於從它而來之物之存在時，此物在時間上就佔優先。另一則為觀念或本性上的優先性（Priority of nature）：當一些物是其他物之根源，其他物以它們為根據，為寄託所或為發源地，無此根源之存在，其他物亦無法存在時，這些物在本質（或觀念）上就先於以它們為根源，為發源地之物的存在，雖然他們在時間上可以是同時的。參見曾仰如《形上學》，台北：臺灣商務印書館，1971年11月，頁41。

此章前三句帛書甲本作：

> 視之而弗見，名之曰微；聽之而弗聞，名之曰希；搏之而弗得，名
> 之曰夷。

乙本則作：

> 視之而弗見，〔名〕之曰微；聽之而弗聞，命（名）之曰希；搏之而
> 弗得，命（名）之曰夷。

根據高明《帛書老子校注》之考證，可知對於道性之描述應以帛書所作「微、希、夷」之順序爲是〔註8〕。

　　此章言道狀乃是「無狀之狀」，道象乃是「無物之象」，道體超越感官認知，人不可能以眼見之、以耳聞之，道之超越性由此可見。而「繩繩」與「復歸」二詞則表示了道的運動性，說明道乃是運動不已的〔註9〕。

　　此外，在今本第二十五章中，亦有大量對道性的描繪，其言曰：

> 有物混成，先天地生，寂兮寥兮，獨立不改，周行而不殆，可以爲
> 天下母，吾不知其名，字之曰道，強爲之名曰大。大曰逝，逝曰遠，
> 遠曰反。

《老子》此章乃在形容「道」先天地而存的始源狀態，此狀態混成、幽微、獨立周行而無邊無際。而所謂之「道」、所謂之「大」，皆只是對此「天下母」的勉強說明而已，正如今本《老子》首章所言「道可道，非常道」。由這些例子可以看出，《老子》書中對於始源狀態「道」的描寫，總是瀰漫一種幽微難明、無形無聲的神祕氛圍〔註10〕。

　　再者，此章帛書甲本作：

> 有物昆（混）成，先天地生。繡（寂）呵繆（寥）呵，獨立〔而不
> 改〕，可以爲天地母。吾未知其名，字之曰道。吾強爲之名曰大，大
> 曰筮（逝），筮（逝）曰〔遠，遠曰返〕。

乙本與甲本大致相同。而郭店甲本則作：

〔註8〕 見高明《帛書老子校注》，北京：中華書局，1998 年 12 月，頁 282～283。
〔註9〕 蔣錫昌《老子校詁》引強本成疏云：「繩繩，運動之貌也。」，參見氏著《老子校詁》，台北：東昇文化，1980 年 4 月，頁 80。
〔註10〕 丁原植指出：「寂」、「寥」、「獨立」、「不改」這四組語詞成爲先秦道源深析中對「始源」性狀形容的原型，不斷地使用相近的描寫加以鋪陳申述。參見氏著〈古典哲學中「道原」問題探析〉，《輔仁大學哲學論集》第卅一期，1998年 6 月，頁 316。

又（有）牆蟲（混）成，先天墮（地）生，敓繆（穆），蜀（獨）立
不亥（改），可以爲天下母。未智（知）其名，芋（字）之曰道，虍
（吾）勥（強）爲之名曰大。大曰溍（逝），溍（逝）曰遠，遠曰
反（返）。

針對《郭店・老子》「又（有）牆蟲（混）成」一句之「牆」，論者或釋成「道」，
或釋作「狀」，丁原植以爲：若釋作「道」，則與下文「未知其名，字之曰道」
相互矛盾，是以應依裘錫圭先生所釋之「狀」〔註11〕。趙建偉則以爲：此處
之「牆」讀爲「象」，「狀」與「象」音義本相通。在《老子》中，象、物對
舉時，象均在物前，如二十一章「惚兮恍兮，其中有象；恍兮惚兮，其中有
物」。之所以象在物前，按照吳澄的解釋是「形之可見者曰物，氣之可見者
曰象。」再者，〈繫辭〉有言：「在天成象，在地成形」，可感知的資始之氣
象在前，而能觸覺的資生之物形在後。因此，「有象混成」似較「有物混成」
更爲準確，更爲原始〔註12〕。

筆者贊同其說，以爲《老子》之原文應作「有狀（象）混成」，而非「有
物混成」。「狀」與「物」雖一字之差，然其義各有不同。以「狀」言「道」
較以「物」言「道」更切合《老子》原義；「狀」所指涉者乃是「道」之形態、
形象，「物」則直指「道」爲一客觀存在之實體。因之，以「物」言「道」則
有將「道」範限化、客體化之傾向。帛書本、今本《老子》皆以「物」代稱
「道」，今本第二十一章所言「道之爲物」亦是一例。由郭店本之「有狀混成」
至帛書本、今本之「有物混成」，吾人正可看出老子後學將「道」客觀化、實
體化之痕迹。

再者，今本《老子》此章中有「周行而不殆」一句，而帛書甲、乙本與
郭店本皆無，論者推測此句應爲後人所加〔註13〕。論者多以爲：下文中之「大
曰逝，逝曰遠，遠曰反」已包含了「周行而不殆」之意，是以此增句似乎並
不影響本章之義理。然而，筆者以爲：「大曰逝，逝曰遠，遠曰反」一句只

〔註11〕 參見丁原植《郭店竹簡老子釋析與研究》，頁137，郭沂亦依裘錫圭先生之解
　　　　釋。
〔註12〕 參見趙建偉〈郭店竹簡《老子》校釋〉，《道家文化研究》第十七輯，北京：
　　　　生活・讀書・新知三聯書店，1999年8月，頁271～272。
〔註13〕 參見郭沂《郭店竹簡與先秦學術思想》，上海：上海教育出版社，2001年2
　　　　月，頁52。再者，高明以爲：駢體偶文，乃六朝盛行文體，「獨立而不改」本
　　　　爲獨句，而後爲駢體偶文，皆是此時所增入。高氏之論見氏著《帛書老子校
　　　　注》，頁349。

呈現了「周行」的義涵，老子後學將「大曰逝，逝曰遠，遠曰反」此句概括爲「周行而不殆」，更強調了道運動的恆常性，此是後學對道之循環運動觀念的強化。

關於天道循環運動方面之論述，《郭店》甲本亦有言曰：

至虛，互（恆）也；歔（守）中，篤（篤）也。萬勿（物）方（並）乍（作），居以寮（顧）復也。天道員員，各復其堇（根）。

此節出現於今本第十六章，寫作：

致虛極，守靜篤。萬物並作，吾以觀復。夫物芸芸，各復歸其根。

帛書甲本則作：

至（致）虛，極也；守靜，表（篤）也。萬物旁（並）作，吾以觀其復也。天物云云，各復歸於其□。

乙本作：

至（致）虛，極也；守靜，督（篤）也。萬物旁（並）作，吾以觀其復也。天物祜祜，各復歸於其根。

對於《郭店・老子》甲本所作「天道員員」一句，丁原植認爲：「員員」有二解，一者爲「紛然雜陳」，一者爲「循環的周轉」。如依前解，則簡文「天道」二字，是「夫物」之誤。如依後解，則簡文不誤。再者，此章義理乃在提示：自然的運作，循環而往復，萬物雖然並起興作，但均安然復歸其始源之根。此實指「天道」的運作。疑此「天道」二字，恐不誤〔註14〕。

郭沂亦以爲：「員」即「圓」的本字。日月星辰皆周而復始，此乃「天道員員」。在老子看來，事物循環往復的規律與天道變化的規律一致。所以，「員員」實爲《老子》原文。再者，「天道」一詞帛書甲乙本並作「天物」。帛本的「天」並不誤，訛誤的倒是「物」字。原文的「道」字因與「物」形近而訛。然而，在《老子》中出現「天物」，實在過於唐突。所以，到了王本又改「天」爲「夫」，成爲現在這個樣子〔註15〕。

綜上所論，可知：丁氏以爲《老子》原文應作「天道」，而郭氏更排列出了「天道」→「天物」→「夫物」的演變順序。然而，筆者以爲：若將此句解爲「天道循環周轉」，則似乎與上文原本所談之「萬物」不應。再者，下文作「各復歸其根」，「各」字又要如何解釋呢？如何能說天道「各」復歸

〔註14〕 參見丁原植《郭店竹簡老子釋析與研究》，頁154。
〔註15〕 參見郭沂《郭店竹簡與先秦學術思想》，頁56～57。

其根呢？再者，若說「天道員員」一句的意思爲「天道循環往復」，則此句正是「夫物芸芸，各復歸其根」的凝鍊，因爲「天道」本以「萬物」爲其內涵，「萬物」之運動，亦即「天道」之運動；「萬物」復歸其根源，亦即「天道」復歸其根源。如此說來，則無論將「天道員員」一句解作「天道循環往復」抑或「萬物紛然雜陳」，就義理上言，皆大致不差，「夫物芸芸，各復歸其根」一樣可以表達出「天道員員」的意義，是以此句仍應解作「夫物芸芸」才是。

　　無論如何，可以確定的是：無論是郭店本、帛書本抑或是通行本老子，皆能明確地呈顯出天道循環運動的義涵，而此運動又是恆永不易的。是以知，老子哲學中所言的「常道」之「常」同時具有「恆常」、「永恆」義與「循環」、「周行」義〔註16〕。

　　最後，今本第二十一章亦有對於「道」的描述：

　　　道之爲物，惟恍惟惚，惚兮恍兮，其中有象，恍兮惚兮，其中有物，

　　　窈兮冥兮，其中有精，其精甚眞，其中有信。

今本「道之爲物」一句，帛書甲、乙本皆作「道之物」，針對帛書此「之」字，高明先生以爲：「之」字有兩解：一、訓「之」字爲「是」。《經傳釋詞》曰：「之，是也。故《爾雅》曰：『之子者，是子也。』」二、訓「之」字爲「出」。《說文》云：「之，出也。」朱駿聲云：「指事，與『生』同意。」假「之」爲「是」，可將「道之物」釋作「道是物」，與今本「道之爲物」義近；若釋「之」爲「出」、「生」，則「道之物」猶言「道出物」、「道生物」〔註17〕。然而，就文法而言，古文並無「道之物」的用法，「爲」字應爲帛書本抄寫者所漏，是以此句仍應作「道之爲物」才是。「之」字爲無意義的句中語氣詞，「道之爲物」爲一子句，「惟恍惟惚」以下則在形容「道」〔註18〕。

　　此章乃在鋪敘「道」之性狀，言「道」恍惚難明，卻又「有象」、「有物」，眞實而可信。今本「其中有精，其精甚眞」一句，帛書甲本作「中有請吔，其請甚眞，其中〔有信〕。」乙本則作「其中有請呵，其請甚眞」，高明針對帛書所作「其中有請」言道：馮逸據《莊子·大宗師》「夫道，有情有信」，謂《老子》此文「精」字當讀作「情」，「有精」即「有情」，其說甚是。讀

〔註16〕 參見王博《老子思想的史官特色》，頁201～206。

〔註17〕 參見高明《帛書老子校注》，頁328。

〔註18〕 「道之爲物，惟恍惟惚……」的句型即如同《文心雕龍·原道》：「文之爲德也，大矣！」。

「請」字爲「精」，莫若讀「請」字爲「情」更爲貼切。「情」字在此訓「眞」或「實」，謂雖窈冥深遠，似不可見，但卻實存不虛。後人不知「精」字當假爲「情」，皆讀爲本字，則釋作「精神」、「精力」、「精靈」、「精氣」，或謂「最微小的原質」，皆與《老子》本義相違〔註19〕。

對此，筆者以爲：高氏之說（「情」字被改爲「精」字）就哲學之流變而言是可以成立的。因爲，戰國時期道家後學正流行一股討論「精」的風潮，如《管子》有「精氣」之說，《莊子·外雜篇》中亦有「天地之精」（〈在宥〉）、「至道之精」（〈在宥〉）與「神明至精」（〈知北遊〉）之言，《鶡冠子》則有「芴乎芒乎，中有象乎，芒乎芴乎，中有物乎，冥乎冥乎，中有精乎，致信究情，復反無貌」之句，而《呂氏春秋》更有「道也者，至精也，不可爲形，不可爲名，彊爲之謂之太一」（〈大樂〉）之論。由是以知，老子所言之「其情甚眞」的確很有可能在後來（至晚爲帛書甲本的抄寫之時，即秦末漢初）被改爲「其精甚眞」，此乃是老子後學對老子書中道論的一種全新的轉化與詮解。此種轉化雖然可能並不合於老子原義，但畢竟是對老子哲學的一種「創造性的詮釋」。

總之，此章乃言「道」非虛無之「空」，卻又恍惚窈冥的情狀，「道」沒有可見可觸的形垺或物狀，但卻是「其中有象」、「其中有物」，這說明了「道」乃是一存在之實體〔註20〕。再者，「其情甚眞，其中有信」則強調了「道」之眞實可信，與《莊子·大宗師》所言「夫道，有情有信，無爲無形；可傳而不可受，可得而不可見」可以相互印證。

第二節　道之創生

今本《老子》首章言曰：「無名，天地之始；有名，萬物之母〔註21〕」、五十一章亦有「道生之」之語，此皆說明「道」爲萬物之本源，此外，《老子》書中還有三章關涉道創生性的紀錄，今本第三十九章有載：

〔註19〕　參見高明《帛書老子校注》，頁331～332。又，錢穆亦言：「莊子內篇惟有一節，亦言道先萬物，而曰：『道有情有信，無爲無形』。此情字即老子書中之精字。」參見氏著《莊老通辨》，台北：東大圖書，1991年12月，頁51。

〔註20〕　吳怡引河上公注：「道唯恍忽，其中有一經營主化，因氣立質。」認爲此處之「物」乃指道在恍惚中，有一生物的本體存在。參見氏著《新譯老子解義》，台北：三民書局，1994年2月，頁178。

〔註21〕　帛書甲、乙本作「無名，萬物之始也；有名，萬物之母也。」

　　昔之得一者，天得一以清，地得一以寧，神得一以靈，谷得一以盈，
　　萬物得一以生，侯王得一以爲天下貞，其致之。

此章帛書甲、乙本皆無「萬物得一以生」與下文「萬物無以生將恐滅」二句，對此，高明先生以爲：帛書甲、乙本無「萬物得一以生」與下文「萬物無以生將恐滅」二句對文；王弼、河上公及世傳諸本多有此二句。河上公本「其致之」三字之注文云：「致，誠也。謂下五事也。」「下五事」，顯然是指以下「天」、「地」、「神」、「谷」、「萬物」、「侯王」而言。但是，如依帛書甲、乙本將「萬物」一事刪去，則正與河上公所講「五事」相合，否則就爲六事，而非五事。由此可見，河上公注老子時，經文只有「天」、「地」、「神」、「谷」、「侯王」五事，而無「萬物」一事。足以說明「萬物得一以生」與下文「萬物無以生將恐滅」二句對文，是在河上公注釋，亦即東漢中後期之後增入的〔註22〕。

　　針對此一問題，筆者以爲，「天」、「地」、「神」、「谷」、「侯王」五事已含包了自然與人事界，是以後世讀老者將這五事擴大爲「萬物」一詞。《老子》之原義乃是「天」、「地」、「神」、「谷」、「侯王」五事皆因得「道」而成其作用，後世讀老者所增之「萬物得一以生」，則是爲了強調「道生物」之義。而且，「萬物得一以生」之「生」不可解爲「不生之生」，因爲若增入此句者的原義如此，則此句不必用「生」字，而應改作「萬物得一以『成』」。由是以知，老子後學之所以增加此句，的確是要強化《老子》書中「道體創生萬物」的意義。

　　再者，《黃老帛書》的〈道原〉篇中，載有「恒無之初，迵同大（太）虛。虛同爲一，恒一而止。……鳥得而蜚（飛），魚得而流（游），獸得而走。萬物得之以生，百事得之以成。」一段文字。所言「萬物得之以生，百事得之以成」與今本《老子》「萬物得一以生，侯王得一以爲天下貞」所指涉者幾乎完全相同，《老子・三十九章》中「萬物得一以生」一句很可能就是漢初以後道家後學援〈道原〉篇「萬物得之以生」而增。由此亦可證，戰國時期這一股探究天地始源問題的風潮，也延伸至漢初以後。

　　另外，此章亦涉及了「一」的問題。在此章中，「一」爲天所以清、地所以寧、神所以靈、谷所以盈、侯王所以爲天下正的關鍵。考察《老子》中的其他篇章，吾人很難不把此處之「一」與「道」聯結起來，是以歷來注老者

〔註22〕見高明《帛書老子校注》，頁9～10。

多以「道」釋「一」，然亦有以「有」釋「一」者〔註23〕，對此，筆者以為：《老子》既在「道」名之外，又立「一」之名號，即可知「道」與「一」所指涉者應有所區別。在此，王弼之注「一，數之始而物之極也」正提示吾人：「一」為「物之極」，它正介於道與物之間。

再者，今本《老子》言：「載營魄抱一」、「聖人抱一」，帛書甲、乙本言：「一者，其上不皦，其下不昧，尋尋呵不可名也，復歸於无物。」由此可知，「一」同時有著「道」不皦不昧、不可定名的特質，亦有著下化於物、而可抱可體之質性。正因道無形無象，是以老子以「一」為道之門，藉「一」以代表道與物之關連。道經由「一」而生化萬物，為萬物之宗，因之，「一」貫穿於宇宙天地之間，渾化形上和形下，是道創生萬物的關鍵，象徵了道的縱貫涵攝性質〔註24〕。

再者，值得注意的是：在《郭店‧老子》中沒有出現「一」的概念，谷中信一有言：「今本《老子》中所見的『一』，作為『道』這一概念的另一種說法，具有極其重要的意義。……例如：第十、第十四、第二十二、第三十九、第四十二章等等。……但是，郭店《老子》中找不到其中任何一例。……將『道』換言為『一』，應該說是郭店《老子》以後的現象〔註25〕。」此外，李存山亦指出：「《莊子》各篇沒有引述『道生一』，也沒有引述十四章和三十九章中的『一』，那麼，是否十四章和三十九章也是後來加進去的呢？這一點當然不可貿然立『假說』。但毫無疑問的是，莊子及其後學是『貴一』的，『貴一』之人在書中引述了十餘條《老子》，卻沒有引述《老子》中的

〔註23〕 如余明光所言：作為本體的道，由於其自身的存在和運動，產生出「一」。這個「一」也就是「有」。有人把「一」理解為「無」或「道」，這都是不適當的，也違背了老子理論的邏輯。因為老子講過「天下之物生於有，有生於無」，又說「有名，萬物之母也。」還說：「天下有始，以為天下母。」可見老子在這裡講的「一」也就是「有」，是屬形而下的具體的「有」。因為它是具體的「有」，又包含著陰陽二氣，這種「氣」的運動才不斷分裂、演化，為「二」、為「三」、為萬物。余氏之論見氏著《黃帝四經與黃老思想》，哈爾濱：黑龍江人民出版社，1989 年 8 月，頁 101。

〔註24〕 針對「一」，陳忠信有言：與創生之道相近的「一」，實潛蟄著原始無形無象之混沌意象；且為創生之道生演萬物的開始與初階，象徵著向下落實於現象界的未分狀態。陳氏之論見氏著《先秦兩漢混沌神話研究》，彰化師範大學國文研究所碩士論文，陳金木先生指導，2002 年 1 月，頁 59。

〔註25〕 見谷中信一〈從郭店《老子》看今本《老子》的完成〉，《郭店楚簡國際學術研討會論文集》，武漢：湖北人民出版社，2000 年 5 月，頁 439。

『一』，這又確實給人們留下了一個得存疑的問題。〔註26〕」言下之意，似以爲此二章亦有可能是後人所加。由此可知，此概念之闡揚與發揮是否仍爲老子後學所爲，亦値得加以吾人注意。

其次，今本第四十章有關「天下萬物生於有，有生於無」的論述也是不能忽略的，其原文作：

　　反者，道之動；弱者，道之用，天下萬物生於有，有生於無。

此章帛書乙本作：

　　反也者，道之動也；〔弱也〕者，道之用也。天下之物生於有，有〔生〕

　　於无。

郭店甲本則作：

　　返也者，道僮（動）也。溺（弱）也者，道之甬（用）也。天下之

　　勿（物）生於又（有），生於亡。」

「反者，道之動」與前文所引「大曰逝，逝曰遠，遠曰返」相互呼應。此處最爲棘手的問題乃是「生於亡」之前是否脫「又」字的重文符號，因爲此問題之判斷將影響「有」、「無」關係之哲學判讀。對此，丁原植先生檢視《老子》中其他言及「有」、「無」之篇章，認定在《老子》思想中，「有」、「無」兩觀念乃是對立相生的，並沒有表達出「有生於無」的思想。「有生於無」的思想乃是《莊子》以後的發展〔註27〕。

由此看來，「有」、「無」本是道的一體兩面，二者之間並無本末先後的問題〔註28〕，「有」、「無」由原本平列之關係，一變而爲生成之關係，正是老子後學對《老子》文本之轉化。老子後學將「有」視作由「無」而出，乃是將「有」視爲「萬有」、「萬物」，而忽略了老子所言之「有」亦包含了「有無相生」之義。老子後學以「無」爲「道」之性徵，以「有」爲「物」之性徵，「有生於無」乃是「物生於道」的另一說法而已〔註29〕。由此可知，此

〔註26〕見李存山〈莊子思想中的道、一、氣——比照郭店楚簡《老子》和《太一生水》〉，《中國哲學史》2001年第4期，頁36。

〔註27〕參見丁原植《郭店竹簡老子釋析與研究》，頁213～219。

〔註28〕陳鼓應認爲：今本「有生於無」導致了本末先後的判斷，給老學體系帶來了不一致的解釋。許多學者又因受到王弼解《老》的影響，更增加詮釋上的分歧。陳氏之論見氏著〈從郭店簡本看《老子》尚仁及守中思想〉，《道家文化研究》第十七輯，頁78～79。

〔註29〕針對郭店老子「天下萬物生於有，生於無」一句，郭沂以爲：簡本是就各種具體事物而言的，說它們有的生於有，有的生於無。這種看法十分樸實直觀。

句乃是關於宇宙萬物起源的概括性描述，此論題表現出老子後學正逐步確立起世界有一客觀實體之總根源的思想。

最後，筆者要討論的是最具創生意味的今本第四十二章，其文曰：

> 道生一，一生二，二生三，三生萬物，萬物負陰而抱陽，沖氣以為
> 和。

帛書甲乙本中皆有此章，然《郭店》老子則不見此章。針對「道生一，一生二，二生三」一句，陳鼓應先生曾試圖從《老子》內文進行兩方面的解釋。他一方面是從無有作解，將這段文字表述為「道是獨立無偶（道生一）、混沌未分的統一體，蘊涵著無和有的二面（一生二），（道）由無形質落向有形質，則有無相生而形成新生體（二生三），萬物都是在這種有無相生的狀況中產生的（三生萬物）」二方面是從天地作解，將這段文表述為：道是獨立無偶的，這渾沌未分的統一體產生天地（一生二），天地產生陰陽之氣（二生三），陰陽兩氣相交而形成各種新生體（三生萬物）〔註30〕。陳氏之說大致可概括後人之詮釋，後世的解釋亦不脫此二進路。

針對《老子》此一公案，筆者以為：由「道生一，一生二，二生三，三生萬物」中，的確無法明確指陳「一」、「二」、「三」所指為何。諸多判讀都難有確實之內證，此乃是後世主觀境界型態「無、有、玄」與氣化宇宙型態「混沌一氣、陰陽二氣、陰陽和三氣」相爭不下之原因。由《老子》原典而論，自然沒有以「氣」解「道」的文字，《老子》雖以「氣」言天地交感生成萬物，但並不代表「道」或「一」即是「氣」。然而，此章下文有言：「萬物負陰而抱陽，沖氣以為和」，這句話畢竟是解「道生一，一生二，二生三」的唯一線索。「陰」、「陽」、「沖氣」由何而出？吾人很難不把源頭指向「道」。的確，吾人固然沒有堅確之證據——指陳「二」即為「陰氣」和「陽氣」、「三」即為「陰氣」、「陽氣」與「和氣」。「一、二、三」也的確可能只是生成過程的數列，只是形容道生萬物此種由「一」而「繁」的進程，如劉笑敢所言：

蓋在古人看來，嬰兒誕生，「生於有」者也；風雨雷電，「生於無」者也。對此，筆者以為：郭沂之言之「生於有」、「生於無」乃是「生於有形之物」與「生於無形之物」之意，「有形之物」與「無形之物」二者其實在老子哲學中皆是形下之「物」也，此已明顯違背《老子》中「有」、「無」之形上義。郭沂之論見氏著《郭店竹簡與先秦學術思想》，頁 680。

〔註30〕 參見陳鼓應《太一生水》與《性自命出》發微，《道家文化研究》第十七輯，頁 396。

「『道生一，一生二，二生三』的說法不是對宇宙產生的實際過程的眞實描述，而祇是對宇宙生發過程的一個模式化處理，反映出世界有一個共同的根源。這裏的『一』、『二』、『三』都不必有確切的指代對象，是陰陽還是天地，都不影響這一模式所要演示的內容。此『生』只是虛義的轉化出或從中出現之義〔註 31〕」。然而，「一、二、三」皆由道出，「萬物」、「陰陽」及「氣」亦由道出的內涵是難以否認的。

再者，有論者以爲：郭店本中並無此章，如此說來，則此明顯帶有「宇宙生成」、「氣化萬物」意味之章節亦有可能爲老子後學所增。否則，對於如此重要之篇章，《郭店·老子》三本何以不錄？李存山即指出：簡本中所沒有的通行本四十二章，「道生一」一節非常有可能是後來加進《老子》的，早期傳本沒有這段話〔註 32〕。劉榮賢亦以爲：此處之「陰陽」已有天地間二氣之意義，而此章又爲郭店本所無，有可能即是晚出之觀念〔註 33〕。

對此，筆者認爲：關於郭店本《老子》之性質判定的問題，牽涉廣泛，非本文所能解決〔註 34〕，但是，簡本與帛書本、今本的差異正可以促使吾人思考道家後學極可能改造、闡發原始《老子》觀念的學術史問題，丁原植說：「就目前出土的簡文或帛書《老子》的資料，雖然我們仍不能認定是否有一種原始《老子》的標準文本。對於帛書《老子》與簡文《老子》是否具有直接承繼的關係，也難以確知。而且，二者所抄寫原本的資料，到底孰先孰後，或是同時併行流傳，也是一個尚需進一步探討的問題。但由於簡文的文本與帛書或通行諸本有著較多的差異，並且顯現出一些哲學觀念推衍的跡象，這

〔註 31〕 參見劉笑敢〈老子之道：關於世界之統一性的解釋〉，《道家文化研究》第十五輯，北京：生活·讀書·新知三聯書店，1999 年 3 月，頁 95。

〔註 32〕 參見李存山〈從郭店楚簡看早期儒道關係〉，《中國哲學》第二十輯，瀋陽：遼寧教育出版社，2000 年 1 月，頁 193～197。

〔註 33〕 參見劉榮賢〈《莊子·外雜篇》中「氣」與「陰陽」觀念之發展〉，《暨大學報》第四卷第一期，2000 年 3 月，頁 10。

〔註 34〕 針對此一問題，學者或主張：在郭店簡本《老子》之前已有一個較完整的《老子》原本，簡本則爲節選本，如：王博、裘錫圭、高晨陽等；或主張：簡本《老子》是一個完整的原始傳本，今本是在簡本的基礎上增纂而成的，如：郭沂。

筆者較同意許抗生先生所言：簡本《老子》很可能是當時社會上流傳的多種老子語錄或著述中的三組文字，是春秋末年流傳下來的，至戰國晚年才由後人合編增補成較完整的帛書本《老子》和今本《老子》。許氏之說參見氏著〈再讀郭店竹簡《老子》〉，《中州學刊》2000 年第 5 期，頁 77。

使我們就必須思考在道家哲學發展中，極可能不斷地改造與闡發原始《老子》的觀念與思想。〔註 35〕」

　　若排除其他因素，單從義理的角度而言，吾人若考察《老子》中其他二句關涉「氣」字的句子——「專氣致柔，能嬰兒乎？」、「心使氣曰強」，可以發現：此二處之「氣」所指皆內向於人身，並無天地之氣、陰陽之氣的意味，更遑論宇宙生成之氣了。再者，簡本《老子》中亦無透露出「氣」之運行充塞天地之間的「天地之間，其猶橐籥乎？」一章，如此說來，此章確有可能為後世所增。若果如此，筆者推測此應與老子後學熱衷於「宇宙生成論」的發展脫離不了關係。

第三節　結　語

　　丁原植指出：「老子」的原始資料，以不定型的方式流傳於戰國初期。其中包括生命真實體驗的格言，哲人的雋語或精要的語錄，與思辨觀念探析的解說。這也就是說，老子學說在戰國時期可能有著多種不同的詮釋體系〔註 36〕，正如袁信愛所言：「既然《老子》一書有如此眾多的詮釋版本，又有《莊子》與《韓非子》的引述與應用，顯見在戰國時期確實存在著一股研究《老子》的思潮，而這種思潮也同時反映在戰國時期以至西漢初期的黃老道家之學中。〔註 37〕」

　　藉由前文之討論，吾人可知，戰國時期老子後學的確有將古本《老子》之「道」客觀化、實體化的傾向，且不斷強調道之循環運動、周行不殆。而由郭店本老子與帛書本、通行本老子的差異，更可看出戰國時期道家後學正熱衷於宇宙生成問題的討論。

〔註 35〕　參見丁原植〈從出土《老子》文本看中國古典哲學的發展〉，《哲學與文化》
　　　　　廿六卷第四期，1999 年 4 月，頁 329。
〔註 36〕　參見丁原植《郭店楚簡老子釋析與研究》序言 V。
〔註 37〕　參見袁信愛〈經典與詮釋〉，《哲學與文化》第廿六卷第四期，頁 351。

第三章 《莊子》的宇宙生成論及
其相關問題

　　《莊子》一書包含了內篇、外篇與雜篇三個部分，近代學者多以內篇部分為莊子所著，而外、雜篇部分則出於莊子後學手筆〔註1〕。眾所皆知，內篇與外雜篇的思想內容有一定的差異〔註2〕，就本文所將涉及的宇宙生成、陰陽、天地等議題來說，二者的差別更是不可輕忽的，因此，本文以下擬將內篇與外雜篇分開討論，逐一檢視《莊子》中涉及宇宙生成論的部分。藉此，吾人亦可進一步明瞭，在這些議題上，外雜篇對內篇內容之轉化。

第一節　內篇的宇宙生成論

　　以下筆者將分別處理《莊子》內篇中有關「宇宙生成」、「天地與宇宙」及「氣與陰陽」三部分的文字內容，以求全面性地討論《莊子》書中所反映出的宇宙生成議題。

〔註1〕 關於內篇與外雜篇著作早晚的問題，王葆玹指出：學界長期流行的《莊子》內篇早於外雜篇的成說，可由郭店楚簡再次得到證明。郭店《老子》並無反對仁義之說，然通行本《老子》則有「絕仁棄義」、「絕聖棄智」的命題，此轉變乃出於戰國晚期《老子》抄寫者的手筆。同樣地，《莊子》內篇對孔子的態度較溫和，外雜篇則屢有譏斥孔子的言論，這種改變也應是出自莊周後學者的手筆。王氏之說見氏著〈試論郭店楚簡的抄寫時間與莊子的撰作時代——兼論郭店與包山楚墓的時代問題〉，《哲學研究》1999 年第 4 期，頁 29。

〔註2〕 關於內篇與外雜篇著作年代及思想異同的問題，可參考劉笑敢《莊子哲學及其演變》，北京：中國社會科學出版社，1993 年 3 月，「前編——文獻疏證」及「後編——莊學演變」部分。

一、宇宙的生成

　　莊子所論之「道」多為主體所顯發之精神境界，然而，與《老子》相同，《莊子》內篇論「道」亦曾透顯出客觀實存意味〔註3〕，〈大宗師〉有言：

> 夫道，有情有信，无為无形；可傳而不可受，可得而不可見；自本自根，未有天地，自古以固存；神鬼神帝，生天生地；在太極之上而不為高〔註4〕，在六極之下而不為深，先天地生而不為久，長於上古而不為老。

此言「道」雖無為無形，然為眞實可驗之存在，又言道乃是「自本自根」、「自古以固存」，道以自身為本根，乃是最終極之存在。而「神鬼神帝，生天生帝」則言其造化天地、生成萬物的神妙之功超越了鬼神與上帝〔註5〕。末又言「道」在太極之上、在天地之前，強調道之先在。從此段立論中，吾人可以看出莊子極力強調「道」的先在性、超越性與創造性。而對於道的創造性問題，在〈齊物論〉中，有一段貌似「宇宙生成論」的論述，其言曰：

> 有始也者，有未始有始也者，有未始有夫未始有始也者。有有也者，有无也者，有未始有无也者，有未始有夫未始有无也者。俄而有无矣，而未知有无之果孰有孰无也。

對照本段之前後文，可知莊子此段立論之用意本在說明是非對立可以層層推衍，無有止期，是以論者多以為：此段貌似「宇宙生成」的論述，並沒有宇宙生成論的實質意義，而是要以此互相抵消的方式，回歸絕對的逍遙之境〔註6〕。

　　然而，筆者以為，其中仍有可以深探者——莊子何以舉「始」為例？何以舉「有」、「無」為例？在莊子的時代，若非有著討論「有」、「無」，討論「始」、「未始」的風氣，莊子何以發此論？是以筆者認為，此段正可以代表

〔註3〕　吳汝鈞認為：莊子的道固然有濃厚的主體的精神境界的意味，但它的客觀的實體的意味還是不能忽略的。而最明顯的表示，即是上文所引〈大宗師〉的這段文字。吳氏之論見氏著《老莊哲學的現代析論》，台北：文津出版社，1998年6月，頁61。

〔註4〕　俞樾言：「按下云，在六極之下而不為深，則此當云：在太極之上，方與高義相應。」

〔註5〕　針對「神鬼神帝」一句，成玄英《疏》曰：「言大道能神於鬼靈，神於天帝。」而章炳麟則言：「神與生義同。」然，《莊子》書中並無「道」生「鬼」、「帝」之思想，是以此處應依成《疏》所解方是。

〔註6〕　如：楊儒賓認為：此段文字不是一種實體字，亦即不能當成一種具有實際指涉意義的命題，而當是一種「以語言殺語言」的表達方式。楊氏之論見氏著《莊周風貌》，台北：黎明文化，1991年，頁43。

莊子本身對當時哲人熱衷討論的宇宙本源問題的態度，在他看來：「有始」之前有「未始有始」，「未始有始」之前還有「未始有夫未始有始」；而關於「有」、「無」之討論亦是如此，「有」之前乃是「無」，而「無」之前則是「未始有無」，「未始有無」之前還有「未始有夫未始有無」。關於宇宙發生之起源，論者可以層層上推，然此推論僅只是人類之臆測而已，彼是我非，彼非我是，無可定奪。宇宙起源之問題，不能視其爲客觀知識而加以分判。是以〈齊物論〉言：「六合之外，聖人存而不論；六合之內，聖人論而不議。」

　　莊子不議論宇宙源起之事乃與其學問性格相關，《莊子·齊物論》言：「道行之而成，物謂之而然。」萬物之運行即是「道」。觀莊子之論「天道」，可知其往往言「萬物之存在」，而不言「萬物之創生」。不承認有「造物者」的存在，而莊子之所以不在天地萬物之背後再追溯一「造物者」之存在，乃因其對待天地萬物之態度在於因任與隨順，而非主動之掌握〔註7〕。

二、「宇宙」與「天地」

　　雖然莊子無意推究萬物之生成，然其關於天地宇宙的論述仍值得吾人注意。在《莊子》內篇中，「宇宙」一詞只見於〈齊物論〉，其言曰：「奚旁日月，挾宇宙？」莊子在此處乃是要強調聖人境界之高妙，是以其論述重心並不在「宇宙」上。然，此處以「宇宙」與「日月」並置，可知此處「宇宙」之義乃與「日月」相關。「日月」的運行，象徵了時間的流轉，原本單指涉「空間」的「宇宙」一詞〔註8〕，在此亦可能已發展出「時間」的意涵。但是，內篇中並無其他關於「宇宙」的論述，是以吾人並沒有更多的證據可以證明此推論。

　　此外，若考查關於「天地」的論述，可以發現，在內篇中，「天地」與「萬物」常並列出現，〈德充符〉有言：「官天地、府萬物」，〈齊物論〉亦言：「天地與我並生，而萬物與我爲一。」「天地」本是「萬物」活動生滅的場域，是

〔註7〕　參見錢穆《莊老通辨》，台北：東大圖書，1991年12月，頁83、153～154，及劉榮賢〈從老莊之異論二者於先秦爲不同的學術源流〉，《東海中文學報》第十二期，1998年12月，頁82～83。

〔註8〕　「宇」字本義爲「屋邊」，亦即「屋檐」；而「宙」字本指房屋之棟樑，《淮南子·覽冥》有言：「而燕雀佼之，以爲不能與之爭于宇宙之間」，高誘注：「宇，屋檐也，宙，棟梁也」即用其原始義。參見李玲璞、臧克和、劉志基《古漢字與中國文化源》，貴陽：貴州人民出版社，1997年7月，頁164。

以在以上二例中，「天地」與「萬物」可以互釋〔註9〕，此義在《老子》「無名，天地之始；有名，萬物之母」（〈第一章〉）中已可窺見〔註10〕。因此，〈德充符〉又言：「天無不覆，地無不載。」明確表達出「天地」相對於物體來說，是無所不包、無所不容的。

除了空間義外，「天」亦指涉了時間義。〈大宗師〉有言：「死生，命也，其有夜旦之常，天也。」此言「天」乃是日夜周行之常態，相對於「死生」乃是「命」中註定之事，天行之常亦是無可論議、理應如此的，而此「天」之運行，實涵攝了天地間萬物的運行週轉。而由「常」字可知，莊子在此已注意到「天」運行之規律性。

再者，〈德充符〉有言：「道與之貌，天與之形，惡得不謂之人？」在此句中，莊子將「道」與「天」並列，「道」與「天」實爲互文，此又言「道與之貌」、「天與之形」，以人之「形貌」皆出於「道」、「天」，似有「道生人」、「天生人」之意味。然而，此「道」與「天」之背後皆指向「自然」義，言人之「形」、「貌」皆出於自然之意，非是「天道」創生「人」之意。

三、「氣」與「陰陽」

在《老子》書中，對於「氣」的論述不多，且將「氣」與「宇宙生成」連接的「道生一」章，後出的可能性極大。然而，在《莊子》書中，有關「氣」的論敘則明顯增加。在《莊子》內篇中，涉及天地自然之「氣」的章句如下：

〈逍遙遊〉：絕雲氣，負青天

〈逍遙遊〉：乘天地之正，而御六氣之辯，以遊无窮者

〈逍遙遊〉：乘雲氣，御飛龍，而遊乎四海之外

〈齊物論〉：夫大塊噫氣，其名爲風

〈人間世〉：若一志，无聽之以耳而聽之以心，无聽之以心而聽之

〔註9〕 定州八角廊竹簡《文子》編號 0607 說：「萬物者，天地之謂也。」又，今本《老子》言：「無名，天地之始；有名，萬物之母。」帛書甲、乙本則作：「無名，萬物之始也，有名，萬物之母也。」

〔註10〕 許抗生指出：此處「天地」與「萬物」所表達的義涵相同。參見氏著〈再解《老子》第一章〉，《道家文化研究》第十五輯，北京：生活・讀書・新知三聯書店，1999 年 3 月，頁 72～73。丁原植亦有言：在哲學的結構中，「萬物」與「天地」共同指出萬物的整體與其存在的處所。參見氏著〈古典哲學中「道原」問題探析〉，《輔仁大學哲學論集》第卅一期，1998 年 6 月，頁 314。

以氣！耳此於聽，心止於符。氣也者，虛而待物者也。
唯道集虛。虛者，心齋也。

〈大宗師〉：彼方且與造物者爲人，而遊乎天地之一氣。

〈應帝王〉：汝遊心於淡，合氣於漠

其中，〈逍遙遊〉之「雲氣」與〈齊物論〉之「大塊噫氣」乃指自然界之雲氣與風，較無深義。關於〈逍遙遊〉之「六氣」所指爲何，論者所言不一，成玄英疏曰：「六氣者，李頤云：平旦朝霞，日午正陽，日入飛泉，夜半沆瀣，並天地二氣爲六氣也。又杜預云：六氣者，陰陽風雨晦明也。又支道林云：六氣，天地四時也。」〔註11〕，可見自古以來，對「六氣」的解釋即分歧不一。對此，筆者以爲：「六氣」應爲莊子當時流行之名詞，創「六氣」一詞者應有蓋括宇宙間所有「氣」的現象，並將之分門別類的意圖。「六氣」用以說明天地之氣流動所產生的現象，而無論「陰陽風雨晦明」或是「天地四時」之氣，所指涉者皆爲「氣」運動所產生的自然現象或變化。六氣之實質內涵雖難以確定；然而，此一詞彙的誕生，已說明了時人對「氣」的認識已漸趨深入。

再者，莊子所言「乘天地之正，而御六氣之辯，以遊無窮者」意不在辨析天地宇宙之氣，而是在陳述至人之境，他藉著「氣」的無限性、變化性來彰顯他的精神境界〔註12〕，〈人間世〉所言：「聽之以氣」、〈應帝王〉所言「遊心於淡，合氣於漠」、〈大宗師〉所言：「遊乎天地之一氣」，皆是如此。

雖然，莊子之論皆是針對生命之修養而發，但是，吾人仍可注意其「氣也者，虛而待物者也」、「天地之一氣」的說法。一者，由「天地之一氣」可知莊子之立論實已有了「氣充塞於天地間」的預設；二者，「氣也者，虛而待物者也」乃言「虛」是氣的狀態，「待物」是氣的作用。「氣」虛靜空明而能應接萬物〔註13〕，而只有「心齋」能夠達到「氣虛應物」的境界，融入宇宙

〔註11〕見郭慶藩《莊子集釋》，台北：貫雅文化，1991 年 9 月，頁 20。

〔註12〕傅佩榮認爲：「氣」可以說明物質界變化無常與根本原質，同時也給精神界的逍遙解脫留下了餘地，是以莊子藉「氣」來打通物質界與精神界。然而，肯定宇宙是氣，只是莊子的權宜手法——不管他是否真正如此相信——他的目的則在於「遊」。

對於此說，筆者以爲：莊子雖無建立「氣化宇宙論」的企圖，但至少他承認且使用了「宇宙是氣」的說法。傅氏之論見氏著〈莊子天論研究〉，《哲學與文化》第十二卷第六期，1985 年 6 月，頁 47。

〔註13〕參見歐陽超、歐陽景賢《莊子釋譯》，台北：里仁書局，1992 年 9 月，頁 131。

大化之流行。在此，莊子只言「氣」以其性「虛」故能「待物」、「應物」，並未言「氣」與「生化萬物」之間的關連，此乃是外篇與雜篇的發揮。

由此可知，在內篇中，莊子雖已有「天下一氣」的思想，然仍未將「氣」視作「天地萬物之母」，正因如此，是以筆者以爲「氣母」一詞應爲晚出，〈大宗師〉「狶韋氏得之，以契天地；伏戲氏得之，以襲氣母」一段文字應是莊子後學的發揮〔註14〕。

此外，「陰陽」之論題，亦與「氣」有密切相關，在中國哲學中，「氣」範疇即含攝了「陰陽」觀念，是以筆者於此處亦一併討論。內篇中涉及「陰陽」之句有三，羅列如下：

〈人間世〉：事若不成，則必有人道之患；事若成，則必有陰陽之患。

〈大宗師〉：陰陽之氣有沴，其心閒而无事

〈大宗師〉：陰陽於人，不翅於父母

其中，「陰陽之患」乃指喜懼交集、陰陽失調的病症，而「陰陽之氣有沴」則指陰陽二氣凌亂不調，二者皆是指人身而言，然前者指人的心理狀態，後者則指人的生理情形。而「陰陽於人，不翅於父母」一句，乃言人不能違背陰陽變化，在此，「陰陽」即是指涉自然界中兩股對反之力量，其運作變化足以支配人類，是以其下更言「大塊載我以形，勞我以生，佚我以老，息我以死」。正因爲「陰陽」之運作可以影響人之生存狀態，因之，人之身心狀況亦可以「陰陽」名之，是故而有「陰陽之患」、「陰陽之氣有沴」出現。

由此可知，至《莊子》內篇時，「陰陽」此一範疇實已發展出「天地間相反相成的兩股力量〔註15〕」的意義，再者，莊子之論述多集中在人身上，內篇之論「陰陽」，同時指涉了人的身、心狀態。

〔註14〕 錢穆言：「此章言伏義、黃帝、顓頊云云，似頗晚出。」參見氏著《莊子纂箋》，台北：東大圖書1985年11月，頁52。陳鼓應亦以爲：「這一節神話，疑是後人添加，亦無深意，無妨刪去。」見氏著《莊子今註今譯》，台北：臺灣商務印書館，1984年3月，頁201。

〔註15〕 唐君毅有言：「凡近乎明者、顯者、暑者、動者、皆謂之陽。於凡近乎幽者、隱者、寒者、靜者、皆謂之陰。由是而一切生長發育皆陽，一切成就終結皆陰。一切放散、施發皆陽，一切收斂、授受皆陰。一切萬物之相互流行運轉皆陽，一切萬物之各居其位，各得其所皆陰。……此諸一切陰陽皆相對而似相反，又可互相感應，以相和相成，以統爲一太極者。」參見氏著《哲學概論》，台北：臺灣學生書局，1979年9月，頁793～795。

第二節 外雜篇的宇宙生成論

以下筆者將先依循前例，針對外雜篇中有關「宇宙生成」、「天地與宇宙」及「氣與陰陽」的問題進行討論，逐步檢視這些議題的發展情形。再者，「神明」與「太一」等攸關宇宙生成論的議題獨見於外雜篇，而不見於內篇，以下亦一併論之：

一、宇宙的生成

在《莊子》外雜篇中，有數段關於萬物生成的論述，從中可看出莊子後學對此一問題的討論，以下分論之：

一者，為〈天地〉篇所言：

> 泰初有无，无有无名；一之所起，有一而未形。物得以生，謂之德；
> 未形者有分，且然无間，謂之命；留動而生物，物成生理，謂之形；
> 形體保神，各有儀則，謂之性。

在此段論述中，作者以「泰初」來借代宇宙天地最初始之情況，而言此最初之情況為「無」，此階段乃是相對於「有」、相對於「名」來說，亦即此階段不是「有」，也無可「名」之。在「無」之後，則是「一」，作者以「未形」來形容之。此「一」，如同《老子》書中之「一」，乃是介於「道」與「物」之間的狀態，是「無」的創生活動中向下落實一層的未分狀態〔註16〕。而「無」之存在與「一」之生起正是「物得以生」、「命得以成」的原因。下言「未形者有分，且然無間」，其「未形者」即是前所言之「一」；「未形者有分」乃言未形之「一」又往下分化，開始流行無間之勢況。作者在此已排列出「泰初」（無）→「未形」（一）→「有形」（物）的序列。

其下，作者又言「留動而生物，物成生理」，然「留動而生物」一句卻省略了主詞，聯結《莊子》書中其他論述，吾人很難不把主詞指向最富流動性的「氣」〔註17〕，如〈至樂〉篇中莊子論其妻之生死即是一例，其言曰：

> 察其始而本无生，非徒无生也而本无形，非徒无形也而本无氣。雜
> 乎芒芴之間，變而有氣。氣變而有形，形變而有生，今又變而之死，

〔註16〕見陳鼓應《莊子今註今譯》，頁342。

〔註17〕針對「留動而生物」一句，有兩種解釋：一、運動稍時滯留便產生了物。如成玄英疏：「『留』，靜也。陽動陰靜，化生萬物。」二、流動而產生物。如陸德明：「『留』或作『流』。」

是相與爲春秋冬夏四時行也。

莊子後學先由「本無生」上推至「本無形」，再由「本無形」推至「本無氣」。其所言生命發生的序列是：「氣」而後「形」而後「生」而後「死」，在作者看來，此種生死的變化就如同是四季的運行一般，自然規律而無可異議。於此，莊子所言之「形」即爲人之生理結構，即上文所言「物生成理，謂之形」；而「生」則是上文所說「形體保神，各有儀則」之「性」，也就是含攝了形體與精神的生命形態。最重要的是，「形」與「生」的根源皆歸於「氣」，也就是說，物質與精神之來源皆是「氣」，「氣」同時涵有物質性與精神性。再者，此段論述雖是以莊子論其妻子生命的形式出現，但作者乃是針對宇宙間所有生物而發，在宇宙問題上具有普遍的意義〔註18〕。由此可知，在外雜篇中，「氣」已是萬物化生的根本元素。

此外，〈知北遊〉中還有一段關於萬物生成的論述，其言曰：

> 夫昭昭生於冥冥，有倫生於无形，精神生於道，形本生於精，而萬
> 物以形相生，故九竅者胎生，八竅者卵生。

此段文字由「昭昭生於冥冥，有倫生於無形」、「精神生於道，形本生於精」、「萬物以形相生，故九竅者胎生，八竅者卵生」三部分組成。第一部分言「昭明」乃生於「冥暗」，「有形」生於「無形」，而「冥暗」與「無形」皆是對道體的描述之詞，「昭明」與「有形」則是「物」之代稱，是以知作者此言是要表達「道生物」之意涵。而在第二部分中，作者則排列出「道」→「精神」→「形體」的序列，此順序與〈天地〉篇中先「形」後「性（神）」有所不同，然形神、身心皆出於道的概念是一致的。而在第三部分中，作者旨在言萬物依各別之類互相產生，皆稟之自然〔註19〕。

由上論可知，外篇、雜篇中關於天地萬物生成問題的討論，通常只是二、三個序列而已，作者其實並無意建構一個完整的宇宙生成理論，其論述應是反映其人對此一問題的認知。雖然，莊子後學亦認爲達道者必須「外觀宇宙，

〔註18〕 王葆玹認爲：古代的氣構成論不僅適用於人，而且適用於物，適用於一切的有形者，如《莊子·知北游》所謂「有倫生於無形」「形本生於精，萬物以形相生」就可證明這一點。……莊子心目中的天地創生過程，也是由無氣「變而有氣」，再「變而有形」。參見氏著《老莊學新探》，上海：新華書店，2002年5月，頁237。

〔註19〕 成玄英疏曰：「夫無形之道，能生有形之物，有形之物，則以形質氣類而相生也。故人獸九竅而胎生，禽魚八竅而卵生，稟之自然，不可相易。」見郭慶藩《莊子集釋》，頁742。

內知大初」，但此種關乎「大道之初」、「天地之始」的問題實不可以語言論之〔註20〕。〈知北遊〉篇中作者假冉求與孔子之口的一段文字紀錄更明顯地透露此種思想：

> 冉求問於仲尼曰：「未有天地可知邪？」
>
> 仲尼曰：「可。古猶今也。」
>
> 冉求失問而退，明日復見，曰：「昔者吾問『未有天地可知乎？』夫子曰：『可。古猶今也。』昔日吾昭然，今日吾昧然，敢問何謂也？」
>
> 仲尼曰：「昔之昭然也，神者先受之；今之昧然也，且又爲不神者求邪？无古无今，无始无終。未有子孫而有子孫，可乎？」
>
> 冉求未對。仲尼曰：「已矣，未應矣！不以生生死，不以死死生。死生有待邪？皆有所一體。有先天地生者物邪？物物者非物。物出不得先也，猶其有物也。猶其有物也，无已。……」

關於「未有天地」的問題，作者雖說是「可知」的，但此「知」非建構在知識分判上，而是一關乎生命修養的問題，所以作者強調「神者先受之」，也就是要用心神去領會。古今、始終、生死之相對皆源於自身成心之執著，若能破除此執，則知古今終始皆一體也。作者對「有先天地生者物邪？」的回答是：化生萬物的「道」（物物者）並非物象，無有形埒，然萬物皆由此而出，生生不息。由此，吾人可知，本文作者對「未有天地」問題的唯一答案，即是終極本體——「道」，在他看來，其他的推想皆只是人類的臆測罷了。猶有甚者，〈則陽〉篇作者更以爲：「萬物生起」的討論亦無關宏旨、可以不必，其言曰：

> 少知曰：「四方之內，六合之裏，萬物之所生惡起？」
>
> 大公調曰：「陰陽相照相蓋相治，四時相代相生相殺，欲惡去就於是橋起，雌雄片合於是庸有。……隨序之相理，橋運之相使，窮則反，終則始。此物之所有，言之所盡，知之所至，極物而已。觀道之人，不隨其所廢，不原其所起，此議之所止。」

對於少知所問，大公調並沒有針對「萬物之所生惡起」來回答，其所言之陰陽消長、四時循環仍侷限在「已生之物象」。作者的觀點是：言論所能窮盡

〔註20〕〈知北遊〉有言：「有問道而應之者，不知道也。雖問道者，亦未聞道。道无問，問无應。无問問之，是問窮也；无應應之，是无內也。以无內待問窮，若是者，外不觀乎宇宙，內不知乎大初，是以不過乎崑崙，不遊乎太虛。」

的、知識所能達到的，僅限於物的範圍而已。〈秋水〉篇有云：「夫精，小之微也〔註21〕；垺，大之殷也，故異便。此勢之有也。夫精粗者，期於有形者也；无形者，數之所不能分也；不可圍者，數之所不能窮也。可以言論者，物之粗也；可以意致者，物之精也；言之所不能論，意之所不能察致者，不期精粗焉。」也是在表達同樣的義理，亦即：語言所能討論的，只限於有形之萬物而已，對於物之源起、大道之初，人們是無法以言語說明的，是以眞正悟道者不但不隨物消逝，更不去探究物的起源。因此，在下文中，大公調言道：「吾觀之本，其往无窮；吾求之末，其來无止。无窮无止，言之无也，與物同理；或使莫爲，言之本也，與物終始。」萬物的本源與歸宿皆是無窮無盡的，只有不以言談去爭論這些問題，才能與事物本身的發展規律融合一致。「或使」與「莫爲」這兩種立論都沒能擺脫與物相始終的有限性，更別說通於大道了。由此可知，此說乃是在批評當時討論萬物生滅、宇宙生成的風氣，重申「道」不可以言語論之的莊學思想。

經由以上所論，吾人可知，在外雜篇中，作者雖然認爲關於宇宙生成的問題乃是「議之所止」，不足討論；但莊子後學畢竟提出了「陰陽」、「四時」作爲萬物生成變化的理序與根據，也對萬物生成作出一定程度的說明。雖然〈天地〉、〈至樂〉、〈知北遊〉各篇的作者雖亦無意去建構一宇宙生成論，然吾人仍可從其論述中看出時人對此一問題的認知〔註22〕。莊子學派繼承莊子的超越精神，對宇宙生成的問題不多臆測；然而，吾人正可從其反對議論、不屑言之的態度，看出此一問題在戰國末期所引發的熱烈討論〔註23〕。

〔註21〕 在此處，莊子後學將「精」視爲形體微小之物，與《管子》對「精」的定義稍有不同，在《管子》四篇中，「精」乃是精神與物質之上的一切存在之基礎。參見本論文第六章第五節。

〔註22〕 顏世安認爲：戰國時期道與自然知識的分化首先表現於莊子思想。莊子道論的基礎觀念，就是自覺區分道與自然知識。這一區分在內篇尚不明確，在外、雜篇的一些重要篇章中才明確化。《莊子》外、雜篇中談論自然因果規則的語句（陰陽氣化之類）也不少，這表明莊子對當時較爲流行的自然知識理論十分熟悉。但莊子的卓越之處在於意識到道的幽微勝境與自然因果知識完全是兩碼事。他亦指出：《莊子》書中多有關於自然知識的提問和討論，這也許是別派的文獻摻入《莊子》，但更大的可能是莊子或其弟子儘管區分了自然知識與道（並且更重視道），但仍然參與了自然知識的討論。參見氏著〈道與自然知識——談《太一生水》在道家思想史上的地位〉，《郭店楚簡國際學術研討會論文集》，武漢：湖北人民出版社，2000 年 5 月，頁 558～559。

〔註23〕 學界一般認爲《莊子》外雜篇爲戰國末年至秦漢的作品，然對於各篇之年代問題則有不同之認定（參見黃錦鋐《新譯莊子讀本》，台北：三民書局，1974

二、「宇宙」與「天地」

在外、雜篇中，「宇宙」一詞共出現四次，其一在〈讓王〉篇，其言曰：

> 余立於宇宙之中，冬日衣皮毛，夏日衣葛絺；春耕種，形足以勞動；
> 秋收斂，身足以休食；日出而作，日入而息，逍遙於天地之間而心
> 意自得。

由此段引文可知，作者以「宇宙」與「天地」為同義詞，而此「宇宙」（天地）
正為人生活的界域，其義不僅指稱「空間」義的上下四方，亦指涉了「時間」
義的春夏秋冬。莊子後學以「天地」為「形之大者」，即是以「天地」的名號
來指稱人類生活場域的最大集合，此即如同人們以「萬物」來指稱生活場域
中的所有事物一般〔註24〕。由是以知，「宇宙」亦為「形之大者」。

再者，〈知北遊〉「外不觀乎宇宙，內不知乎大初」與〈列禦寇〉「迷惑於
宇宙，形累不知太初」同時都將「宇宙」與「太初」（大初）並用，用以形容
未能得道者不識宇宙四方、不明天地之初的真相。對於〈知北遊〉上引之句，
成玄英疏曰：「天地四方曰宇，往古來今曰宙。大初，道本也。」；而針對〈列
禦寇〉之引句，林希逸有言：「宇宙，可見者也，故曰外。太初，不可見者也，
故曰內。」由是以知，「太初」為「不可見之道本」，指稱宇宙天地之初始狀
態。而從「宇宙」與「太初」的並稱，更可證明「宇宙之初」實為當時所關
切的話題。

在〈庚桑楚〉篇中，莊子後學對「宇」、「宙」二字作出了明確的定義，
其言曰：

> 出无本，入无竅。有實而无乎處，有長而无乎本剽。有所出而无本
> 者有實，有所入而无竅者有長〔註25〕。有實而无乎處者，宇也。有
> 長而无本剽者，宙也。有乎生，有乎死，有乎出，有乎入，入出而

年1月，頁9～32），劉笑敢則主張外雜篇完成於戰國末年以前，其所著《莊
子哲學及其演變》第二章《莊子》外雜篇的年代〉中，對此有詳細的論證。
參見氏著《莊子哲學及其演變》，頁36～47。

〔註24〕《莊子·則陽》曰：「今計物之數，不止於萬，而期曰萬物者，以數之多者號
而讀之也。是故天地者，形之大者也；陰陽者，氣之大者也；道者為之公。」。

〔註25〕「有所出而无本者有實，有所入而无竅者有長」一句本作「有所出而无竅者
有實」。馬敍倫《莊子義證》認為此處有佚文，「有所入而无竅者有實」一句，
當作「有所出而无本者有實，有所入而无竅者有長」（見馬敍倫《莊子義證》，
收入嚴靈峯編《無求備齋老列莊三子集成補編》（三八），台北：成文出版社
印行，頁638），今從其校改。

> 无見其形,是謂天門。天門者,无有也,萬物出乎无有。有不能以
> 有爲有,必出乎无有,而无有一无有。

在本段論述中,由「出无本」一直到「有所入而无竅者有長」皆無主詞,王
先謙以爲主詞是「道」〔註26〕,林希逸以爲主詞是「萬物」〔註27〕。前文已
言,莊子之論「道」本多以萬物之存在爲出發,是以就本段而言,兩義之解
皆可行,而此所言之「出无本,入无竅」即是對下文「萬物出乎无有」(萬物
出於道)的形容。此段乃言萬物由自然之道而出,最後又復歸於道,其本末
終始是無可追尋的。道化生萬物,是以知「道」乃是眞實的存在,但卻又不
能指出其所在之處;萬物生生相續,但卻無法指出它的本末終始。物物皆有
道,物之存在即是道之存在,吾人無法以「道」爲一客觀實證之對象,自然
也無法解決萬物由何而來、至何處去的問題。

由是以知,「有實而无乎處者,宇也。有長而无乎本剽者,宙也。」一句,
非但是在爲「宇」、「宙」二字下定義,更是在形容「道」之無邊無際、無始
無終,在說明道遍在於宇宙時空之中,而不能知其終始本末。作者以「道」
性決定了「宇宙」的定義,道遍在於萬物,而宇宙正是萬物存在的時空場域,
是以「宇宙」、「萬物」、「道」在根本上皆是同質〔註28〕。

再者,莊子學派之所以有此段關於「宇宙」之言論,應是爲了回應當時
對「宇宙」的討論,《尸子》所言:「四方上下曰宇,往古來今曰宙」、《墨經·
經上》所言:「久,彌異時也。宇,彌異所也」及《墨經·經說上》「久,古
今旦莫。宇,東西家南北」的解釋乃是時人對「宇宙」的一般定義。莊子學
派所言之「有實而无乎處者」(宇)乃是指涉空間之集合,而「有長而无乎本
剽者」(宙)則指涉時間之集合,此點與一般認知並無不同。然,莊子學派特

〔註26〕如王先謙注「出无本,入无竅」曰:「道之流行無本根。道之斂藏無竅隙。」;
注「有實而无乎處」曰:「道有實在,而不見其處所。」;注「有長而无乎本
剽」曰:「木枝之遠揚者謂之標,故以訓末。言道之源流甚長,而不見其本末。」

〔註27〕如林希逸注「出无本,入无竅」曰:「出,生也;萬物之所始也,未嘗無本,而
不可知。知曰:無本。入,死也;萬物之所由終也,雖知其所終,而不見其所
入之處。故曰:無竅。」再者,張京華以此處之主語爲「宇宙」,即「物質的客
觀存在」。由此可知,「宇宙」與「物質(萬物)」有其同質性,詳見下文。張氏
之論見氏著〈莊子的宇宙定義及其現代意義〉,《中州學刊》2000年第4期,頁
84。

〔註28〕《莊子·則陽》有言:「今計物之數,不止於萬,而期曰萬物者,以數之多者
號而讀之也。是故天地者,形之大者也;陰陽者,氣之大者也;道者爲之公。」
亦以「道」爲「萬物」、「天地」與「陰陽」之宰。

別強調了空間上的無限定與時間上的無終始〔註 29〕。陸德明《經典釋文》解釋「无乎處」與「无本剽」言:「宇雖有實,而无定處可求也」、「宙雖有長,亦不知其始末所至者也。」即是此意〔註 30〕。莊子及其後學對時空之無限性皆有一定之關注,然內篇多從人心之提昇言天地之無限,而外雜篇則更多關涉宇宙無限的客觀陳述,如〈則陽〉篇載:「(惠子)曰:『臣請為君實之。君以意在四方上下有窮乎?』君曰:『無窮。』」又如:〈知北遊〉篇所言:「無古無今,無始無終。」、〈秋水〉篇所言:「計四海之在天地之間也,不似礨空之在大澤乎?計中國之在海內,不似稊米之在大倉乎?」皆是在描述天地時空之無窮。

　　由莊子學派對「宇宙」一詞的討論,可以察覺出其對人所生存的場域產生了自覺性地反省與設想,〈徐无鬼〉有言:「人之於知也少,雖少,恃其所不知而後知天之所謂也。」也就是說,人要憑藉未能了解的知識領域才能懂得「天」的意義。這顯示出莊子後學對宇宙天地的相關問題已產生極大的關注與興趣。〈天運〉篇中亦有言:

　　　　天其運乎?地其處乎?日月其爭於所乎?孰主張是?孰維綱是?孰
　　　　居无事推而行是?意者其有機緘而不得已邪?意者其運轉而不能自
　　　　止邪?

誰能主宰天之運轉?誰能維繫地之存在?誰能推動日月的運行?莊子後學將問題的答案都指向了天道之自然規律,是以下文中巫咸回答道:「天有六極五常,帝王順之則治,逆之則凶。」而對規律的重視,正源於其對天地自然的長期觀察與歸納〔註 31〕。如〈在宥〉言:「一而不可不易者,道也,神而不可

〔註 29〕劉笑敢認為:《尸子》和《墨經》的定義各有所長,但關於宇宙無限的思想則不如〈庚桑楚〉明確。比如「天地四方」可以有極限(蓋天說即以天地為上下之極),「往古來今」也沒有排除世界的開端。劉氏之論見氏著《莊子哲學及其演變》,頁 221。

〔註 30〕張京華認為:此處乃是言「宇宙沒有固定的處所可被人類認知,而不是沒有邊際。由此而言,莊子的宇宙定義不僅不是闡述時空、無限,恰恰相反,莊子明顯地是在回避時空、無限,或者說是反對時空、無限的。」見氏著〈莊子的宇宙定義及其現代意義〉,頁 85。

　　　對此,筆者以為:宇宙沒有固定的處所可被人認知,正是因為其無限性,是以空間上處處是宇(每一處之總和即是「宇」),時間上時時是宙(每一時之總和即是「宙」),因之,莊子(嚴格說來,應是「莊子後學」)並沒有反對時空、無限的用意。

〔註 31〕對此,劉笑敢指出:老子和莊子都以道為宇宙萬物中最原始的存在,但情況

不爲者，天也。」即言天道雖抱一而純，神妙莫測，但不能不隨時順變，亦不能執意不爲。又如，〈天道〉所言：「天道運而无所積，故萬物成。」強調自然界的規律能經常運轉而沒有停滯的現象。凡此，皆強調出「天」與「道」之規律性。規律之強調，甚而成爲人間地位尊卑高低的形上根據，如〈天道〉篇言：「夫尊卑先後，天地之行也，故聖人取象焉。天尊，地卑，神明之位也；春夏先，秋冬後，四時之序也。萬物化作，萌區有狀；盛衰之殺，變化之流也」即其例也。

其次，宇宙天地爲萬物生存所憑藉的場所，其對萬物的重要性自然不言可喻，在外雜篇中，有三段關於「萬物由天地化生」的論述，其言曰：

〈至樂〉：天无爲以之清，地无爲以之寧，故兩无爲相合，萬物皆化。芒乎芴乎，而无從出乎！芴乎芒乎，而无有象乎！萬物職職，皆從无爲殖。

〈達生〉：天地者，萬物之父母也，合則成體，散則成始。形精不虧，是謂能移；精而又精，反以相天。

〈知北遊〉：舜曰：「吾身非吾有也，孰有之哉？」曰：「是天地之委形也；生非汝有，是天地之委和也；性命非汝有，是天地之委順也；子孫非汝有，是天地之委蛻也。故行不知所往，處不知所持，食不知所味。天地之強陽氣也，又胡可得而有邪！」

〈至樂〉篇言「天地相合以化萬物」，〈達生〉篇言「天地爲萬物之父母」，〈知北遊〉篇則以人之「形」、「生」、「性命」、「子孫」皆是「天地」所屬付，人之行動居處在本質上皆是天地間氣的運動。莊子後學在此言「天地化生萬物」乃是著眼於天之自然性來說〔註32〕。然而，「天地相合以化萬物」之說，仍可

到〈天道〉諸篇卻發生了變化。道不再是獨立於天地之外的絕對，而是貫通於天地萬物的普遍規律。而天常與地對稱，明確說明這一派的天不是凌駕於世界之上的絕對，而是世界萬物中最高代表，是自然界的天。所以，在同時談到道和天時，天常常被放在道之上。顯然，老子和莊子的至高無上的道變成了服從於天地的道。劉氏之說見氏著〈莊子後學中的黃老派〉，《國文天地》第七卷第十一期，1992年4月，頁34～35。

〔註32〕傅佩榮在〈莊子天論研究〉一文中，將「天」區分爲（一）天爲「自然之總稱」（二）天爲「能產的自然」（三）天爲「所產的自然」（四）天爲「自然之原理」四種意義，皆與「自然」有關。本文此處所言即其分類中之第二義。傅氏之文見《哲學與文化》第十二卷第六期，頁44～54。

視作是後世宇宙生成論發展之一環。而其中連接「天地」與「萬物」的中介，即是下文所要討論的「氣」。

三、「氣」與「陰陽」

在《莊子》內篇中，已有「天地一氣」及「人身有陰陽之氣」的思想，到了外篇與雜篇，莊子後學作了更徹底的發揮。〈知北遊〉篇言：

> 人之生，氣之聚也；聚則爲生，散則爲死。若死生爲徒，吾又何患！
>
> 故萬物一也，是其所美者爲神奇，其所惡者爲臭腐；臭腐化復爲神
>
> 奇，神奇復化爲臭腐。故曰：「通天下一氣耳。」聖人故貴一。

在作者看來，人身即是氣的集合體，萬物的生命狀態即是氣的聚散狀態，是以〈知北遊〉言：「自本觀之，生者暗醷物也。」天下萬物雖有外在形貌、結構之差異，有「臭腐」與「神奇」之分別，然其本質皆是「氣」。而萬物的生滅變化，亦只是氣的聚散循環而已，因此說：「通天下一氣」。如此說來，死、生之變化只是一氣之聚散流轉，它們在根本上是「同狀」的〔註33〕，「以死生爲一條」（〈德充符〉）的命題，即是建立在此氣化宇宙論之上〔註34〕。由此可知，莊子後學已將「氣」視爲具有宇宙萬物根源性格之物質，「通天下一氣耳」表達出莊子後學對「天下萬物」的根源性設想。他們將「氣」看作是宇宙萬物的根本起源，也是穿越時空限制的超然存在，故「氣」是一種眞實存在的實體〔註35〕。

〈在宥〉篇則曰：

> 天氣不合，地氣鬱結，六氣不調，四時不節。今我願合六氣之精以
>
> 育群生，爲之奈何？

「六氣」一詞在內篇中已經出現，卻並非莊子所論之重心，此處所論「六氣」則與「育群生」密切相關。作者認爲：天氣、地氣、六氣、四時能不能暢通協調，正是萬物群生能不能生長育成的關鍵，此實已將作爲「物」之內涵的「氣」提升爲決定「物」生滅之關鍵。前言之「氣」與「物」爲平行關係，無論「氣聚」或「氣散」皆本於自然，然此言「六氣之精」卻有「育群生」

〔註33〕《莊子・天地》有言：「萬物一府，死生同狀。」

〔註34〕參見朱伯崑〈莊學生死觀的特徵及其影響──兼論道家生死觀的演變過程〉，收入陳鼓應主編《道家文化研究》第四輯，台北：文史哲出版社，2000年8月，頁71。

〔註35〕參見鄭世根《莊子氣化論》，台北：臺灣學生書局，1993年7月，頁64。

的力量〔註36〕。此外，「六氣之精」的提出實為「精氣」一詞的前身，而「六氣之精」的說法，其實也隱含了「氣之精」與「氣之粗」的差別，這些討論皆為日後之氣化宇宙論埋下了伏筆〔註37〕。

由上論可知，莊子後學實已完全確立了「氣為宇宙萬物之原質」的思想，是以「狶韋氏得之，以挈天地；伏戲氏得之，以襲氣母」一句應出於莊子後學之手筆。此句將「天地」與「氣母」並列，將二者視為萬物生存所仰賴的場域與根源，又把「氣」、「母」合為一詞，明確將「氣」當作是萬物生成之「母」。此皆可見「氣」已作為宇宙萬物的存在原質。

而在「陰陽」的發展方面，〈則陽〉篇已明確指出「陰陽者，氣之大者也」，以「陰陽」為「氣」中最重要的分類，將「陰陽」從屬於「氣」，代表「氣」中相反相成的兩種屬性。因之，「陰」、「陽」幾已可以代表「陰氣」與「陽氣」。

再者，在外雜篇中，「陰陽」一詞大量出現，且多與「天地」、「四時」、「日月」、「萬物」連用。舉例如下：

(1)〈在宥〉：人大喜邪？毗於陽；大怒邪？毗於陰。陰陽並毗，四時不至，寒暑之和不成，其反傷人之形乎！

(2)〈庚桑楚〉：寇莫大於陰陽，无所逃於天地之間。非陰陽賊之，心則使之也。

〔註36〕必須說明的是：氣雖已被視為生育萬物之關鍵，但並不具有本體之地位，其運作仍居於「道」、「天」之下。〈大宗師〉有言：「夫道，有情有信，無為無形……伏戲氏得之，以襲氣母」，由此可知，得道之後方能獲取元氣之母、元氣之本，因之，氣只是產生於「道」的原質。參見謝明陽〈莊子氣論的思想體系〉，《鵝湖月刊》第二四卷第三期，1998年9月，頁19。又，吳汝鈞曾為文考證「道是氣成立的根據」，其論參見氏著《老莊哲學的現代析論》，頁121～126。

〔註37〕劉榮賢認為：「精」字用來指謂結構天地與生命之清通原質，乃源於中國長久以來以農業經濟生活為主之群體社會，基於生命觀、世界觀、宇宙觀等心物問題之認識，長時間所累積而逐漸形成的「集體意識」，它基本上是涵攝在「氣」的總體觀念之中的一個分支觀念。……當然，將這種集體意識整理成一套觀念者，必然出於智識階層，然其觀念之起源必出於長時間所累積的廣大社會意識。「氣」、「精」等觀念其形成過程皆是如此。劉氏之論見氏著〈從老莊之異論二者於先秦為不同的學術源流〉，頁89。

針對劉氏之論，筆者有一疑，此即：「精」是否可謂是「氣」的分支觀念，附屬在「氣」的發展之下呢？筆者以為，「精」與「氣」應是各別發展成形之概念，「精」字固可與「氣」結合而為「精氣」，亦可與其他概念結合，如：「精神」，是以此處似有可再商榷之處。

（3）〈在宥〉：吾欲取天地之精，以佐五穀，以養民人，吾又欲官陰陽，以遂群生，為之奈何？

（4）〈外物〉：陰陽錯行，則天地大絯，於是乎有雷有霆，水中有火，乃焚大槐。

（5）〈天運〉：四時迭起，萬物循生；一盛一衰，文武倫經；一清一濁，陰陽調和。

（6）〈繕性〉：古之人，在混芒之中，與一世而得澹漠焉。當是時也，陰陽和靜，鬼神不擾，四時得節，萬物不傷，群生不夭，人雖有知，无所用之，此之謂至一。

（7）〈天運〉：吾又奏之以陰陽之和，燭之以日月之明。

（8）〈在宥〉：天地有官，陰陽有藏。

由以上羅列之例可知，「陰陽」一詞的相關論述由內篇中側重直接與人之關連（「陰陽之氣有沴」、「陰陽之患」），轉為偏重其與天地、萬物的關係，陰陽運作所影響之場域即是「天地」，而此「天地」亦含包了「日月」之升落、「四時」之運行與「萬物」之生息，因此，「陰陽」與「天地」、「日月」、「四時」、「寒暑」等詞彙常並列而出。

由第一例中，吾人可知：「大喜傷陽，大怒傷陰」此種「陰陽之患」的影響已不限於人身，「陰陽之患」將可導致「四時不至，寒暑不和」，而天地的失序則又會反過來影響人的生存；而第二例中，作者則說：「心」之急切造成了「陰陽」的失調，而陰陽相犯所造成的影響能夠遍及天地萬物，沒有什麼能夠逃脫它的範圍。由是以知，萬物皆受「陰陽」作用的影響，無一例外。

因此，就出現第三例、第四例的推論——「陰陽」是否能調和，正是群生順適、人民安居的關鍵，如果陰陽不調，將會導致天地萬物的錯亂，因之，在第五例中，「陰陽調和」與「四時迭起」、「萬物循生」同時出現以形容天地運作之和諧順暢；而在第六例中，「陰陽和靜」則與「四時得節」、「萬物不傷」、「群生不夭」用以形容萬物初生時的混芒之世〔註38〕。

從外雜篇關於「陰陽」的論述中，吾人可以了解：「陰陽」與天地萬物的

〔註38〕葉海煙言：「陰陽」在莊子哲學中，主要是作為生成原理和存在原理，而生成與存在二者又往往被莊子歸入「變化」（「大化」、「造化」）的範疇，是以陰陽與天地、四時、萬物的變化相互關連，展現出萬物存在的一體性。參見氏著〈莊子哲學的「陰陽」概念〉，《宗教哲學》第三卷第三期，1997 年 7 月，頁91。又見氏著《老莊哲學新論》，台北：文津出版社，1997 年 9 月，頁188。

生成運作有著密不可分的關係。再者，因爲「陰陽」本身之抽象性格，使其逐漸成爲說明群生長育、四季寒暑等變化的基本質素。是以在〈秋水〉篇中，作者更藉北海若之口言：「自以比形於天地而受氣於陰陽」，說明萬物皆是寄形於天地，而稟受陰陽之氣，也就是說，萬物之「形」源於「天地」、萬物之「氣」源於「陰陽」而來〔註39〕。於此，陰陽之稟受已是萬物生化的兆徵。

吾人由外雜篇中此種氣聚而爲物，氣散而物滅，以受陰陽之氣爲存在的說法可以知道，「氣生物」之說其實已呼之欲出。〈田子方〉篇言：

> 至陰肅肅，至陽赫赫；肅肅出乎天，赫赫發乎地；兩者交通成和而物生焉，或爲之紀而莫見其形。消息滿虛，一晦一明，日改月化，日有所爲，而莫見其功。生有所乎萌，死有所乎歸，始終相反乎无端而莫知乎其所窮。

此言陰陽之氣交通融合，萬物即由此而生，甚至還推衍出「至陰」出乎「天」，「至陽」出乎「地」之說。然而，此說卻與成玄英所疏「陽氣下降，陰氣上升，二氣交通，遂成和合」有所抵觸。高亨認爲：「天地」字倒換，應作「肅肅出乎地」、「赫赫發乎天」。王葆玹則以爲：此說與《老子》的「負陰抱陽」之說正好吻合。通行本《老子》第四十二章說：「萬物負陰而抱陽，沖氣以爲和。」帛書本此句殘佚，甲本有「中氣以爲和」五字尚可辨識，乙本僅「以爲和」三字可以識別。今據《淮南子・精神篇》及《文子・上德篇》所引《老子》之文，《老子》今本「負陰」應校爲「背陰」，全句應爲：「萬物背陰而抱陽，中氣以爲和。」「背陰」有「背負青天」的意蘊，意味天生至陰之氣，在萬物之上，故稱「萬物背陰」或「負陰」；「抱陽」有「俯抱大地」之意，指地生至陽之氣，在萬物之下，故稱「萬物抱陽」〔註40〕。

對此，筆者以爲：究竟是「陰出於天，陽出於地」抑或「陽出於天，陰出於地」，由於《莊子》書中無其他例證，故實難確認。筆者另有二種推測：一者，「出乎天」、「發乎地」在此應爲互文，本篇作者於此並無意將「陰」歸於「天」，將「陽」歸於「地」，其立意只是要說明「陰陽」出於「天地」而已；二者，「陽」本有「暑熱」之意象，而「陰」則有「寒冷」之意象，是以「陰」下降，「陽」上昇本爲自然之事，且《管子・形式解》亦有「春者，陽

〔註39〕 參見鄭世根《莊子氣化論》，頁90。
〔註40〕 參見王葆玹《老莊學新探》，頁36～37。王氏並指出，其說乃是受王博之議論而生。

氣始上，秋者，陰氣始下」一句，正與此處「陰出於天，陽出於地」相合，是以知作者乃是要說明陰氣之下降與陽氣之上昇，二氣之交流於是生成了萬物。而無論採用哪一種解釋，皆可看出陰陽二氣運動與萬物之生成有密切的關連。而「天地」→「陰陽」→「萬物」的生成序列也隱含其中〔註41〕。

要加以強調的是，有關「陰陽」論述方向的改變不宜視作「陰陽」內涵的開擴或發展。因為，「陰」、「陽」二字之本義即是「雲蔽日而暗」與「太陽明照」，其原始意義本關涉自然界之天氣狀態，「陰陽之氣有沴」、「陰陽之患」等等直接指涉人的身心狀況的詞語反而應該晚出才是。在《莊子》內篇撰作之時，「陰陽」觀念實已由本義「日照之有無」抽象化為「天地間兩股相反相成的力量」，可用以指稱天地之自然現象及人之身心狀態，由此看來，「陰陽」之發展已有一段時間〔註42〕。

藉由上論，吾人可知，在內篇中「氣」、「陰陽」之出現多在形容人之道德修養境界或身心狀態。到了外雜篇，有關「氣」與「陰陽」的論述，則轉與天地宇宙密切相關，陰陽之氣已成為萬物的存在原理。此正可見內篇與外雜篇關注焦點與義理型態之差異。

四、「神明」與「太一」

在外雜篇中，除了對宇宙、天地、陰陽的討論較內篇來得豐富完整外，關於神明與太一的討論也是內篇所不見的，而此一差別正顯示出宇宙萬物生成問題的時代進展。

〔註41〕關於「陰陽」一詞的義理發展，劉榮賢指出：在外雜篇中，「陰陽」先與「四時」之觀念結合，再和「動靜」之觀念結合，逐漸提升至形上之天道之層次。尤其是「陰陽」與「動靜」觀念之結合，更是其發展成為「天地二氣」之關鍵。劉氏之論參見氏著《莊子・外雜篇》中「氣」與「陰陽」觀念之發展〉，《暨大學報》第四卷第一期，2000年3月，頁1。

對此，筆者以為：「陰陽」與「四時」、「動靜」觀念結合之先後並不容易確定，就義理發展而言，「陰陽」觀念應先抽象化為「相反相成之力量」，進而發展其「動靜」（運動）義，最後才可能與天地、四時變化結合，因為，「四時」在此乃是代表時間的變化，而「陰陽」之「動靜」（運動）正是造成變化的決定因素。

〔註42〕龐樸曾推論陰陽概念之演變，其言：「陰陽本義指的是自然現象，最早指出的是天文現象，而後推廣到地理現象，然後由具體的象升格為天地之氣（陰陽二氣），又用陰陽二氣來解釋自然現象。進而把陰陽概念引入行為義理之中，成為人的行動的根源，最後從自然與人事中昇華出宇宙圖式。」可為吾人參考，參見氏著〈陰陽：道器之間〉，《道家文化研究》第五輯，台北：文史哲出版社，2000年8月，頁1～2。

　　就「神明」一詞而言，內篇中只一見，即〈齊物論〉所說：「勞神明爲一而不知其同也，謂之『朝三』。」然此「神明」乃是指生物之精神狀態，尙未與天地宇宙建立起關連性。

　　到了外雜篇，關於「神明」的討論已蔚爲大觀。首先，在關於「神」的論述中，與天地、大道有關者已有四處，羅列如下：

　　　　〈在宥〉：「一而不可不易者，道也；神而不可不爲者，天也。」

　　　　〈天地〉：夫王德之人，素逝而恥通於事，立之本原而知通於神，故其德廣。

　　　　〈天道〉：故曰：莫神於天，莫富於地，莫大於帝王。

　　　　〈天道〉：夫天地至神，而有尊卑先後之序，而況人道乎！

在〈在宥〉篇中，莊子後學以「神」來形容天之神妙莫測。〈天道〉所言：「莫神於天」、「天地至神」亦是在形容天地運行、萬物化生的靈妙功能，是以知〈天地〉所說：王德之人「立之本原而知通於神」，即是言聖人能立足於萬物的本原，而其境界能與天地神明相通。

　　而「神」、「明」之連用所代表的意涵亦大致不差，同樣是指天地間神妙的作用，是以「神明」一詞多與「天地」同時並出，如〈天下〉篇所言：「古之人其備乎！配神明，醇天地，育萬物，和天下，澤及百姓，明於本數，係於末度，六通四辟，小大精粗，其運無乎不在。」又如〈天下〉篇所言：「判天地之美，析萬物之理，察古人之全，寡能備於天地之美，稱神明之容。」

　　從上舉二例，可以看出：莊子後學認爲，唯有不「判天地之美、析萬物之理、察古人之全」的聖人才能了解天地之美、神明之容，進而配合神明妙理、取法天地自然。因之，「神明」乃是可以領略體會的。是以〈天下〉篇以「以本爲精，以物爲粗，以有積爲不足，淡然獨與神明居」來說明關尹、老聃之學；而以「芴漠無形，變化無常，死與生與？天地幷與？神明往與？芒乎何之？忽乎何適？萬物畢羅，莫足以歸」來解釋莊周之學。也就是說，與靈妙的造化無窒礙地交融溝通，乃是道家學派道德修養的最終境界。

　　再者，吾人如何界定「神明」此種神妙作用的實質內涵？藉由〈天道〉與〈知北遊〉之論述，可窺其大概。〈天道〉言：「天尊，地卑，神明之位也；春夏先，秋冬後，四時之序也。」將天尊地卑的宇宙秩序視作天地神功。〈知北遊〉亦言：「天地有大美而不言，四時有明法而不議，萬物有成理而不說。

聖人者，原天地之美而達萬物之理。是故至人無爲，大聖不作，觀於天地之謂也。今彼神明至精，與彼百化。物已死生方圓，莫知其根也。扁然而萬物自古以固存。」其所言天地間精妙靈明的作用，即是「天地之美」、「四時之法」與「萬物之理」，其實也就是天地之秩序、法度。由此可知，「神明」所指涉者即是規律、秩序所透顯出的天地靈妙作用。

其次，吾人要追問的是「神明」由何而出？莊子後學也對這一問題作出了回答，〈天下〉篇有曰：「『神何由降？明何由出？』『聖有所生，王有所成，皆原於一。』」對於「皆原於一」句，成玄英《疏》曰：「原，本也。一，道。」由此可知，此句是言「神明」由「一」而出，由「道」而生，也就是說，道乃是天地秩序的根源。

除了「神明」之外，外雜篇中關於「太一」的討論，亦爲內篇所無。〈天下〉篇言：「以本爲精，以物爲粗，以有積爲不足，淡然獨與神明居。古之道術有在於是者，關尹、老聃聞其風而說之。建之以常無有，主之以太一，以濡弱謙下爲表，以空虛不毀萬物爲實。」以「太一」爲關尹、老聃所主，卻仍沒有對「太一」一詞多作解釋。

另外，〈列禦寇〉亦言：「小夫之知，不離苞苴竿牘，敝精神乎蹇淺，而欲兼濟道物，太一形虛。若是者，迷惑於宇宙，形累不知太初。彼至人者，歸精神乎無始，而甘冥乎無何有之鄉。」此言精神蹇淺之人無法達到「兼濟道物」、「太一形虛」的境界；這樣的人只能終身「迷惑於宇宙」，「形累不知太初」。相反地，得道之人則可上達「無始」之境，遊於「無何有之鄉」。在此，作者以「虛」來形容「太一」。再者，由「兼濟道物」與「宇宙」的相關性，可以推知，「太一」與「太初」有一定的關連，與「無始」也有內在聯繫。總之，「太一」與「無始」、「太初」等意象皆相關連，應已具有指謂「道」創生本體之性格，是以成玄英《疏》曰：「太者廣大之名，一者不二爲稱。言大道曠蕩，無不制圍，括囊萬有，通而爲一，故謂之太一也。」

第三節　結　語

藉由以上對「天地宇宙」、「萬物生成」、「陰陽之氣」等問題的討論，吾人可以得知，內篇與外篇、雜篇的論述側重有所不同。外雜篇對「神明」與「太一」的討論亦是內篇所不見的。整體而言，莊子多由「人」上推「天」，

而其後學多由「天」下言「人」。莊子對「天」的論述，多關涉著人之修養境界；而後學所言之「天」，則往往指稱人的生活場域。

再者，外雜篇的論述反映出天地自然的議題，正爲莊子後學所處時代之顯學；氣與陰陽的討論，正是戰國末期流行之思想。莊子後學雖或無意著力於宇宙生成之討論，卻不能免於時代之學術風潮。雖然，莊子及其後學或以爲：萬物生成的問題沒有探究的必要；然而，莊子「有始也者，有未始也者」一段貌似天地創生之說，以後卻成了《淮南子‧俶眞》建構宇宙生成論之憑藉。而莊子後學關於天地、宇宙、陰陽、神明的討論，更爲後世之宇宙生成論埋下伏筆。就宇宙生成論之學術源流而言，《莊子》是不可或缺的一環。

第四章　黃老帛書的宇宙生成論及其相關問題

　　馬王堆帛書《老子》乙本卷前四篇古佚書自從出土後，學者對於其名稱、寫作時代、作者背景一直爭論不休，然此並非本文之重心，是以本文不擬多加討論，僅交代如下。

　　關於其名稱，目前主要有「黃帝四經」、「黃老帛書」及帛書「黃帝書」三種說法 〔註1〕，對此，筆者以爲，馬王堆帛書《老子》乙本卷前古佚書是否

〔註1〕　主張「黃帝四經」者有：唐蘭（〈馬王堆出土《老子》乙本卷前古佚書的研究〉，《考古學報》1975 年第 1 期，頁 8～10）、龍晦（〈馬王堆出土《老子》乙本卷前古佚書探原〉，《考古學報》1975 年第 2 期，頁 23）、魏啓鵬（〈《黃帝四經》思想探源〉，《中國哲學》第四輯，1980 年，北京：生活・讀書・新知三聯書店，頁 179）、陳鼓應（《黃帝四經今註今譯》，臺北：臺灣商務印書館，1995 年 6 月，頁 31～33）等人。

採「黃老帛書」之名者有：鍾肇鵬（〈漢初黃老學派〉，收入任繼愈《中國哲學發展史》秦漢編，北京：人民出版社，1985 年 2 月，頁 101～102）、吳光（《黃老之學通論》，杭州：浙江人民出版社，1985 年 6 月，頁 129）、許抗生（〈《黃老之學新論》讀後的幾點思考〉，《管子學刊》1993 年第 1 期，頁 65）、丁原明（《黃老學論綱》，濟南：山東大學出版社，2000 年 10 月，頁 90）等人。

主張帛書「黃帝書」說則以李學勤（〈馬王堆帛書與《鶡冠子》〉，《李學勤集》，哈爾濱：黑龍江教育出版社，1989 年 5 月，頁 327～350、〈范蠡思想與帛書《黃帝書》〉，《簡帛佚籍與學術史》，南昌：江西教育出版社，2001 年 9 月，頁 308～309）、劉翔（〈馬王堆漢墓帛書《黃帝書》研究評述〉，《中國文化與中國哲學》，北京：東方出版社，1986 年 12 月，頁 594）爲代表。

此外，裘錫圭主張「馬王堆《老子》乙本卷前佚書」、「〈經法〉等四篇」之說，見氏著〈馬王堆帛書《老子》乙本卷前古佚書並非《黃帝四經》〉，《道家文化研究》第三輯，頁 249～255。

就是《漢書‧藝文志》所載之《黃帝四經》，仍有可以討論之空間，是以本文不採「黃帝四經」之名。而「黃老帛書」之名可以突顯此佚書之學問性格，似乎較「黃帝書」之名更佳〔註2〕。

　　關於古佚書的寫作時間，更是眾說紛紜，大體說來，可分爲：戰國中期或以前、戰國晚期至秦漢之間二說〔註3〕。關於古佚書的寫作地點，則大致有「楚國」、「越國」、「齊國」等三種說法〔註4〕。針對古佚書的寫作時間及地點

　　　另外，關於四篇古佚書的名稱、寫作時間、寫作地點等問題，讀者可參見林靜茉《帛書《黃帝書》研究》，2001年6月，國立臺灣師範大學國研所博士論文，傅武光先生指導，頁6～13、22～54、64～73，及張增田《黃老帛書》研究綜述〉，《安徽大學學報》，2001年第4期，頁111～118。

〔註2〕李學勤〈馬王堆帛書與《鶡冠子》〉一文雖然肯定唐蘭「推定帛書《黃書》即《黃帝》或《黃帝四經》，是很有說明力的」，然而，他並不使用「黃帝四經」的命名，而是稱爲「帛書《黃帝書》」。劉翔〈馬王堆漢墓帛書《黃帝書》研究評述〉則認爲：「黃老帛書」之名容易使人誤爲帛書《黃帝書》與《老子》乙本的合稱。林靜茉《帛書《黃帝書》研究》亦以爲：「黃老帛書」的名稱容易使人產生黃帝、老子兩學派結合成古佚書四篇的聯想，尤其古佚書第二篇託名黃帝，其他三篇卻沒有提到黃帝，若用「黃老」命名，更容易以第二篇是「黃學」，其他三篇是「老學」，以爲四篇非一體。而且古佚書四篇是否仍以《老子》道論爲主要思想地位，還是融合《老子》道論自成體系，似可再議。從唐蘭與裘錫圭的列舉對比，已經可以確定古佚書四篇有自己的思想體系。所以不必要在名稱上加一「老」字。

　　　對此，筆者以爲：古代學派分野其實不像今人設想的明確，尤其是道家（參見葛兆光《中國哲學史（第一卷）》，上海：復旦大學出版社，2001年12月，頁111），「黃學」與「老學」是否必須明分爲二，實可再商榷。再者，無論古佚書是以《老子》道論爲主要思想，還是融合《老子》道論自成體系，都說明了：古佚書與《老子》乃是密切相關的。艾畦《黃帝四經》對老子思想的吸收和繼承〉（《中國哲學史》1997年第1期，頁79～85）一文更明確指出了《黃老帛書》與《老子》的關係密切。如此說來，則《黃老帛書》之名較《黃帝書》之名來得更完整而全面。

〔註3〕主張「戰國中期或以前」之說者有：唐蘭（〈馬王堆出土《老子》乙本卷前古佚書的研究〉，頁10～12）、余明光（《黃帝四經與黃老思想》，哈爾濱：黑龍江人民出版社，1989年8月，頁17～20）、趙吉惠（〈關於「黃老之學」、《黃帝四經》產生時代考證〉，《哲學與文化》十七卷第十二期，1990年12月，頁1088～1093）、陳鼓應（《黃帝四經今註今譯》，頁35～38）、白奚（《稷下學研究》，北京：生活‧讀書‧新知三聯書店，1998年9月，頁97～114）等人。而主張「戰國晚期至秦漢之間」者則有鍾肇鵬（〈漢初黃老學派〉，收入任繼愈《中國哲學發展史》秦漢編，頁103～105）、葛榮晉（〈試論《黃老帛書》的「道」和「無爲」思想〉，《中國哲學史研究》1981年第3期，頁47）、吳光（《黃老之學通論》，頁129～133）。

〔註4〕主張楚國說者如：龍晦（〈馬王堆出土《老子》乙本卷前古佚書探原〉，頁23

問題，筆者有一設想：若吾人承認先秦子書的成書過程皆必須經歷一段長時間的流傳與演變，那麼，吾人在處理此類問題時，必然難以得到確切的答案，四篇古佚書可能遲至戰國晚期才完全定型，再者，古佚書更有極大的可能同時受到楚地文化及齊地文化的影響，因爲，此二地的思想文化在戰國時期本來就是互相交流的。此一時期百家爭鳴，多元的政治型態及便利的交通促進了學者的遷移與學術的交流，一種學說不可能永遠停留在某一地區〔註5〕。然而，此一時代思潮所呈現的風貌如何，似乎才更應該是我們關心的焦點。

　　關於黃老帛書的名稱、寫作時間、寫作背景等問題，已交代如上，以下筆者將先由「道論」說起，探究黃老帛書道論的兩大主軸——「道原」及「道用」問題，再進行「宇宙生成論」的研討，並進一步論及與此相關的「一」、「神明」及「陰陽五行」等議題。

第一節　道　原

〈十大經・前道〉有一段話說：

　　道有原而無端，用者實，弗用者蓳〔註6〕。合之而涅於美，循之而有常。古之賢者，道是之行。知此道，地且天、鬼且人，以居軍□〔註7〕，以居國其國昌。古之賢者，道是之行。

此言：道有其本原，但沒有邊際，也就是說，道「有始而無終」，應用它的時

　　～25）、李學勤（〈范蠡思想與帛書《黃帝書》〉，《簡帛佚籍與學術史》，頁307～315）。主張越國說者如王博（〈論《黃帝四經》產生的地域〉，《道家文化研究》第三輯，頁223～240）。主張齊國說者則有陳鼓應（《黃帝四經今註今譯》，頁38～43）、白奚（《稷下學研究》，頁96～97）、王葆玹（《老莊學新探》，上海：上海文化出版社，2002年5月，頁96～110）等人。

　　又，筆者發現：吾人可由〈經法・論曰〉「三時成功，一時刑殺，天地之道也」與《管子》書中「二時成功，二時刑殺」的對比，看出黃老帛書最初著作的地域應在《管子》著作的地域（齊地）之南，也就是楚越之地。

〔註5〕參見張增田〈《黃老帛書》研究綜述〉，頁118。陸建華亦以爲：《黃帝四經》的學術淵源並非單線條的，其在當時影響甚廣。陸氏之論見氏著〈《黃帝四經》——黃老道學的奠基之作〉，《安徽大學學報》第23卷第3期，1999年5月，頁75。

〔註6〕「蓳」當讀爲「款」或「窾」。《莊子・達生》〈釋文〉引李注：「款，空也」，此「款」實即「窾」，《淮南子・原道》：「窾者主浮」，高誘注：「窾，空也。」參見陳鼓應《黃帝四經今註今譯》，頁382。

〔註7〕陳鼓應認爲：「且」疑讀爲「宜」，「以居軍□」之□應爲「強」字。參見氏著《黃帝四經今註今譯》，頁382。

候會感到它的存在，不用它的時候則又覺得它是空無的。其下，又言：世事合於道則美，行事遵循道則有常。是以古代賢聖之人，行事一定遵循大道。所以，若是能掌握大道，那麼天地之理、人鬼之事皆能合宜。以道用兵則軍力強大，以道治國則國家昌盛。

　　從此段引文中，吾人可以隱約看出黃老帛書中「道論」的兩大主軸，此即：「道原」問題與「道用」問題。「道原」問題乃是關涉始源狀態的討論，目的在探析天地之初的本源形態；而「道用」問題則是關於如何安置存在萬有的論述，其與天道運行之規律密切相關。黃老帛書對道的闡發，就著力在此二議題上。以下筆者將先討論「道原」問題。

　　對於天地之始源狀態，〈道原〉篇有詳盡的描述，其言曰：

　　恒無之初〔註8〕，迵同大（太）虛。虛同爲一，恒一而止。濕濕夢
　　夢，未有明晦，神微周盈，精靜不配（熙）。古（故）未有以，萬物
　　莫以。古（故）無有刑（形），大迵無名。天弗能覆，地弗能載；小
　　以成小，大以成大；盈四海之内，又包其外。在陰不腐，在陽不焦。
　　一度不變，能適規（蚑）僥（蟯）。鳥得而蜚（飛），魚得而流（遊），
　　獸得而走。萬物得之以生，百事得之以成。人皆以之，莫知其名，
　　人皆用之，莫見其刑（形）。

在此，作者以「迵同大虛」、「虛同爲一」形容宇宙天地在一切皆無時的最初始源狀態，他說此時宇宙乃是混同爲一、至虛無物的〔註9〕。其下，作者又以「濕濕夢夢，未有明晦，神微周盈，精靜不配（熙）」形容此情狀。「濕濕夢夢，未有明晦」乃言其混沌流動、明暗不分的情狀，其中「夢夢」應即《淮南子·精神》「澒濛鴻洞，莫知其門」之「濛」，用以形容萬物未分、聚合爲一的狀態。

　　針對此「虛同爲一」的狀態，陳鼓應以爲應指「先天一氣」〔註10〕；陳

〔註8〕　李學勤〈帛書《道原》研究〉一文作「恒先之初」，參見氏著《古文獻叢論》，
　　　　上海：上海遠東出版社，1996 年 11 月，頁 163。

〔註9〕　饒宗頤指出：「迵同太虛」，猶言「洞（通）同大虛」，《道原》所云「大迵无
　　　　名」之「大迵」猶言「大通」也。參見氏著〈楚帛書與《道原篇》〉，收入《道
　　　　家文化研究》第三輯，頁 256。又，丁原植指出：此「虛」，並非空無之虛，
　　　　它具有雙重性質。一是指：其未涉形名的無限與無定性，一是指：其空宕虛
　　　　曠的涵藏與積蘊性。參見氏著〈古典哲學中「道原」問題探析〉，《輔仁大學
　　　　哲學論集》第卅一期，1998 年 6 月，頁 323。

〔註10〕參見陳鼓應《黃帝四經今註今譯》，頁 470。

忠信則以為「虛同為一」是「具有創生作用的混沌大水」〔註11〕，然而，就文本看來，「濕濕夢夢」的形容並未直指此狀態是「氣」抑或是「水」，是以吾人只能就「濕濕」作出「此狀態可能與水氣有關」的推論。再者，「神微周盈，精靜不配」乃是指道體之神妙細微、充塞宇宙，且至精至靜，而不光明顯耀。黃老帛書此處乃是對《老子‧二十一章》「道之為物，惟恍惟惚，惚兮恍兮，其中有象，恍兮惚兮，其中有物，窈兮冥兮，其中有精，其精甚真，其中有信」及〈二十五章〉「有物混成，先天地生，寂兮寥兮」的發揮。

再者，有論者以為：「虛同為一，恒一而止」、「神微周盈，精靜不熙」這種「止」、「靜」的說法，都表示在〈道原〉的作者看來，原始的混沌本體是靜止的，與老子的循環往復「周行而不殆」不合〔註12〕。然而，由黃老帛書對天道規律的重視，吾人可以知道，黃老帛書其實並未忽略道體循環運動的特性（詳見下文），其次，在《老子》書中有「夫物芸芸，各復歸其根，歸根曰靜」一句，可見「靜」字在老學中，正代表了萬物歸根復命的狀態，並非「無動作」、「無運動」之意。

其下，〈道原〉又言：正由於「道」清靜不光耀的特性，所以萬物難以覺察其存在、更遑論發覺己身與道的密切關連，是以言「故未有以，萬物莫以」；又由於道無形無狀、茫然混同，所以無一名號可以稱說「道」，是以言「古（故）未有刑（形），大迵無名」。再者，「道」無有形埒、可大可小，「道」可以成就精微細密之物，亦能夠成就龐然巨大之物。在此，作者特別強調「道」之廣大浩渺，並以為：天地、四海乃是吾人所能認知的最大範圍，然此亦不能範限「道」，《莊子‧天地》但言「夫道，覆載萬物者也，洋洋乎大哉！」，黃老帛書則以為「道」不但覆載萬物，更超越天地、沒有範圍，是以其言：「天弗能覆，地弗能載；小以成小，大以成大；盈四海之內，又包其外。」〔註13〕

「道」不但能含包所有有形的物體，且能統領陰陽之原則，它恒定不變

〔註11〕參見陳忠信《先秦兩漢混沌神話研究》，彰化師範大學國文研究所碩士論文，2002 年 1 月，頁 104。

〔註12〕參見胡家聰《稷下爭鳴與黃老新學》，北京：中國社會科學出版社，1998 年 9 月，頁 133。另外，胡氏所著〈帛書《道原》與《老子》論道的比較〉一文中，亦可見相同的觀點，胡氏之文收入《道家文化研究》第三輯，頁 262。

〔註13〕陳鼓應以為：戰國前的諸子書中皆無「又包其外」類似的表述。祇有曾遊學於稷下、受過齊地海濱潮汐洗禮過的學者方能出是語。這對鄒衍陰陽五行學說、對四海九州大一統格局的構築有直接影響。見氏著《黃帝四經今註今譯》，頁 473。

而能使所有生物安然生長，因此，「鳥得而蜚（飛），魚得而流（遊），獸得而走。萬物得之以生，百事得之以成。」天地間一切生物皆依賴「道」而能生長育成，一切事物皆依賴「道」而能正常運作。

對於大道始源狀態的大量描述正顯示出黃老帛書正逐步將「道」加以客體化，因之，〈道原〉其下又言：

> 一者其號也，虛其舍也，無爲其素也，和其用也。是故上道高而不可察也，深而不可則（測）也。顯明弗能爲名，廣大弗能爲刑（形）。獨立不偶，萬物莫之能令。天地陰陽，〔四〕時日月，星辰雲氣，規（蚑）行僥（蟯）重（動），戴根之徒，皆取生，道弗爲益少；皆反爲，道弗爲益多。堅強而不撌，柔弱而不可化。精微之所不能至，稽極之所不能過。

此言「一」乃是道的名號，「虛」是道的居所，「無爲」是道的本質，而「和」是道的大用。「道」高深莫測、無可限量。道之存在乃是明顯的事實，然而，吾人卻無法加以稱說；道之浩大亦無庸置疑，但卻沒有人能夠對道的廣大加以形容，因此，「道」乃是超越言說、無法以言語加以表述的，此正是《老子》「道可道，非常道」之意。

其下，作者開始說明「道」與萬物的關係。他說：道乃是獨立不二的，萬物都離不開道的作用〔註14〕。無論天地陰陽、四時日月、星辰雲氣，以及各種動物、植物，皆取資於道，然而，道並不因此而短少什麼；這些因道所生之物若將其所取者還之於道，道的內涵也不會因此而增加。在此，作者言天地陰陽、四時日月等「皆取生」，也就是說，萬物皆「取之（道）而生」，明確表達出「萬物由道而生」的旨意。這也就是〈經法‧道法〉所言：「虛無刑（形），其裻冥冥，萬物之所從生」之意，也就是將空虛寂冥的道體看作是萬物賴之而生的憑藉。

最後，作者又言：道的特性乃是既堅強又柔弱，既精微又至極。此種表述方式，與前所言：道既虛無卻又實存，既無爲又有大用，既獨立又和合，可大可小，或強或弱……並無不同。這些看似彼此矛盾的性質，皆可統一於道。

由上文中，作者對「道」名號、住所、本質、作用及性質的鋪述，可以

〔註14〕陳鼓應以爲：「萬物莫之能令」之「令」疑爲「離」之聲假，參見氏著《黃帝四經今註今譯》，頁475。

看出其將「道」客觀化、實體化的用心。猶有甚者，黃老帛書還以「物」言「道」，〈經法‧名理〉有言曰：

> 有物始□，建於地而溢（溢）於天，莫見其刑（形），大盈冬（終）
> 天地之間而莫知其名。

有一初始之物，下及於地、上及於天，不見其形、不知其名，而充塞於天地之間，由這些描述，可以知道，這個「物」所指涉者即是「道」。此段論述同樣指涉了道的始源狀態。不同的是，此處直接將此狀態稱之爲「物」，更顯示出黃老帛書以「道」爲客觀實有的思路。這也就是何以學者多認爲黃老帛書具有「物質」傾向的理由〔註15〕。再者，前文中亦提及：帛書本、今本《老子》之「有物混成，先天地生」，在郭店本原作「有狀混成，先天地生」，從其中「有狀」至「有物」的轉變，吾人亦可看出老子後學將「道」客觀化、實體化之痕迹。而無論是《老子》，還是黃老帛書，其所要推求的，皆是道「先天地生」的狀態。

第二節　道　用

　　除了「道原」問題之外，黃老帛書對於「道用」問題也十分關注。「道」如何而可「用」？黃老帛書將「道」等同於循行不已的自然規律〔註16〕，而將此規律性視作是權威性的天地法則，所有人事都必須遵循此一法則，以求行事順遂。如此，則「道」已成爲規律的「法」、「理」，而成爲人們行事之憑藉。而此一思路乃是由「道的運動」出發，次而引申出「道的規律性」，最後再將「道」與「法」加以連結起來，以下申論之。

　　《老子》中之「道」循環運動、反覆不已，而黃老帛書更強化了道的規

〔註15〕　如：鍾肇鵬有言：《黃老帛書》的基本傾向是把「道」形容爲原初物質狀態。參見氏著〈漢初黃老學派〉，收入任繼愈《中國哲學發展史》秦漢篇，頁108。又如：余明光所言：黃學（筆者按：余氏認爲黃老帛書屬於「黃學」）的「道」是具有物質屬性的。參見氏著《黃帝四經與黃老思想》，頁22。而陳師麗桂亦有言：《黃老帛書》的「道」無具體形象，卻又是一種類似原始物質的狀態。參見氏著《戰國時期的黃老思想》，台北：聯經出版社，1991年4月，頁56。

〔註16〕　蕭萐父指出：《黃老帛書》對老子哲學的「道」範疇，特別是關於「獨立而不改，周行而不殆」的客觀規律性的涵義，給予了進一步的發揮，把「道」看作是客觀存在的天地萬物的總規律。參見氏著〈《黃老帛書》哲學淺議〉，收入《道家文化研究》第三輯，頁266。又見蕭萐父、李錦全主編《中國哲學史》，北京：人民出版社，1982年12月，頁283。

律性，並將日、月、四時之運作視作是大道規律性的內涵。那麼，黃老帛書所觀測到的天道運行究竟如何？〈經法·論〉有言：

> 天執一，明〔三，定〕二，建八正，行七法，然後□□□□□□
> 之中無不□□矣。岐（蚑）行喙息，扇蜚（飛）需（蠕）動，無□
> □□□□□□□□□不失其常者，天之一也。天執一以明三，日信
> 出信入，南北有極，〔度之稽也。月信生信〕死，進退有常，數之稽
> 也。列星有數，而不失其行，信之稽也。天明三以定二，則壹晦壹
> 明，□□□□□□□。天定二以建八正，則四時有度，動靜有立
> （位），而外內有處。天建八正以行七法：明以正者，天之道也。適
> 者，天度也。信者，天之期也。極而〔反〕者，天之生（性）也。
> 必者，天之命也。□□□□□□□□者，天之所以爲物命也。此
> 之胃（謂）七法。

此言：「天執一，明三，定二，建八正，行七法」。天所執之「一」即是天道之規律法則，是各種生物各適其性，生生不息、不失常態的天地規則；天所明之「三」就是日之昇落、月之盈缺與星辰之運行；天所定之「二」則爲晦明、陰陽、柔剛等相反相成的兩股力量；天所建之「八正」，則是四時有節、動靜有序、內外有別的律則。由此可知，日月星辰的運行、晦明陰陽的運動即是天道不失其常、循行不已的表現，也是「鳥得而蜚（飛），魚得而流（遊），獸得而走」，萬物各行其性的資藉。

最後，作者以「天道」、「天度」、「天期」、「天性」、「天命」、「天之所以爲物命」等爲「七法」，而此「七法」所指涉者皆與天道之規律、自然之度數相關，是以此「七法」其實也就是自然法則的分目。由此「七法」的內容，可以知道，作者認爲天道規律乃是「正」、「信」、「必」者，也就是說，天道規律有其正當性與必然性，無人可以動搖其權威。

其下，又言曰：

> 七法各當其名，胃（謂）之物。物各□□□□胃（謂）之理〔註17〕。
> 理之所在，胃（謂）之□〔註18〕。物有不合於道者，胃（謂）之失
> 理。失理之所在，胃（謂）之逆。逆順各自命也，則存亡興壞可知

〔註17〕此句缺空之四字，按文意（下文曰：「物有不合於道者，胃（謂）之失理」）應補爲「合於道者」。

〔註18〕此處之缺字，按文意（下文曰：「失理之所在，胃（謂）之失理」）應補爲「順」。

〔也〕。

自然軌則順利運作，則物物各適其位，合於大道，此即「理」、亦即「順」；反之，若物物不合於道，則有失於「理」、亦即「逆」，如能了解天地順逆的道理，那麼，國家人事的存亡興壞也就能加以掌握了。因此，聖人必須考察天地之理，遵循自然之道，以作爲治國安邦的憑藉。

由上論可知，〈經法・論〉所言之「執一」、「明三」、「定二」、「建八正」、「行七法」皆與天地軌則之規律性有關。正因爲「天道」的內涵也幾與「天理」無異，所以，「道」與人間之法也有了可以聯繫的共通點。再者，黃老帛書將其所觀察歸納出的自然現象附以「一」、「三」、「二」、「八正」、「七法」之名，亦有把自然界的規律加以人事化的意味〔註19〕。

另外，值得吾人注意的是：黃老帛書對於日月星座之運行亦應已有一定的認識，否則不能有「明三」之論，而〈十大經・立命〉亦載有黃帝自述「數日、曆（曆）月、計歲，以當日月之行」的一段文字〔註20〕，其藉黃帝之名，說明了當時對日、月、年的制定乃是依據太陽、月亮的運行，再者，這一番話乃是黃帝登基時所說，由此亦可知，當時的確將曆法的制定視作治國之大事。是以黃老帛書屢言「參以天當」（〈經法・道法〉）、「天爲之稽」（〈經法・四度〉）、「毋失天極」（〈稱〉），認爲人事與天道乃是不可割離的一體，而人事之操作必須參究天地之道；對天地規律的了解，正是使人事順暢運作的前提〔註21〕。〈經法・四度〉亦說道：

日月星辰之期，四時之度，〔動靜〕之立（位），外內之處，天之稽

〔註19〕葛兆光認爲：由於對天象的軌迹與曆法的規則可以用數字來表示，所以它有很多數字表示的基本概念，而這種概念推演到社會範疇，就形成了相當多的數字化術語，如一（道）、二（日月或陰陽）、三（日月星）、四時、五政、六柄、七法、八正等等。參見氏著《中國思想史》第一卷，頁117。

〔註20〕〈十大經・立命〉曰：「昔者黃宗質始好信，作自爲象（像），方四面，傳一心。四達自中，前參後參，左參右參，踐立（位）履參，是以能爲天下宗。『吾受命於天，定立（位）於地，成名於人。唯余一人〔德〕乃肥（配）天，乃立王、三公，立國置君、三卿。數日、曆（曆）月、計歲，以當日月之行。允地廣裕，吾類天大明。』」

〔註21〕葛兆光指出：參考馬王堆漢墓帛書《黃帝書》與戰國時代各種著作中引述的黃帝之言，就可以知道黃帝之學確是對宇宙問題極爲關心的，它討論宇宙本原、宇宙變化、天道運行等問題，而將宇宙之理推行到「天」、「地」、「人」三方面，它的基本思路是，世間一切都應當仿效「天」、「地」，「順天者昌，逆天者亡」，在這種思路中，天文曆算、雜占醫方、軍略政術就有了一個共同的「理」。參見氏著《中國思想史》第一卷，頁113。

> 也。高〔下〕不敝（蔽）其刑（形），美亞（惡）不匿其請（情），
> 地之稽也。君臣不失其立（位），士不失其處，任能毋過其所長，去
> 私而立公，人之稽也。

日月星辰的運行、四季的循環、事物的動靜變化，以及事物適度與否皆有一定的準則，此即是「天之稽」〔註22〕；而地勢高低無法隱蔽、土壤美惡人人可見，此則是「地之稽」；而「人之稽」的內容則是君臣有別、士居其位、因材授官、去私立公。在此，作者將「人之稽」比擬於「天之稽」與「地之稽」，也就是說，天道、地道與人道之間自然有其關聯性，而在〈經法・論約〉中，更明確將天地之道與人事之理加以聯結，其言曰：

> 始於文而卒於武，天地之道也。四時有度，天地之李（理）也。日
> 月星晨（辰）有數，天地之紀也。三時成功，一時刑殺，天地之道
> 也。四時而定，不爽不代（忒），常有法式，□□□□。一立一廢，
> 一生一殺，四時代正，冬（終）而復始，人事之理也。

在上段引文中，黃老帛書將「始於文而卒於武」、「四時有度」、「日月星辰有數」、「三時成功，一時刑殺」納入「天地之道」的範圍〔註23〕，然而，吾人可由「始文卒武」、「三時成功，一時刑殺」瞭解到作者的確試圖賦予自然現象某些人文性的意義，其將春夏秋之長養比為「文」，擬為「成功」；將冬季之嚴寒比為「武」，擬為「刑殺」。同樣地，末句亦言：立廢生殺、四時代正、終而復始，此為人事之理。「四時代正，終而復始」本是自然界的現象，作者卻將其比擬為「立廢生殺」。由上論可知，在作者看來，自然與人文、天地與人事本是不可分割的一體。在聖人執政下，人事之理乃是天地之道的映現，是以人間之法離不開天地之道，因此，〈經法・道法〉曰：

> 道生法，法者，引得失以繩，而明曲直者殹（也）。故執道者，生法
> 而弗敢犯殹（也），法立而弗敢廢〔也〕。□能自引以繩，然後見知
> 天下而不惑矣。

「法」由「道」所生，亦即是言：社會的法度應取法天地之規律而設，然而，其下又言：「執道者，生法而弗敢犯也」，這也就是說，社會法度乃是執道之聖人所制定，如此一來，則「執道者」的地位亦等同於「道」。由此可知，黃

〔註22〕 參見陳鼓應《黃帝四經今註今譯》，頁170。
〔註23〕 吾人可由此處「三時成功，一時刑殺，天地之道也」與《管子》書中「二時成功，二時刑殺」的對比，看出《黃老帛書》最初著作的地域應在《管子》著作的地域（齊地）之南。

老帛書一方面言「道生法」，以天道爲人法的依據；一方面亦將「聖人制法」一事加以合理化、神聖化，說聖人所制之「法」是根源於「道」的，此種「聖人循道以制法」的思路，即可爲「法」樹立起不可動搖的權威。

　　總而言之，黃老帛書所要表達的，就是「循天道以行人事」之意，〈經法・論〉說：

> 人主者，天地之□也，號令之所出也，□□之命也。不天天則失其
> 神。不重地則失其根。不順〔四時之度〕而民疾。不處外內之立（位），
> 不應動靜之化，則事窘（窘）於內而舉窘（窘）於〔外〕。

人主不取法天道就會失去天神助祐，不重視地道就會失去根本支撐，違逆四時法度則會招來民怨，不調整事物至適度之位、不順應天地動靜消息則會遭遇困窘。如此說來，則人主施政必須依據天地之道、四時節度，才能發號施令，贏得民心。

　　綜合以上所論，可以知道，黃老帛書再三強調天地四時之度、外內動靜之化、日月星辰之運動等規律軌範的重要性。因此，不但「終始」、「度數」、「贏縮」、「逆順」等詞語被引入天文曆數的範疇之中〔註 24〕，書中還屢屢出現「天度」、「天時」、「天當」、「天極」〔註 25〕等等詞語，而這些詞彙所指涉的內容皆與「天道」——四時、日月、星體運行的宇宙天象之理相關。

　　檢視此種將天道規律視爲一切事物準則的思路，可以發現，其將「道」等同於「天道」，其實正透露出時人對天文規律、日月運行等問題的關注，唯有對天文問題有相當程度的了解，準確掌握天象運行的規律，才可能有「執道以立法」、「循道以行事」之類的論點〔註 26〕。

〔註 24〕林靜茉認爲「終始」、「度數」、「贏縮」、「逆順」等詞語本是天文曆學用語，其後才引伸作其他意義，例如：「度」、「數」，指日月星辰在周天行經的度數。……除了保有上述數術意含外，還有從度數引伸的度量、權衡與法度的意思。
　　　　對此，筆者以爲，情況可能正好相反，對「度」、「數」而言，「度量」、「數量」之義應較早出現，與天體運行相關的「度數」義則晚出。

〔註 25〕葛兆光指出：「天極」同時出現在《國語・越語下》「贏縮以爲常，四時以爲紀，無過天極，究數而止。」、《管子・勢》「成功之道，贏縮爲寶，毋亡天極，究數而止。」、《稱》「日爲明，月爲晦，昏而休，明而起，毋失天極，究數而止。」這裡所說的「天極」，是日月、贏縮、四時相關的宇宙天象之理，而這種「理」的具體化，就是一些規律性的「數」，按照他們的說法，人們應當參照這些「數」的規則，這就是《道原》中所說的「抱道執度」的「度」。參見氏著《中國哲學史》第一卷，頁 114。

〔註 26〕蕭蓬父認爲：帛書還反復強調了「道」的客觀必然性，認爲：「道之行也，繇（由）不得已」。（〈十大經・本伐〉）規律是事物之間的客觀必然聯繫，帛書

考察古代天文學史，可以知道，古代天文學在春秋戰國時期，已初步確立了基本體系，而戰國中葉時則進一步確立了曆法的制定〔註27〕。而由戰國中期至漢初之間，更是古代天文學一日千里、迅速發展之時〔註28〕，天文曆法學的發達，讓此一時期的人們自認為已經參透天道的奧秘，並將「天行有常」〔註29〕等同於「道」的內涵，宇宙規律的掌握，更讓他們願意進一步探索，將其觸角延伸到天地未生之時。

第三節　宇宙的生成

由黃老帛書對道原問題的討論，可以了解其對天地本源狀態有相當程度的關注；而由黃老帛書對道用問題的討論，則可以看出當時觀測星象、天文曆法的進步，正因如此，有關天地由未生到已生的宇宙生成問題也成為黃老帛書的焦點，〈十大經・觀〉有言：

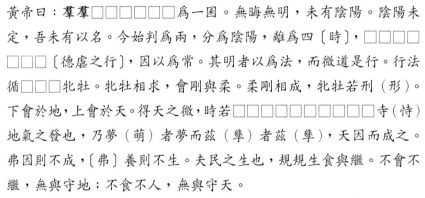

> 黃帝曰：羣羣□□□□□□為一囷。無晦無明，未有陰陽。陰陽未
> 定，吾未有以名。今始判為兩，分為陰陽，離為四〔時〕，□□□□
> □□□〔德虐之行〕，因以為常。其明者以為法，而微道是行。行法
> 循□□□牝牡。牝牡相求，會剛與柔。柔剛相成，牝牡若刑（形）。
> 下會於地，上會於天。得天之微，時若□□□□□□□□□□□寺（恃）
> 地氣之發也，乃夢（萌）者夢而茲（孳）者茲（孳），天因而成之。
> 弗因則不成，〔弗〕養則不生。夫民之生也，規規生食與繼。不會不
> 繼，無與守地；不食不人，無與守天。

在「黃帝曰」的這段文字中，首句即缺六字，陳鼓應先生以為首句應補為「羣羣〔沌沌，窈窈冥冥〕，為一囷」，而「羣羣」應讀為「混混」或「渾渾」〔註30〕。陳氏所補「窈窈冥冥」乃是根據《文子・十守》「天地未形，窈窈

顯然吸取了當時的天文、曆算的科學成就。參見氏著《黃老帛書》哲學淺議，《道家文化研究》第三輯，頁267。
〔註27〕參見陳遵媯《中國天文學史（第一冊）》，台北：明文書局，1984年2月，頁201～202。
〔註28〕新城新藏以春秋中葉至戰國中葉（西元前600～360年）為「制定曆法前之準備時代」，戰國中葉至太初元年（西元前360～104年）為「制定曆法之時代」。參見氏著、沈璿譯《中國天文學史研究》，台北：翔大圖書，1993年11月，頁4。
〔註29〕見《荀子・天論》。
〔註30〕參見陳鼓應《黃帝四經今註今譯》，頁269。

冥冥，渾而爲一」及《淮南子・精神》「古之未有天地之時，惘像無形。窈窈冥冥，芒芠漠閔，澒濛鴻洞，莫知其門」所補。而「沌沌」二字應是根據《呂覽・大樂》「渾渾沌沌，離則復合，合則復離，是謂天常」及《淮南子・詮言》「洞同天地，渾沌爲樸，未造而成物，謂之太一。同出於一，所爲各異」所補。

　　由此可知，陳氏乃是先確立首句所指涉者爲天地未生前的宇宙狀態，因而補「沌沌，窈窈冥冥」六字。因之，吾人亦可以其他形容天地未生的詞彙補上，如將「羣羣（混混）□□」補作「羣羣淪淪〔註31〕」或「羣羣滑滑〔註32〕」。然而，吾人可以質疑：如何能確定此句所要表達的意旨的確是「宇宙未生前，天地混沌未明、窈冥渾一」的狀態？

　　在此，吾人只能以後文所言的內容來進行判斷，首句後文有言「無晦無明，未有陰陽。陰陽未定，吾未有以名」，此句應與首句密切相關，其所欲形容者爲同一事物。而由其下「今始判爲兩，分爲陰陽，離爲四〔時〕」則可反推出首句所言者應爲「昔（時）」陰陽未分、四時未明的情況。再者，按《說文》可知，「囷」字爲「廩之圜者」，也就是圓形的穀倉，則此「囷」字則明顯爲天圓的具象化形容。由上以知，首句所指涉者的確是陰陽未生、明晦未分前的宇宙狀態。作者以「明晦」、「陰陽」、「四時」之確定與否來區別「今」、「昔」之異，而其中之「陰陽」更是產生四時寒暖的關鍵，然而，此時「晦明」與「陰陽」並未發展出先後的區別。

　　而在「離爲四〔時〕」句下，又缺十一字，注家根據《國語・越語下》「德虐之行，因以爲常」而補「德虐之行」四字，而陳鼓應則據《文子・十守》「天地未形，窈窈冥冥，渾而爲一，寂然清澄。重濁爲地，精微爲天，離而爲四時，分而爲陰陽。精氣爲人，粗氣爲蟲，剛柔相成，萬物乃生。」認爲剩下所缺之字應爲「剛柔相成，萬物乃生」〔註33〕。如此則「剛柔相成，萬物乃生」與後文之「柔剛相成，牝牡若刑（形）」所指爲一事。而「今始判爲兩，分爲陰陽，離爲四〔時，剛柔相成，萬物乃生，德虐之行〕，因

〔註31〕按《列子・天瑞》「氣、形、質具而未相離，故曰渾淪。渾淪者，言萬物相渾淪而未相離也」之「渾淪」補。

〔註32〕按《淮南子・原道》「夫道者，覆天載地，廓四方，柝八極，高不可際，深不可測，包裹天地，稟受無形，源流泉浡，沖而徐盈，混混滑滑，濁而徐清」之「混混滑滑」補。

〔註33〕參見陳鼓應《黃帝四經今註今譯》，頁 269～270。

以為常」也就是說，天地由混沌到明朗的進程乃是「分陰分陽」、「四時有別」、「剛柔相推」、「萬物化生」、「賞罰（制度）確立」。

針對賞罰制度的制定，作者又言：「其明者以為法，而微道是行。行法循□□□牝牡。」此亦〈姓爭〉所言：「刑德皇皇，日月相望……刑晦而德明，刑陰而德陽，刑微而德彰。其明者以為法，微道則是行。」這也就是說，「法」的內容為「刑」、「德」，而「刑」、「德」雖同屬於法的範疇，然二者之性質則相異，作者將「刑」與「月」、「晦」、「陰」、「微」並置；而將「德」比擬為「日」、「明」、「陽」、「彰」。而由「刑德」與「日月」、「陰陽」等的比附，可以看出取法自然規律以行人事制度的精神〔註 34〕。賞罰刑德的制度乃由自然規律而出，自然界有明有晦、有陽有陰，是以人間亦應有賞有罰、有德有行。因之，「行法循□□□牝牡」一句之「牝牡」應與「陰陽」、「剛柔」、「明晦」等詞彙同樣象徵了天地間相反而相成的兩股力量。是以其下又言：「牝牡相求，會剛與柔。柔剛相成，牝牡若刑（形）」說明了宇宙間兩股力量的相求、相會、相成。此種交流互動充塞天地之間，是以作者言「下會於地，上會於天」。陰陽柔剛之交會融合，即為萬物生發的前因，是以《莊子・田子方》言「至陰肅肅，至陽赫赫，肅肅出乎天，赫赫發乎地。兩者交通成和，而物生焉」，《淮南子・精神》亦言「剛柔相成，萬物乃形。」黃老帛書此處亦呈現出相同意旨。至此，其論述所蘊含之宇宙生成序列可排列如下：

> 羣羣沌沌（一困）→陰陽（柔剛、晦明、牝牡）（兩）→四時→德虐之行（刑德）〔註 35〕

〔註 34〕正如崔永東所言：在《黃帝四經》中，宇宙論是為政治倫理思想提供一種自然的根據。參見氏著〈帛書《黃帝四經》中的陰陽刑德思想初初探〉，《哲學與文化》廿九卷第四期，2002 年 4 月，頁 344。這也就是李增所說：在《黃帝四經》的「道生法」思想，其實就是「自然法」（聖人觀察天道律則，以制定社會規律，並以「名」表達之，形成法律，此謂之「自然法」）根據「自然律」（自然的規律），「自然律」根於「道」。參見氏著〈帛書《黃帝四經》道生法思想之研究〉，《哲學與文化》廿六卷第五期，1999 年 5 月，頁 410～413。

〔註 35〕陳鼓應指出：〈繫辭〉「易有太極，是生兩儀，兩儀生四象，四象生八卦」之說，所使用的「二」、「四」數字，與〈十大經・觀〉宇宙生成過程「羣羣□□□□□為一困。無晦無明，未有陰陽。陰陽未定，吾未有以名。今始判為兩，分為陰陽，離為四〔時〕……」所表示的數字為一、二、四相似，由此看來，《易傳》的太極生成說或本於道家黃老一系。參見氏著〈道家老學與《周易》經傳思想脈絡詮釋〉，《臺大文史哲學報》第五十四期，2001 年 5 月，頁 212。歐崇敬亦有言：〈觀〉中建構了一段近似《易傳》的萬物宇宙生成過程，並以混混（群群）陰陽、四時、天地、晦明、剛柔為綱領，可說是〈繫

其下又言：「得天之微，時若□□□□□□□□□寺（恃）地氣之發也，乃夢（萌）者夢而茲（孳）者茲（孳），天因而成之。」雖此處缺十字，然由「得天之微」、「寺（恃）地氣之發」，而後「夢（萌）者夢而茲（孳）者茲（孳）」仍可看出，此句乃是說明：萬物的萌生孳長需要天之精微與地氣之發動。針對「天之微」一詞，論者多由「地氣」與「天之微」相對，推斷「天之微」所指應是「天之氣」。然而，黃老帛書中並無「天氣」或「天之氣」一詞。再者，「天之微」亦可釋爲「天道之微」，且「天道」一詞在黃老帛書中普遍出現。如此說來，則「天道之微」的解釋應較「天氣之微」更爲合適。是以此句乃言萬物得天道之精微，及地氣之助成而能孳長繁衍。而天道之精微性（天之微）乃是針對天道之規律而言，所以下文說：「弗因則不成，〔弗〕養則不生」，也就是說，不依循天道的規律，不接受地道的養育，萬物就無法生成長育。

緊接著萬物的生成，作者也說明了人類的部分，其言：「夫民之生也，規規生食與繼，不會不繼，無與守地；不食不人，無與守天。」人類一出生，就懂得飲食生存、繁衍後代的道理，若不從事這些飲食男女之事，將導致不能培育子孫、繁衍後代的後果，這也就違背了天地之道。而「得天之微」至此段末所呈顯者乃是「天之微」與「地之氣」能導致「物之成」與「民之生」之義，且其論述較《象傳・益卦》：「天施地生，其益無方。」、《象傳・泰卦》：「『《泰》：小往大來，吉，亨。』則是天地交而萬物通也。」等「天地生萬物」之論來得詳細深入。

第四節　「一」

在《老子》書中，已將「一」視作是道創生萬物的關鍵，貫串形上與形下的竅門，學者亦由郭店本《老子》與其他版本的差異提出：「有關『一』的論述可能爲後人所加」的假說。而在黃老帛書中，有關「一」的討論已蔚爲大觀，以下試論之。

辭〉的先前發展表述。參見氏著《中國哲學史》先秦卷，台北：洪葉文化，2001 年 10 月，頁 263。

對此，筆者以爲：二者在數字進程上的確有相似性，然而，〈繫辭傳〉之說原義是在說明《周易》的筮法，其宇宙生成的意涵應該視作漢代易學的發揮。參見朱伯崑《易學哲學史》，台北：藍燈文化，1991 年 9 月，頁 74。

　　黃老帛書中所論之「一」的意義自然與「道」息息相關〔註36〕，是以〈道原〉篇有言：「一者其號也」，以「一」為「道」之稱。在黃老帛書中，論者常以「一」恆定不變的意象來形容天道之恆常，舉例如下：

〈經法·論〉：天執一，明〔三，定〕二，建八正，行七法……岐（蚑）
　　　　　　行喙息，扇蜚（飛）需（蠕）動，無□□□□□□□
　　　　　　□□□不失其常者，天之一也。

〈道原〉：恒無之初，迥同大（太）虛。虛同為一，恒一而止。

〈道原〉：一度不變，能適規（蚑）僥（蟯）。

〈道原〉：夫為一而不化：得道之本，握少以知多；得事之要，操正
　　　　　　以政（正）畸（奇）。

「恒一而止」、「一度不變」、「一而不化」與「不失其常，天之一也」都顯現出「一」所代表的是「道」恆定永久、不可變易的意義。

　　此外，黃老帛書亦提及了「一」介於道物之間的這一層意義，〈十大經·成法〉曰：

黃帝曰：一者，一而已乎？其亦有長乎？力黑曰：一者，道其本也，
胡為而無長？□□所失，莫能守一。一之解，察於天地；一之理，
施於四海。何以知□之至，遠近之稽？夫唯一不失，一以騶化，少
以知多。夫達望四海，困極上下，四鄉（向）相枹（抱），各以其道。
夫百言有本，千言有要，萬〔言〕有蔥（總）。萬物之多，皆閱一空。
夫非正人也，孰能治此？罷（彼）必正人也，乃能操正以正奇，握
一以知多，除民之所害，而寺（持）民之所宜。總凡守一，與天地
同極，乃可以知天地之禍福。

在此段引文中，力黑說明「一」為道之根本，其蹤迹遍及天地，其道理廣達

〔註36〕有學者以為，「道」即是「一」如：鍾肇鵬即言：「『道』又稱作『一』，『一』是黃老哲學的最高範疇。」見氏著〈漢初黃老學派〉，收入任繼愈《中國哲學發展史》秦漢篇，頁107。葛榮晉言：「道」是「一」，參見氏著〈試論《黃老帛書》的「道」和「無為」思想〉，《中國哲學史研究》1981年第3期，頁48。蕭萐父亦言：這個「道」，又可稱為「一」，參見氏著《黃老帛書》哲學淺議〉，收入《道家文化研究》第三輯，頁266。又如孫以楷、陳廣忠所言：《黃帝四經》還把道稱之為「一」。《十六經·成法》中有：「一者，道其本也。」這裡的「道」與「一」是同一範疇，參見氏著《道家文化尋根》，合肥：安徽人民出版社，2001年12月，頁189。
對此，筆者以為：「道」與「一」的意涵的確有其重疊性，然二者仍有差異。

四海，無論遠近皆無所不至。他又說：「一」促使事物發生變化，是萬物由少至多的關鍵。四海之內、四方上下的萬事萬物，都是依循各自的規律不斷運行著。然而，若是追尋萬物之根源，就會發現芸芸萬物皆由「一空（孔）」而出。而此「一空（孔）」其實也就是「一」的具象化，說明了「一」乃是萬物生成的門戶，因之，「守一」就成了順成萬物運行的重要關鍵，是以下文又說：唯有德行美好的聖人才能夠「握一以知多」、「守一與天地同極」。在此，「握一」及「守一」的意義即是要明瞭萬物化生之理、宇宙生成之源〔註37〕。

　　由以上兩段引文可以發現，黃老帛書所言之「一」所含包的意涵不僅是貫穿道、物之間的門戶而已，「一」既是天地萬物化生之理，亦是恆定不易之「道」。在黃老帛書中，「一」與「道」兩者的意義雖有所重疊，卻又不能完全等同，論者有時將「一」與「道」混用，有時又將兩者加以區別。

第五節　「神明」

　　在〈經法・名理〉中，有一段關於「神明」的論述，其言曰：

> 道者，神明之原也。神明者，處於度之內而見於度之外者也。處於
> 度之〔內〕者，不言而信；見於度之外者，言而不可易也。處於度
> 之內者，靜而不可移也；見於度之外者，動而不可化也。靜而不移
> 〔註38〕，動而不化，故曰神。神明者，見知之稽也。

此言「道」為「神明」的根源，可與《莊子・天下》所言：「『神何由降？明何由出？』『聖有所生，王有所成，皆原於一。』」相印證。又言「神明」處於「度之內」，又見於「度之外」。此「度」即是〈經法・論〉所言之「天度」，也就是「天地之度數」。「神明」處於天地度數之內，而能統領天下，使萬物運作順暢，其影響所及遍在宇宙，其功能效果見於度數之外。「神明」無論「言」或「不言」；「動」抑或「靜」，其作用都是不可移易、真確可信

〔註37〕歐崇敬以為：〈道原〉中的「一」乃是隱合於萬物內在的質性，無固定形式，無處不在，是一切使生命具有生機的基礎，亦是萬事運作的基礎。對此，筆者以為，歐氏所言「一」的這一層意義，其實在〈道原〉中並不明顯，反而在〈十大經・成法〉中可見此義。歐氏之論見氏著《中國哲學史》先秦卷，頁269。

〔註38〕「靜而」之前本有「動而」二字，應為衍文，故刪之。參見陳鼓應《黃帝四經今註今譯》，頁235。

的。由此可知，天地之運作規律順暢，事情處在適度的狀態〔註39〕，此即是「神明」的表現，而「神明」作用的根源即是「道」。總之，「神明」即是「道」的靈妙質性，可以居中以應外、執簡以御繁；亦是可見可知、萬事萬物之所以然的根源〔註40〕。

　　「神明」本爲「神」與「明」所組合的複合詞，然「神明」一詞的意涵亦有單獨由「神」表達者，舉例如下：

　　　　〈經法・論〉：不天天則失其神，不重地則失其根。

　　　　〈經法・論〉：天天則得其神，重地則得其根。

　　　　〈道原〉：恒無之初，迥同大虛。虛同爲一，恒一而止。濕濕夢夢，
　　　　　　　　　未有明晦。神微周盈，精靜不配（熙）。

在這些例子中，「神」所指皆爲道的靈妙奇奧，由此可知，「神」亦可以表達出「神明」的意涵。

　　前已有言，在《莊子》外雜篇中，亦有以「神」來形容天之靈妙莫測者，「神而不可不爲者，天也」（〈在宥〉）、「莫神於天」（〈天道〉）、「天地至神」（〈天道〉）皆在形容天地運作的靈妙功能，而「神明」的意義也等同於「神」，〈天下〉篇所言：「判天地之美，析萬物之理，察古人之全，寡能備於天地之美，稱神明之容」即是一個例子。「神明」、「神」的實質內涵其實也就是天地之規律秩序。這些論點，與黃老帛書有極大的相似性。

　　再者，《莊子》外雜篇亦以爲：有德之人能夠「立之本原而知通於神」（〈天地〉），「淡然獨與神明居」（〈天下〉）是聖人修養的最高境界，是以知「神」、「神明」乃是可以領會之事。而在黃老帛書中，其所言之聖人之「神」乃是一種客觀體察、空靈精明的認知方式〔註41〕，〈經法・論〉有言：

〔註39〕〈經法・論〉說：「適者，天度也。」

〔註40〕王博將「度之內」解爲「度的實質」、「度的依據」，「度之外」解作「度的具體表現」，又將「靜而不移，動而不化，故曰神」釋爲「神明的性質不移不化，是恒定的。」然而，其對「處於度之內者，靜而不可移也；見於度之外者，動而不可化也」沒有進一步的解釋，參見氏著《太一生水》研究），《簡帛思想文獻論集》，台北：台灣古籍出版社，2001 年 5 月，頁 222。

　　　　筆者認爲王氏之論可備一說，並推論其對其對「處於度之內者，靜而不可移也；見於度之外者，動而不可化也」的解釋應爲「神明不移不化，靜則爲度的依據，動則爲度的具體表現」。

〔註41〕鍾肇鵬有言：「神明」是指精神智慧，它成爲人們認識能力的源泉與標準。參見氏著《中國哲學發展史（秦漢卷）》，頁 109。

〔強生成，成〕生惠，惠生正，〔正〕生靜。靜則平，平則寧，寧則
素，素則精，精則神。至神之極，〔見〕知不惑。帝王者，執此道也。

由是以知，聖人之所以神妙莫測，乃因其時時保有端正平靜、無欲安寧的心
理狀態，所以能夠正確地認識外物。是以聖人之「神」乃是經由客觀體察而
來，而這種客觀體察，其實也就是爲了要明瞭萬物運作的規律。因此，黃老
帛書之論聖人之「神」雖與《莊子》外雜篇有著「客觀觀察」與「主體修養」
此項進路上的差異〔註42〕，然而，其皆認爲「神」與自然之軌則、宇宙之秩
序密切相關。

　　關於「神明」一詞的流變，王博指出：

「神明」起初本是用來指稱外在的神靈的概念，但是到了戰國中後
期，它卻成了一個重要的哲學範疇，《莊子》、《管子》、《繫辭》、《文
子》、《韓非子》等都在大體相同的意義上使用這一概念。關於「神
明」之由宗教意義而轉變爲哲學意義的具體時間，從現有的文獻資
料來看，我以爲與《四經》有密切的關聯。《經法·名理》云：「道
者，神明之原也。……」這當是哲學史上對「神明」意義的第一次
規定，或許正從這開始，「神明」纔上昇爲一個哲學範疇。以後，不
論是《莊子》、《管子》，亦或是其他什麼書，都是在《四經》規定「神
明」的意義上來使用這一概念，而未加以新的界說。〔註43〕

對此，筆者認爲：若吾人運用單詞的出現必早於複合詞此一研究方式，就會
發現，在黃老帛書中，「神明」一詞只出現兩次，而且是出現在同一處的討
論中，而在《莊子》外雜篇中，則出現了六次，並且是在不同的六個段落，
由此可知，「神明」一詞在《莊子》外雜篇著作之時，已受到廣泛的運用。
然而，「神明」由宗教意義（其實這也就是「神明」一詞的本義）上昇爲哲

然而，筆者以爲：《黃老帛書》其實並非以「神明」爲認識的標準，它是説：
道的「神明」作用呈現在萬物的規律運行中，而這乃是可以體會認識的，若
能體認道之「神明」，就代表此人（聖人）的認知能力超乎常人。

〔註42〕黃漢光認爲：《黃老帛書》對道的把握，是透過理性的運用，以知解的方式掌
握的；此種工夫乃是保持冷靜，絕不參入主觀見解，以透顯知性的知解能力，
以了別客觀世界的工夫。這和老子由虛靜的實踐工夫以體証道的存有實況，
顯然有分別。由虛靜的實踐工夫所體証的道，是一種境界；而以知性的方式
掌握的道，則是個理性的對象，是個客觀的形上實體。這不起變化的客觀的
形上實體，在《黃老帛書》中，主要指的就是大自然客觀的規律。參見氏著
《黃老之學析論》，台北：鵝湖出版社，2000年5月，頁60。

〔註43〕參見王博《〈黃帝四經〉和〈管子〉四篇》，《道家文化研究》第一輯，頁203。

學意義，卻不一定是由黃老帛書拔得頭籌。因爲，黃老帛書中「神明」定義
的形成也有可能是經由前代哲人共同論述，才逐漸形成的。而此「前代哲人」
也不能排除是「莊子後學」的可能性。另外，郭店竹簡〈太一生水〉中「大
一生水，水反輔大一，是以成天。天反輔大一，是以成地。天地〔復相輔〕
也，是以成神明。神明復相輔也，是以成陰陽」之說，將「神明」置於「天
地」之後，「陰陽」之前，作爲宇宙生成的一環，亦與此論題相呼應。然而，
〈太一生水〉、黃老帛書與《莊子》外雜篇對「神明」的說明孰先孰後，今
日亦難以明確釐清。

第六節　「陰陽」與「氣」──兼論「五正」之說

　　前已有言，「極而反」乃是「天之性」，盛極而衰、物極必反乃是天道之
規律，是以晝而後有夜，晦而後有明，寒暑交替，四時相代，此即是天地之
常，因此，〈經法‧道法〉有言：「天地之恒常，四時、晦明、生殺、輮（柔）
剛。」在此，對於「四時」、「晦明」等自然現象，黃老帛書亦將其抽象化爲
兩股矛盾對反又相助相成的力量──「生殺」與「輮（柔）剛」〔註44〕。〈十
大經‧果童〉亦有言曰：

> （觀天於上，視地於下，而稽之男女。）夫天有〔恒〕幹，地有恒
> 常。合□□常，是以有晦有明，有陰有陽。夫地有山有澤，有黑有
> 白，有美有亞（惡）。地俗德以靜，而天正名以作。靜作相養，德虐
> 相成。兩若有名，相與則成。陰陽備物，化變乃生。

天地間本存在著恒常不易的規律，在此律則之下，天有晦明、陰陽，地有山
澤、黑白、美惡，這些矛盾對立本然存在。地以「清靜」培育萬物長養之德，
天以「運作」正定萬事之名分法度。靜作相互涵養，德刑相輔相成，這些皆
是天地間相反相成、相互消長的對反勢力，然而，也正由於如此，天地之循
環變化才得以順利運作。因此，引文末句言：陰陽含備於萬物之中，而消長

〔註44〕張運華有言：《黃帝四經》認爲，一切事物都包含著互相對立的方面，都是對
　　　立面的互相統一，正是事物這種既對立又統一的屬性，促成了事物的運動變
　　　化。參見氏著《先秦兩漢道家思想研究》，長春：吉林教育出版社，1998 年
　　　12 月，頁 175。又，葛瑞漢指出：在中國文化中，二元對立無疑居於中心地
　　　位，中國傾向於把對立雙方視之爲互補，西方則強調衝突。參見氏著〈陰陽
　　　與關聯思維的本質〉，收入艾蘭、汪濤、范毓周主編《中國古代思維模式與陰
　　　陽五行說探源》，南京：江蘇古籍出版社，1998 年 6 月，頁 22～23。

變化由此而生。其將「陰陽」視作是促成天地萬物生滅消長的關鍵因素，也就是將此種對反矛盾的力量視作是天地變化、萬物生成、事物運作的最終根源〔註45〕。

　　針對陰陽、柔剛等對反力量的運作方式，〈十大經・姓爭〉亦有載曰：

> 夫天地之道，寒涅（熱）燥濕，不能並立。剛柔陰陽，固不兩行。
> 兩相養，時相成。居則有法，動作循名，其事若易成。

此言：寒與熱、燥與濕，是不能夠同時作用的，剛與柔、陰與陽，也不能夠同時並存。雖然，兩股勢力相互對反、不能並立，然而，其亦互相涵養、互助相成。天地之動靜變化皆循此法則而行。〈十大經・觀〉亦說道：

> 是□□贏陰布德，□□□□□民功者，所以食之也；宿陽脩刑，童
> （重）陰長，夜氣閉地繩（孕）者，〔所〕以繼之也。不靡不黑，而
> 正之以刑與德。春夏爲德，秋冬爲刑。先德後刑以養生。姓生已定，
> 而適（敵）者生爭，不謹不定。凡謹之極，在刑與德。刑德皇皇，
> 日月相望，以明其當，而盈〔絀〕無匡。

由此處之「贏陰布德」、「宿陽脩刑」可以知道，陰陽消長的情形是：「陰」滿盛時，「陽」就開始萌動；「陽」滿盛時，「陰」就開始萌生。「陰」長養之下，夜氣閉合，大地孕育生機，由此可以反推，「陽」長養之下的情形，應是晝氣開展，成就民功。由天道下推人事，可以知道，對於人民之治理，亦應效法天地之常軌，有德有刑，有賞有罰。可見陰陽並非決然對立的兩端，而是彼消我長的一體。而陰陽原則，實是晝夜、晦明、寒熱、燥濕等自然對立現象的抽象化。

　　在黃老帛書中，「陰陽」所指涉者不僅止於自然界，亦含包人事。〈稱〉篇有言曰：

> 凡論必以陰陽□大義。天陽地陰，春陽秋陰，夏陽冬陰，晝陽夜陰。
> 大國陽，小國陰；重國陽，輕國陰。有事陽而無事陰，信（伸）者
> 陽而屈者陰。主陽臣陰，上陽下陰，男陽〔女陰，父〕陽〔子〕陰，
> 兄陽弟陰，長陽少〔陰〕，貴〔陽〕賤陰，達陽窮陰。取（娶）婦姓
> （生）子陽，有喪陰。制人者陽，制於人者陰。客陽主人陰。師陽
> 役陰。言陽黑（默）陰。予陽受陰。

〔註45〕白奚曾指出，在《黃帝四經》中，宇宙的運動就是從陰陽的對立統一開始的，並認爲矛盾現象都是陰陽這基本矛盾的具體表現。參見氏著《稷下學研究》，頁116。

在上論中，黃老帛書不只將天地、春秋、夏冬、晝夜等自然現象納入陰陽規範，亦將人事關係，甚而國力大小一併納入〔註46〕，在今日看來，這樣的比附當然無理可言，然而，吾人可以瞭解，作者企圖建立一個以陰陽二分為中心的運作體系。「陰陽」的涵蓋性愈廣，其抽象化的程度也愈高，因此，「陰陽」概念發展至此，已不只是天地萬物生成的關鍵而已，更是天地間萬事萬物區辨的總綱，這也就是說，事物雖然有著表象上的差異，但是其本質皆可納入「陰陽」的規範；自然與人事的生滅變異，看來各不相同，推究至極，亦不過「陰陽」之消長而已。是以〈經法・四度〉亦言：「當者有〔數〕，極而反，盛而衰：天地之道也，人之李（理）也。逆順同道而異理，審知逆順，是胃（謂）道紀。」

「陰陽」範疇在黃老帛書中已可含蓋自然界與人事界，然而，在《莊子》外雜篇中與「陰陽」緊密結合的「氣」，在黃老帛書中的記錄卻不多見，其中與自然界相關的「氣」更只有三者，羅列如下：

〈十大經・觀〉：得天之微，時若□□□□□□□□□□寺（恃）地
　　　　　　　氣之發也，乃夢（萌）者夢而茲（孳）者茲（孳），
　　　　　　　天因而成之。

〈十大經・觀〉：是□□贏陰布德，□□□□□民功者，所以食之也；
　　　　　　　宿陽脩刑，童（重）陰長，夜氣閉地繩（孕）者，〔所〕
　　　　　　　以繼之也。

〈道原〉：天地陰陽，〔四〕時日月，星辰雲氣，規（蚑）行僥（蟯）
　　　　重（動）……

雖然自然之「氣」只有三例，然而，除了「雲氣」之外，其餘二例皆與萬物生成之事相關，「寺（恃）地氣之發也，乃夢（萌）者夢而茲（孳）者茲（孳），天因而成之」即說明了萬物的化生乃需「地氣」的發動〔註47〕。而「童（重）

〔註46〕白奚有言：《四經》把陰陽之理應用於政治領域，首創了陰陽刑德的理論，是《四經》四時教令思想的主要內容。《四經》陰陽刑德理論的基本思想，是把一年分為春夏和秋冬兩段，主張「春夏為德，秋冬為刑」，以符「陽節」「陰節」。到了《管子》，則把四時教令具體落實到每一個季，而《呂氏春秋》更進一步把四時教令具體落實到每一個月。參見氏著〈《黃帝四經》早出之新證〉，收入《道家文化研究》第十四輯，頁273。

〔註47〕鍾肇鵬曾指出：《黃老帛書》將「地氣」萌發作為萬物孳生的必要條件，然而，筆者不贊同他「《黃老帛書》已有『氣』為自然萬物本原的概念」之說，筆者

陰長，夜氣閉地繩（孕）者，〔所〕以繼之也。」則指出：「陰」長養之下，夜氣閉合，如此則大地方能孕育生機，而由此更可以反推，「陽」長養之下，最有可能的情狀是「晝氣開展，以成就民功」，而「夜氣」、「晝氣」皆與「陰陽」密切關連，是以「陰陽」與「氣」之連結亦呼之欲出。

由此可知，在黃老帛書中，雖然「氣」論尚未得到太多的發展，「陰陽」亦未與「氣」結合，但「地氣」與「夜氣」的例子都說明了，「氣」已與萬物之化生息息相關。

此外，必須加以說明的是有關「五正」的問題。論者多以其與「木、火、土、金、水」之「五行」說有關連，筆者卻以為，就文本看來，黃老帛書的「五正」說應該與「五行」之說沒有關連。「五正」出於〈十大經·五正〉，其原文如下：

> 黃帝問閹冉曰：吾欲布施五正，焉止焉始？……對曰：五正（政）既布，以司五明。左右執規，以寺（待）逆兵。

而除了黃老帛書之外，《管子》、《鶡冠子》、長沙楚帛書〈天象〉亦出現「五正」或「五政」，這更增加了問題的複雜性。其中，又以《鶡冠子·度萬》所言：「天地陰陽，取稽於身，故布五正以施五明，十變九道，稽從身始，五音六律，稽從身出。」最可以明確看出《鶡冠子》「五正」說與黃老帛書「五正」說的直接關係。再者，楚帛書〈天象〉的「五正」說則為：「群神五正，四興堯祥，建恆懌民，五正乃明。」從字面上來說，似乎亦與黃老帛書「五正」說有關。

其次，《管子》中有關「五正」的說法則分別出現於《管子·禁藏》：「當春三月……發五正……夏賞五德……秋行五刑……冬收五藏。」與《管子》〈四時〉篇，在〈四時〉篇中，「五政」乃是春夏秋冬四時所發佈的五種政令，以春季為例，其原文為：「是故春三月以甲乙之日發五政。一政曰：論幼孤，舍有罪。二政曰：賦爵列，授祿位。三政曰：凍解修溝瀆，復亡人。四政曰：端險阻，修封疆，正千伯。五政曰：無殺麛夭，毋蹇華絕萼。五政苟時，春雨乃來。」由此可知，《管子》中的「五政」乃是各季發佈的五種政令，其與「木、火、土、金、水」的「五行」說應該沒有關連〔註48〕。

以為「氣」為萬物本原的思想並不存在於《黃老帛書》中。鍾氏之論見氏著〈漢初黃老學派〉，收入任繼愈《中國哲學發展史》秦漢篇，頁111。
〔註48〕王博指出：《鶡冠子》中的「五正」顯然是從《十六經》而來，《管子》中的

　　因此，吾人可將討論焦點置於楚帛書〈天象〉與《鶡冠子‧度萬》的「五正」說上。針對楚帛書〈天象〉的「五正」說，李零將〈天象〉出現的第一個「五正」解釋爲《左傳》的「五行之官」，《左傳‧昭公二十九年》有載：「故有五行之官，……木正曰句芒，火正曰祝融，金正曰蓐收，水正曰玄冥，土正曰后土。」而將第二個「五正」讀爲「五行之政」，因爲「古代典政之官叫正，官所司事也叫正。」〔註49〕由此可知，在楚帛書〈天象〉中，「五正」與五行之說有密切關係。

　　而在《鶡冠子》書中，五行體系已建立起大致之規模，「五行」與「五方」、「五音」、「五度」、「四時」、「四象」、「四臣」、「四德」皆有明顯的對應關係，是以「五」已成爲《鶡冠子》制定人事體制的理想數字，因此，《鶡冠子‧度萬》中之「五正」、「五明」似乎是可以納入《鶡冠子》中五行體系內，但就文本看來，「五正」、「五明」並沒有與「五行」直接配對。

　　由此看來，楚帛書〈天象〉與《鶡冠子》的「五正」說皆與五行說有關，然而，吾人是否可由此推論出黃老帛書的「五正」說也必然與五行相關？正如白奚所言：

　　《四經》中有比較豐富的陰陽思想，但卻不見五行思想。雖出現了「五逆」、「五正（政）」字樣，但亦有「六逆」、「八正」以及「四度」、「三名」、「六分」、「七法」、「三凶」、「六危」等提法，可見「五逆」、「五正」不過是《四經》政治思想中的經驗之談，並無五行說的意味。特別是《四經》中既沒有出現特定含義的金、木、水、火、土字樣，而且也沒有出現五方、五色、五音、五味等自春秋以來就已程式化了的五行說的基本配當條目。這同《管子》的差異是顯而易見的。這一差異清楚地表明，在《四經》的時代，陰陽與五行兩説尚無合流的迹象〔註50〕。

　　「五正」，李學勤先生認爲可能和《十六經》、《鶡冠子》不是一個系統。就《十六經》來說，「五正」可能和子彈庫帛書中「五正乃明」中之「五正」同義，指五行之政，而且，「五正既布，以司五明」，好像也與「五正乃明」有些聯繫。參見氏著〈論《黃帝四經》產生的地域〉，收入《道家文化研究》第三輯，頁223。

〔註49〕參見李零《長沙子彈庫戰國楚帛書研究》，北京：中華書局，1985年7月，頁60。

〔註50〕參見白奚《黃帝四經》早出之新證〉，收入《道家文化研究》第十四輯，頁272。

在黃老帛書中，並無五行思想，更遑論一套五行體系，既然沒有內證的支持，吾人如何可說黃老帛書的「五正」明顯帶有五行意味？再者，考察黃老帛書，可以發現另有「五逆」及「五邪」之說，其原文如下：

〈經法・國次〉：陽竊者疾，陰竊者几（飢），土敝者亡地，人埶者
　　　　　　　　失民，黨別者亂，此胃（謂）五逆。

〈十大經・成法〉：夫是故讒民皆退，賢人減（咸）起，五邪乃逃，
　　　　　　　　年（佞）辯乃止。

由此可知，「五逆」及「五邪」同樣與五行思想沒有任何關連，若吾人硬要強加「五行」思想於「五正」之上，那麼「五逆」、「五邪」是否也要納入五行體系之中？是以筆者以為，黃老帛書的「五正」只是五種政令而已，「五正」與五行思想並無關連。

第七節　結　語

藉由上文的討論，可以知道：正因對「道原」及「道用」問題的追尋，黃老帛書開始對宇宙生成議題展開探索，「觀之大古，周其所以，索之未無，得其所以」（〈道原〉）乃是此時哲人的興趣所在，而「一」、「神明」、「陰陽」、「氣」等論題皆與此密切相關。這些討論所反映的，即是黃老道家將《老子》之「道」等同於客觀規律，等同於創生實體的詮釋理路。

第五章 〈太一生水〉的宇宙生成論及其相關問題

　　湖北荊門郭店楚墓竹簡的出土爲近年學術界之盛事，其中與郭店《老子》合抄的〈太一生水〉，更引發了研究學者的極大關注。〈太一生水〉之所以引人注目，乃因其內容不見於今傳之典籍，其中一段有關宇宙生成的論述，更是吾人探討戰國時期宇宙生成思想不可忽略的一環。

　　在討論〈太一生水〉的宇宙生成論問題前，筆者欲先對〈太一生水〉的學派、創作時間與地點等問題作一簡略說明。關於〈太一生水〉的學派問題，學者聚訟紛紜，對此，筆者以爲：現今並無確切證據可以證明〈太一生水〉必然出於某一學派之手〔註1〕，然而，由〈太一生水〉與《老子》合抄一事，可以看出〈太一生水〉與道家應有密切的關連〔註2〕。再者，〈太一生水〉所

〔註1〕 李學勤指出：《莊子‧天下》云：「……關尹、老聃聞其風而悅之，建之以常無有，主之以太一……」以老聃、關尹爲一派，其學「建之以常無有」，尚可與《老子》對應，「主之以太一」則不見於《老子》，當爲關尹的學說。因之，〈太一生水〉應出於關尹學派之手。王葆玹贊同其說，並指出：《呂氏春秋‧不二》言：「關尹貴清」，《莊子‧天下》說：關尹「其動若水，其靜若鏡，其應若響。芴乎若亡，寂乎若清。」這些都是關尹「尚水」的證據。李氏之論見氏著〈荊門郭店楚簡所見關尹遺說〉，《郭店楚簡研究》（《中國哲學》第二十輯），瀋陽：遼寧出版社，2000年1月，頁161～162。王氏之論見氏著《老莊學新探》，上海：新華書店，2002年5月，頁87～89。
　　對此，筆者以爲：戰國時期道家文獻中，言「太一」者不知凡幾，可見「太一」不可能專屬於某一學派。再者，老子、關尹都有「尚水」之說，然其所尚之「水」與〈太一生水〉之「水」，其實有所差距，二者並非同一物（詳見下論）。因此，〈太一生水〉出於關尹學派的說法，恐怕還需要更多的證據來支持。

〔註2〕 李學勤認爲：〈太一生水〉形制及書體均與《老子》丙相同，原來可能與《老

討論的宇宙生成思想與其強調的歲時之義，亦與陰陽家有一定關涉，所以，〈太一生水〉與道家及陰陽家都有關連性。事實上，道家與陰陽家對宇宙生成問題皆有一定程度的關注，古代哲人在論及此一問題時，實未以道家或陰陽家自居，道家與陰陽家對於此一問題的討論其實是難分彼此的。筆者以為：〈太一生水〉應可納入黃老道家之範疇，因為「黃老道家」本是揉合陰陽之說的，〈太一生水〉對於宇宙生成以及天道論的關注，亦與其他黃老道家作品同出一轍。

至於〈太一生水〉的創作時間與地點，筆者以為在確切證據出現之前，所有推論皆可能只是讀者一己之推測，是以吾人應採取從嚴認定的謹慎態度。正如強昱所言：「古代哲人興趣不同，學術區域存在差別，難以具有統一的惟一的思想前後演進的序列的事實，更應慎重對待它與其它典籍的離合關係。〔註3〕」目前為止，吾人只能就〈太一生水〉之出土地點與協韻特徵判斷其為南方作品〔註4〕。

其次，〈太一生水〉與《黃帝四經》〔註5〕、《鶡冠子》〔註6〕間的關連性也是學者討論的焦點，〈太一生水〉中「太一」、「天地」、「神明」、「陰陽」、「四時」等概念不僅見於《黃老帛書》與《鶡冠子》，亦見於《莊子》外雜篇等書，由此可見〈太一生水〉與《黃老帛書》、《莊子》外雜篇及《鶡冠子》皆有密切的關係。

以下筆者將先就〈太一生水〉的宇宙生成論進行討論，再就〈太一生水〉

子》丙合編一冊。因此，沒有理由把這十四支簡分立出來。參見氏著〈太一生水的數術解釋〉，收入陳鼓應主編《道家文化研究》第十七輯，北京：生活・讀書・新知三聯書店，1999年8月，頁297。

〔註3〕 見強昱《〈太一生水〉與古代的太一觀》，《道家文化研究》第十七輯，頁367。

〔註4〕 趙建偉指出：〈太一生水〉在協韻上以協陽聲韻為主，這與《楚辭》（包括《黃帝四經》、《周易》的《象傳》、《文言傳》）等南人作品的協韻特點相同。參見氏著〈郭店楚墓竹簡《太一生水》疏證〉，《道家文化研究第》十七輯，頁382。

〔註5〕 強昱指出：凡〈太一生水〉中出現的重要概念，大都可以在《黃帝四經》中找到解釋。參見氏著《〈太一生水〉與古代的太一觀》，《道家文化研究》第十七輯，頁353。

〔註6〕 莊萬壽指出：〈太一生水〉的結構、詞彙與思想和《鶡冠子》有很大的重疊，從至上的「太一」，上天是氣，下地是土（形），而「陰陽」也都由神明而來，特別是有「地溼」、「天燥」的共同語。而最大的歧異是這二篇（筆者按：此指《鶡冠子》〈泰鴻〉、〈泰錄〉）沒有「泰一」生「水」而有複雜的五行思想。參見氏著〈太一與水之思想探究──〈太一生水〉楚簡之初探〉，《哲學與文化》廿六卷第五期，1999年5月，頁398。

的天道觀作一考察，以釐清相關問題。

第一節　宇宙生成論

　　爲了方便討論，茲先將〈太一生水〉中有關宇宙生成的文字摘錄如下：

　　　　大一生水，水反輔大一，是以成天。天反輔大一，是以成地。天地
　　　　〔復相輔〕也，是以成神明。神明復相輔也，是以成陰陽。陰陽復
　　　　相輔也，是以成四時。四時復〔相〕輔也，是以成寒熱。寒熱復相
　　　　輔也，是以成濕燥。濕燥復相輔也，成歲而止。故歲者，濕燥之所
　　　　生也。濕燥者，寒熱之所生也。寒熱者，〔四時之所生也〕。四時者，
　　　　陰陽之所生〔也〕。陰陽者，神明之所生也。神明者，天地之所生也。
　　　　天地者，大一之所生也。是故大一藏於水，行於時，周而又〔始，
　　　　以己爲〕萬物母；一缺一盈，以己爲萬物經。此天之所不能殺，地
　　　　之所不能埋，陰陽之所不能成。君子知此之謂〔□，不知者謂□。
　　　　■〕〔註7〕

此段文字可以劃分爲「大一生水……成歲而止」、「故歲者，濕燥之所生也
……天地者，大一之所生也」與「是故大一藏於水……君子知此之謂……」
三個部分，以下筆者將就此三部分逐一討論。

一、第一部分（由「大一生水」至「成歲而止」）

　　第一部分爲〈太一生水〉宇宙生成論的主幹，需要詳加討論的問題大多
集中於此，爲了避免行文之雜蔓，筆者將以論題的方式進行研討。

（一）「太一」

　　在〈太一生水〉的宇宙生成關係中，「太一」很明顯地居於主導地位，
是整個宇宙發生過程的發動者，而在〈太一生水〉的宇宙生成論中，「水」、
「天」、「地」乃是與「太一」直接相關者。有關「太一」的性質與內涵問題，
藉由前賢之討論，可以知道：「太一」一詞很可能流行於戰國中期偏後，約
略相當於莊屈的時代，《楚辭》、《莊子》、《荀子·禮論》、《呂氏春秋·大樂》、
《鶡冠子·泰鴻》、〈泰錄〉、《禮記·禮運》中皆載有關於「太一」的文字。

〔註7〕　本文所引用之〈太一生水〉原文採自李零《郭店楚簡校讀記》，北京：北京大
　　　　學出版社，2002年3月，頁32～33。以下不另附註。

此時，「太一」一詞可以歸納出三個意涵：分別爲「北極」、「神祇（北極神）」及「天地之源」〔註8〕。如《鶡冠子・泰鴻》所說：「泰一者，執大同之制，調泰鴻之氣，正神明之位者也。故九皇受傅，以索其然之所生。傅謂之得天之解，傅謂之得天地之所始。」、「南方者，萬物華羽焉。西方者，萬物成章焉，故調以商。北方者，萬物錄臧焉，故調以角。中央者，太一之位，百神仰制焉，故調以宮。」即包含了這三層意義。

按照常理推斷，具體義之出現應先於抽象義，是以「太一」含意的發展順序應是「北極」、「神祇」義在前，而「天地之本源」義在後，也就是說，「太一」的本義就是指「北極」及「北極神」，而後才發展出「天地之本源」的哲學義。然而，「太一」一詞亦有可能由「太」、「一」複合而成，原本就指涉宇宙之源、天地之本，而後因其與「北極」的相似性〔註9〕，而被借來指稱「北極」。

究竟「太一」的原義爲何，其實今日已無足夠的證據可以得知。此中的關鍵因素，正如葛兆光所言：

> 中國古代的科學、神學，哲學等各個門類並不像現代人分別得一清二楚，而往往可以互相越俎代庖以致混亂了它們各自的邊界，在一種感覺體驗而不是邏輯分別的層次上彼此繫連比類並在語詞上彼此互訓互釋。〔註10〕

吾人既不能確定神學與哲學的分野，又何以能明確論斷「太一」的意義？這更增加了此一問題的困難度，也就難怪學者們對〈太一生水〉中「太一」意義及其相關問題的論述常是見仁見智、莫衷一是。

〔註8〕 參見艾蘭〈太一・水・郭店《老子》〉，收入《郭店楚簡國際學術研討會論文集》，武漢：湖北人民出版社，2000 年 5 月，頁 526。及龐樸〈「太一生水」說〉，《郭店簡與儒學研究》（《中國哲學》第二十一輯），瀋陽：遼寧教育出版社，2000 年 1 月，頁 190〜191。

〔註9〕 葛兆光指出：古人通過觀測與體驗逐漸察覺「北極」是一個虛無的「點」，儘管它爲人類設立了時空，使人不能不在它的時空秩序中生存，但它本身卻既無空間又無時間。正是這個「無」中生出了「有」，它是化育陰陽、生孕萬物的起點。由此可知，「北極」與「太一」在概念上有其相似性。葛氏之論參見氏著〈眾妙之門——北極與太一、道、太極〉，《中國文化》第 3 期 1990 年 12 月，頁 50〜51。

〔註10〕 參見葛兆光〈眾妙之門——北極與太一、道、太極〉，頁 46。丁四新在討論「太一」問題時，也曾表達過類似的看法。見氏著《郭店楚墓竹簡思想研究》，北京：東方出版社，2000 年 10 月，頁 96。

　　對此，筆者以爲：「太一」一詞的確可能同時雜揉多義，吾人亦不能斷然割離「太一」之哲學義與神學義，只能退而求其次，以文本的論述爲根據，大致推敲出〈太一生水〉中「太一」意涵的偏向。

　　檢視文本可知，〈太一生水〉的內容乃是探討宇宙生發過程及「天道貴弱」思想，作者將「太一」視爲宇宙生成的主宰者、發動者，就此層意義來說，此「太一」可能同時具有「神祇」與「天地之源」二義，因爲，此二義在此並不絕對互斥。

　　然而，若吾人將〈太一生水〉中有關「太一」的敘述，與《鶡冠子》及《莊子》中有關「太一」的論述加以比較，就可以發現，〈太一生水〉中，並沒有《鶡冠子》中明顯以「太一」爲創天闢地之「神祇」的文字紀錄，亦無以「太一」爲北極星的論述〔註11〕。〈太一生水〉中「太一」的形象其實較接近《莊子・列禦寇》所言的「太一形虛」。再者，在〈太一生水〉中，「太一」生成「水」與「天地」的過程，多以「成」來表達，並沒有神祇創生天地的意味。最後，再從〈太一生水〉的內容性質來看，更可以明顯發現，〈太一生水〉的根本性質與神話有所不同。其以道家「天道貴弱」的角度來詮釋「天不足於西北，其下高以強。地不足於東南，其上□以□。不足於上者，有餘於下。不足於下者，有餘於上」的問題，而沒有出現如《淮南子・天文》「昔者共工與顓頊爭爲帝，怒而觸不周之山，天柱折，地維絕。天傾西北，故日月星辰移焉；地不滿東南，故水潦塵埃歸焉」的神話記錄；而其與《楚帛書》乙篇（〈四時〉）之類的宇宙生成神話亦有極爲明顯的差異〔註12〕。

　　藉由以上討論，可以知道，〈太一生水〉並非一宇宙發生神話，「太一」的神祇意象亦不明顯，因此，吾人雖不能說〈太一生水〉之「太一」已完全除去了神祇性格，然而，可以肯定的是，此「太一」的哲學性格顯然要強過其神祇性格。在〈太一生水〉中，「太一」的地位即有如《老子》中之「道」。

（二）「水」

　　〈太一生水〉中「太一」所生之「水」介於「太一」與「天地」之間，

〔註11〕《鶡冠子・泰鴻》載曰：「泰一者，執大同之制，調泰鴻之氣，正神明之位者也。故九皇受傳，以索其然之所生。傳謂之得天之解。傳謂之得天地之所始。」又言：「中央者，太一之位，百神仰制焉，故調以宮。」。

〔註12〕參見李零〈讀郭店楚簡〈太一生水〉〉，《道家文化研究》第十七輯，頁330及馮時《出土古代天文學文獻研究》，台北：臺灣古籍，2001年5月，頁81。

代表的是一種宇宙原初物質的狀態，是以此處的「水」應非日常生活所見的「水」（註13）。這並不是說，古人憑空設想「太一」所生的物質是一種特異的「水」，而是說：此處的「水」乃是指涉天地未生、混沌未明原始狀態的哲學語詞，因之，此「水」非日常之「水」，其已蘊含了化生萬物的生機。當然，吾人若是反溯此處「水」的概念由何而來，自然可知其是由日常之「水」昇華而來，然而，其與日常之「水」畢竟有所不同。

因此，筆者以爲：〈太一生水〉之「水」與《管子‧水地》之以「水」爲萬物之源、《老子》以「水」喻「道」，其實有著完全相異的意涵（註14）。《管子‧水地》有言：「水者何也？萬物之本原也，諸生之宗室也，美惡賢不肖愚俊之所產也。」又言：「是以水集於玉，而九德出焉；凝蹇而爲人，而九竅五慮出焉。此乃其精麤濁蹇，能存而不亡者也。」由此可知，〈水地〉篇之「水」乃是萬物形神的根源，其與〈心術〉四篇之「精氣」對萬物的作用相同，玉之九德、人之思慮皆由「水」而得。《老子‧第八章》曰：「上善若水，水善利萬物而不爭，處眾之所惡，故幾於道。」〈七十八章〉又言：「天下莫柔弱於水，而攻堅強者莫之能勝，以其無以易之。」由此可知，《老子》是以「水」的卑下不爭、能納百川來象徵「道」。〈太一生水〉之「水」則與以上二者不同，其所指乃是宇宙初始的原初物質。正因如此，所以，〈太一生水〉在後文中但言「天地者，大一之所生也」，而沒有提及「水」；又言「大一藏於水」，也就是說「太一」與「水」在宇宙初生之時應是不即不離、難分彼此的關係（註15）。因之，筆者以爲，〈太一生水〉中「水」概念的根源

〔註13〕 魏啓鵬有言：「水」不是「道」的簡單比喻，而是「道——太一」在生成天地、萬物的預備期中產生的一種過渡形態。簡文之「水」乃大虛之水，天地之包幕，太一之津液，爲由無而有的過渡準備了環境和條件。參見氏著〈〈太一生水〉札記〉，《中國哲學史》2000年第1期，頁28～29。

〔註14〕 有學者認爲〈太一生水〉與《老子》、《管子‧水地》有緊密關連，如：許抗生指出：太一生水與老子尚水思想有緊密聯繫，而《管子‧水地》亦發揮了老子尚水的思想。見氏著〈初讀〈太一生水〉〉，《道家文化研究》第十七輯，頁307～309。又如：強昱以爲：水在〈太一生水〉中居於中介的地位，除受老子的影響，可能與《管子‧水地》有關。參見氏著〈〈太一生水〉與古代的太一觀〉，《道家文化研究》第十七輯，頁365。陳鼓應亦在此基礎上，推論出〈太一生水〉的著作年代晚於〈水地〉。參見氏著〈〈太一生水〉與《性自命出》發微〉，《道家文化研究》第十七輯，頁400。

〔註15〕 龐樸以爲：「太一生水」的「生」，不是派生，而是化生。也就是說，「水」不是「太一」所生的獨立於母體之外的第二代；而是太一化形爲水，絕對物化爲相對，抽象固化爲具象。所以太一生出水來以後，水既非外在於太一，太

當然是源於生活可見之「水」,《老子》之以水爲道之喻、《管子・水地》之以水爲物之母,也同樣如此,然而,三者其實有著不同的哲理思考,所以,與其說〈太一生水〉受到《老子》或〈水地〉篇的影響,不如說:〈太一生水〉受到南方水澤之國的地理環境影響〔註16〕。

(三)「反輔」

在「太一生水……成歲而止」的第一部分中,吾人可以大略歸納出「太一 → 水 → 天 → 地 → 神明 → 陰陽 → 四時 → 寒熱 → 濕燥 → 歲」的生成序列,然而,太一以下的生成關係,卻並非單一的直線生成,是以學者常爲了什麼樣的圖示能夠清楚表達〈太一生水〉的宇宙生成思想而爭論不休。此皆導因於「反輔」與「相輔」在〈太一生水〉的宇宙生成論中占有重要的地位,若無「反輔」、「相輔」作用,下一序列則無法生成,然而「反輔」與「相輔」作用,實難以圖解方式清楚地表達其意涵,要深入討論其意義,還是得訴諸文字。

首先,筆者先討論有關「反輔」的論述——「大一生水,水反輔大一,是以成天。天反輔大一,是以成地。」在此,吾人可以從其文意推論出作者省略了「大一生天」一句,是以其原意應作:「大一生水,水反輔大一,是以成天。大一生天,天反輔大一,是以成地」才是。

此處必須討論的問題有二:一者,「太一」與「水」、「天」、「地」的關係爲何?二者,「反輔」作用含義又是如何?

「水」與「天」由「太一」所生,又「反輔」「太一」以助成接續的宇宙生成活動,由此可知,「反輔」乃是「回返助成」之意。再者,涉及「反輔」作用的乃是「水反輔大一」與「天反輔大一」兩句,由此可以發現「反輔」的對象,皆是「太一」,而「反輔」作用至「地」生成後即不再被強調,也就是說,「反輔」作用只發生於「太一」與「天地」未完全生成以前,亦即天地宇宙混沌不明之際。由此可以推知,〈太一生水〉作者之所以在「太一」與「天地」生成關係上使用「反輔」一詞,應是要強調道體「大曰逝,

---

一亦不外在於水,太一就藏在水中,水就是活生生的太一。參見氏著〈一種有機的宇宙生成圖式——介紹楚簡〈太一生水〉〉,《道家文化研究》第十七輯,頁303。

〔註16〕李存山有言:《太一生水》有可能受到了《水地》篇的影響,但更值得考慮的是其與楚國的道家文化背景和南方水澤之國的地理環境可能有關。參見李存山〈從郭店楚簡看早期道儒關係〉,《郭店楚簡研究》(《中國哲學》第二十輯),頁195。

逝日遠，遠日反」、「周行而不殆」的意象，而〈太一生水〉作者此舉一方面說明了道體乃是循環往復、運動不已的，一方面也將「太一」等同於「道體」，以「太一」取代「道」，居於生成萬物的本源地位。然而，「太一」的內涵畢竟不如「道」來得抽象深邃，「太一」仍包含有天星及神祇的意涵，〈太一生水〉作者以「太一」代「道」的舉動，其實也可以說是同時將道家的「道」予以實體化、客觀化了。

再者，從字面上來看，「太一」似乎只影響至「天地」而已，然而，「天地」實與萬物密切相關，在道家其他文獻中，「天地」所指涉常常是含包全體萬物的，因此，「天地」影響萬物的生成，其實也就說明了「太一」影響著萬物的生長育成，「太一」乃是真正的萬物之源、秩序之本〔註17〕。

（四）「相輔」

在「天」、「地」生成之後，作者又言：

> 天地復相輔也，是以成神明。神明復相輔也，是以成陰陽。陰陽復相輔也，是以成四時。四時復〔相〕輔也，是以成寒熱。寒熱復相輔也，是以成濕燥。濕燥復相輔也，成歲而止。

在「天地」以至「歲」的生成序列中，「天地」、「神明」、「陰陽」、「四時」、「寒熱」、「濕燥」間皆持續有「相輔」之作用，「相輔」在此應是互相交流資助、以成其事的意思，因此，這一小節也就是說，「天地」、「神明」、「陰陽」、「四時」、「寒熱」、「濕燥」間相互交流輔助，而下一序列也因而得以順利生成。在此，無論是「天地」、「陰陽」，抑或是「寒熱」、「濕燥」，皆是兩兩相對的組合，作者特別強調對反兩者之間的互助互成，正顯示出時人已注意到宇宙間許多變化的產生、事物的完成皆是由兩個相反現象互相激盪所形成的。

（五）「神明」

在此生成序列中，學者意見最為分歧的是關於「神明」意涵為何的問題，論者或以其為「神祇」〔註18〕，或以其為「日月（之光）」〔註19〕，或以其為

〔註17〕 丁四新指出：太一的存在狀況，有兩種，一種是形上的超越存在，一種是形下的即物而存在。太一的形下存在即已經預設於太一存在的形上定律中，所以太一的兩種存在狀況是統一的。見氏著《郭店楚墓竹簡思想研究》，頁90。

〔註18〕 邢文主張此說，參見氏著〈論郭店《老子》與今本《老子》不屬一系——楚簡《太一生水》及其意義〉，《郭店楚簡研究》（《中國哲學》第二十輯），頁168～169。

〔註19〕 王博主張此說，參見氏著〈《太一生水》研究〉，收入氏著《簡帛思想文獻論

「天地間的神妙作用」〔註20〕。將論者的意見羅列出來，就可以發現，吾人在此面對的問題，與解釋「太一」時遭遇的問題其實是相似的。歸納所有文獻資料，可以知道「神明」兼具「神祇」、「日月」與「天地的神妙作用」三種意義，此三意義也呈現出由「具體」而「抽象」、由宗教而哲學的走向，然而，「神明」在〈太一生水〉中必然有其較偏重之意涵才是，「神明」的偏重義爲何？此乃是必須藉由文本進一步探究的問題。

首先，必須說明的是，「天地」、「陰陽」、「寒熱」、「濕燥」等項目皆是兩兩相對（「四時」則可明分爲春、夏、秋、多四者），是以「神明」亦應是兩相對之事合爲一詞彙。再者，「神明復相輔也」的「相輔」也說明了「神明」必須分爲「神」與「明」來看待。因此，在「神祇」說方面，論者或將「神祇」分爲「天神」和「地祇」〔註21〕，或將「神祇」分爲「鬼」、「神」〔註22〕。「日月」之說以「神」爲「日」，以「明」爲「月」，明顯是將「神明」區分爲二。而「神妙作用」之說則可以《莊子・天下》所言「神何由降？明何由出？」證明此說亦合於「神明」必須分讀的要求。

在「神祇」說方面，筆者以爲：論者將「神明」分爲「天神」及「地祇」，是以「明」爲「地祇」；將「神明」分爲「鬼」及「神」，是以「明」爲「鬼」。無論將「明」釋作「地祇」或「鬼」，都是說不通的。因此，「神祇」說其實並不符合「神明」必須分讀的條件。

其次，筆者針對「日月」之說進行討論。王博以《左傳・襄公十四年》所言「敬之如神明」、《莊子・天下》「神何由降？明何由升？（筆者按：「升」應爲「出」）聖有所生，王有所成，皆原於一。」、《史記・封禪書》云「或曰

集》，台北：台灣古籍出版社，2001 年 5 月，頁 219。

〔註20〕彭浩主張此說，參見氏著〈一種新的宇宙生成論——讀《太一生水》〉，《郭店楚簡國際學術研討會論文集》，頁 539。

又，關於「神明」的解釋，許抗生認爲：按照《管子・內業》的說法，精即爲神，精氣就是神氣，那麼所謂〈太一生水〉的「神明」也可理解爲無形莫測的精氣（神）和精氣顯現出來的作用及現象（明）。對此，筆者以爲：〈太一生水〉中根本無「精氣」或「精」的概念，是以此說似乎可再商權，故未列入討論。許氏之論見氏著〈初讀《太一生水》〉，《道家文化研究》第十七輯，頁 311。

〔註21〕參見郭沂〈試談楚簡〈太一生水〉及其簡本《老子》的關係〉，《中國哲學史》1998 年第 4 期，頁 34。

〔註22〕陶磊〈〈太一生水〉發微〉，簡帛研究網站，http://www.bamboosilk.org/Wssf/Taolei.htm，2001 年 1 月 12 日。

東北神明之舍，西方神明之墓也。」《集解》所云「神明，日也。」（王博認
為此處其實未必單單指日，也應包括月）為例，來說明在宗教或祭祀的傳統
中，「神明」有「日月」的意義。他又指出：在〈太一生水〉中，「天地」、「陰
陽」、「寒熱」、「燥濕」等都是具體的詞彙，是以「神明」所代表的意義也不
應是抽象的，因此「神明」應代表的意義即是「日月」〔註23〕。

　　對此，筆者以為：在「神何由降？明何由出？」、「或曰東北神明之舍，
西方神明之墓也」中，可以發現它們皆表達出「神明」有升降運行的運動。
然而，若僅就升降運動一義來判定「神明」一詞，其實不能說明為何「神明」
非是「日月」不可，熊鐵基就將《左傳・襄公十四年》「敬之如神明」的「神
明」解作「日神」〔註24〕，而在《史記・封禪書》的例子，《集解》也僅以「神
明」為「日」的代表。

　　其次，針對王氏的第二個質疑，筆者以為：在〈太一生水〉中，「太一」
與「陰陽」亦具有不等程度的抽象義，尤其「太一」的哲學義更為明顯，何
以見得「神明」所代表的意義不應是抽象的？再者，若「神明」一詞所代表
的只是具象的「日月」，那麼〈太一生水〉的作者何以要捨「日月」不用，而
採用「神明」？因此，筆者雖然同意「神明」應該包含「日月」之義，但是，
「神明」是否只有「日月」之意，其實是可以再商榷的。

　　吾人若檢視《鶡冠子》、黃老帛書及《莊子》中有關「神明」的論述，就
可以發現，在這些典籍中，《莊子・知北遊》所言：「今彼神明至精，與彼百
化。物已死生方圓，莫知其根也。扁然而萬物自古以固存」，《鶡冠子・泰鴻》
所言：「天也者，神明之所根也。醇化四時，陶埏無形，刻鏤未萌，離文將然
者也。」，以及〈經法・名理〉所說：「道者，神明之原也。神明者，處於度
之內而見於度之外者也。處於度之〔內〕者，不言而信；見於度之外者，言
而不可易也。處於度之內者，靜而不可移也；見於度之外者，動而不可化也。
靜而不移，動而不化，故曰神。神明者，見知之稽也。」皆是將「神明」視
為四時運行、萬物孕育的靈妙作用，此作用其實也就是自然規律、天地秩序，
而此種秩序當然是源自於天道。

　　再者，《淮南子・道應》中亦有一段關於「神明」的論述，其言曰：

─────────────

〔註23〕參見王博〈《太一生水》研究〉，收入氏著《簡帛思想文獻論集》，頁219。
〔註24〕參見熊鐵基〈對"神明"的歷史考察──兼論《太一生水》的道家性質〉，《郭
　　　　店楚簡國際學術研討會論文集》，頁533。

> 罔兩問於景曰:「昭昭者,神明也?」景曰:「非也。」罔兩曰:「子
> 何以知之?」景曰:「扶桑受謝,日照宇宙。昭昭之光,輝燭四海。
> 闔戶塞牖,則無由入矣。若神明,四通並流,無所不及,上際於天,
> 下蟠於地,化育萬物而不可爲象,俯仰之間而撫四海之外。昭昭何
> 足以明之!」

這段文字說明了「昭昭之光」無法穿透門戶的阻隔,因此,它稱不上真正的
「神明」。真正的「神明」乃是「上天下地」、「化育萬物」而「不可爲象」
的靈妙力量,而此靈妙力量的根源即是「道」。文中「四通並流,無所不及」、
「上際於天,下蟠於地」,皆指向道遍及宇宙、無所不能的特質。

　　因此,若吾人聯結這些文獻的論述,即可了解,將〈太一生水〉的「神
明」釋爲「天地間的靈妙力量與作用」,應是最適切完滿的解釋,而此靈妙作
用亦即是隱指「道」。因爲,此一解釋不但可以含攝日月運行的意涵,「天也
者,神明之所根也」(《鶡冠子·泰鴻》)更同時說明了爲何在〈太一生水〉中,
「神明」緊接著「天地」出現。

(六)「陰陽」

　　在「神明」此一層次之後的,則是「陰陽」、「四時」、「寒熱」、「濕燥」
及「歲」。在《莊子》外雜篇中,「陰陽」一詞已被大量使用,且多與「天地」、
「四時」、「日月」、「萬物」等同時出現,其「陰陽」所代表的乃是天地間相
反相成的兩股力量。在〈太一生水〉中,「陰陽」的順序乃在「四時」、「寒
熱」、「濕燥」之前,由此可知,「陰陽」的重要性及抽象性乃在上列項目之
前,是以其所代表的意義已不僅限於其原始意義——日照之有無,〈太一生
水〉之「陰陽」應與《莊子》外雜篇之論「陰陽」相去不遠。然而,不同的
是,在《莊子》外雜篇中,「陰陽」已與「氣」緊密結合,但是,在〈太一生
水〉中,「陰陽」並未與「氣」連結,是以筆者以爲,〈太一生水〉之「陰
陽」是否可解爲「陰陽二氣」仍有待商榷 [註25]。

(七)「四時」、「寒熱」、「濕燥」及「歲」

　　在《莊子》中,「陰陽」、「四時」等序列乃是以「萬物」爲序列的終點,
「萬物」往往緊接著「四時」出現,〈天運〉篇說:「四時迭起,萬物循生」、

〔註25〕陳鼓應將「陰陽」解爲「陰陽二氣」,因此以爲:《太一生水》在宇宙萬物生
　　　成的過程中,陰陽兩氣仍是不可或缺的因素。參見氏著《太一生水》與《性
　　　自命出》發微〉,《道家文化研究》第十七輯,頁399。

又如〈緇性〉說：「四時得節，萬物不傷。」但是，在〈太一生水〉中卻是以「歲」爲序列終點。事實上，就理論而言，「四時」的變遷就已含包了冷熱燥濕的變化，也可以說是代表了一「歲」的完成。既然如此，〈太一生水〉何以要「贅言」「歲」？

〈太一生水〉對寒熱濕燥的強調，顯示出時人對四季轉變的感覺特別強烈，也特別重視寒熱濕燥的變化，此乃是農業社會中「靠天吃飯」，以致特別關心天象變化的表現。因此，在「四時」之後，又出現了「寒熱」、「濕燥」與「歲」。「歲」的組成內涵也就是寒熱、濕燥輪替變化的四季〔註26〕，由此亦可知，「寒熱」與「濕燥」在此其實是並列關係，而非生成關係〔註27〕。「歲」的完成，代表了宇宙不停地運轉，四季不斷地輪迴，以及萬物生生不息的活動。因之，「成歲而止」並不代表宇宙生成就此大功告成、嘎然而止。歲歲相續、四時輪轉正顯示出「太一」的作用乃是永恆無盡的〔註28〕。再者，〈太一生水〉雖言「成歲而止」，不言「成萬物而止」，的確是把論述的重心置於歲時秩序，然而，一「歲」的完成中，其實亦隱含了萬物的生長育成。有論者將「歲」解釋爲「農事收成」〔註29〕，此解更說明了一「歲」的完成，其實也有萬物收成、長成之意〔註30〕。

〔註26〕王博言：對「歲」而言，寒熱和燥濕是非常重要的現象，是「時」的重要表微，《夏小正》其中提到各種節氣，都和寒熱燥濕相關。參見氏著《簡帛思想文獻論集》，頁224。

〔註27〕陶磊以爲：傳世文獻中有很多寒暑燥濕並舉的例子，或寒暑在前，燥濕在後；或燥濕在前，寒暑在後，〈太一生水〉的寒熱濕燥，就其內容而言，是和四時一一對應的，它們之間是並列關係，而〈太一生水〉中「成歲」之「歲」是由四時寒熱濕燥組合而成的具體的歲時，而不是單由濕燥產生。參見氏著〈〈太一生水〉發微〉，簡帛研究網站。

〔註28〕丁四新指出：歲的形成，並不代表太一作用的休止或終結，所以〈太一生水〉以太一的宇宙總根論述「歲」的形成概念，只是從純理上對「歲」自身作了共時的邏輯解釋，給它的形成提供了形上的邏輯根據。即是說對「歲」的解釋的完成，並不意味著宣告歲的歷時性延綿的終結，恰恰相反，當我們體驗到歲歲的相續，時間的持延，則完全可以領悟到作爲形上根源的太一的存在，其作用的展開也是延綿永恆的，而不只是作爲「成歲而止」的共在者。見氏著《郭店楚墓竹簡思想研究》，頁88。

〔註29〕參見龐樸〈一種有機的宇宙生成圖式——介紹楚簡〈太一生水〉〉，《道家文化研究》第十七輯，頁304。

〔註30〕王博認爲：《老子》中「道生一」章與「天下萬物生於有，有生於無」章的重點在解釋萬物的來歷，把這稱作宇宙生成論，也許是可以接受的。但〈太一生水〉不同，「歲」的內涵當然不同於萬物，雖然它與萬物有關。但這種關係

二、第二部分（由「故歲者」至「大一之所生也」）

在第二部分中，作者言：

> 故歲者，濕燥之所生也。濕燥者，寒熱之所生也。寒熱者，〔四時之
> 所生也〕。四時者，陰陽之所生〔也〕。陰陽者，神明之所生也。神
> 明者，天地之所生也。天地者，大一之所生也。

此是把前述的宇宙生成論再以逆推的方式說明一次。與前面的宇宙生成論相較，可以發現，不同之處在於，此一逆推的序列中沒有「水」的出現，因為「水」乃是宇宙初生、一片混沌的物質狀態，它並非是實際化生「天地」者，所以，在逆推的序列中，作者但言「天地者，大一之所生也」，而不提及「水」。

此外，作者之所以要在論述上先按生成順序推演，後又溯源反推回去，應該也是為了要強調循環往復的意思。郭店《老子》甲本所言：「致虛，恒也；守中，篤也。萬物方作，居以須復也。天道（夫物）員員，各復歸其根」、帛書乙本所載「反也者，道之動也」就是〈太一生水〉之所以要推求萬物根源、反推生成順序的原因，由此亦可見〈太一生水〉與《老子》的密切關連。

古人最能具體感受的，乃是濕燥寒熱的氣候轉變，其以天氣的轉換為基準，將一歲分為四時。「歲」、「濕燥」、「寒熱」、「四時」與日常生活密切相關，是古人具體可感的。而「神明」、「陰陽」同樣與自然之軌則、日月的運行密切相關，然而，其已含有更深刻、更抽象的哲學意涵。而「太一」更是由北極星、神祇義轉化為哲學上的宇宙本源。

由此可以明顯看出，古人對於其所生存的界域——「天地」已有了深刻的觀察及豐富的想像。古人由空間景物、日月運行、冷熱燥濕的轉變體察出時間的流逝，而「四時」及「年歲」的確定，即是古人對時間與環境的掌握。因此，「太一」、「陰陽」、「四時」、「濕燥」、「寒熱」、「成歲而止」等生成序列一方面也透露出，此一時期的人們對天象及曆法已有一定的認識。換個角度

的性質是：「歲」是萬物變化的一個尺度，是萬物生存的一個框架，「歲」不是一個物，而是一個與天道有關的東西。所以，〈太一生水〉從太一到歲的這個系列，不是對萬物形成的解釋，而是對天道的說明。

對此，筆者以為：「歲」的完成其實就已隱含了萬物的生成，否則，下文中何以言：太一「為萬物母」、「為萬物經」？再者，「歲」所代表的正是四時秩序的建立，就此點來說，〈太一生水〉的論述其實更符合西方宇宙論（cosmology）對「秩序的形成」的要求。王氏之論見氏著《簡帛思想文獻論集》，頁 224。

說，其實也只有當人們對天文曆象學建立了足夠的知識後，才有可能關心「天地未生」、「宇宙生成」的問題。

三、第三部分（由「是故大一藏於水」至「君子知此之謂……」）

在宇宙生成論的末尾，〈太一生水〉說道：

> 是故大一藏於水，行於時，周而又〔始，以己爲〕萬物母；一缺一盈，以己爲萬物經。此天之所不能殺，地之所不能埋〔註31〕，陰陽之所不能成。君子知此之謂〔□，不知者謂□。■〕

作者將宇宙生成的焦點又重新置於「太一」，以符合《老子》「歸根」的要求。此言太一「藏於水，行於時」，一方面說明了「水」乃是「太一」生成宇宙之時表現於外的狀態，一方面解釋了「四時」秩序亦是「太一」運行的表現，所以，由「水」以至「天地」、「神明」、「四時」，無一不是「太一」主導之下逐一生成的。其下，作者言「（太一）周而又始，以己爲萬物母；一缺一盈，以己爲萬物經。」也就是說，「太一」生成了寒冷燥濕、春夏秋冬的循環，造就了萬物的生長衰敗，因此，「太一」爲萬物之根源；而「太一」亦生成了日、月、星辰的運行，天象的變化影響著萬物的作息生成，所以，「太一」是萬物之律則。在此，必須加以說明的是：「一缺一盈」表面說的是「月相」的盈縮變化，實際上則應代表了所有的天象變化，因爲天象變化中最顯著的即是月亮的圓缺循環，是以「一缺一盈」即可代表日、月、星辰等天象的運行變化，而此天象變化又取決於「太一」〔註32〕。最後，〈太一生水〉強調，太一主導所生成的自然循環運作乃是具有恆定性與崇高性的，因此，「此天之所不能殺，地之所不能埋，陰陽之所不能成。」這同時也就重申了「太一」的影響力遠遠凌駕於「天地」、「陰陽」之上。

〔註31〕李零指出：整理者以爲簡文「殺」是衰減之義，「釐」是改正之義，似可商榷，因爲類似的話見於《荀子・儒效》，是作「天不能死，地不能埋」，這裡讀爲埋，〈太一生水〉這裡是說這個程序既然是以太一爲起點，天地、陰陽都是太一所生，而不是相反，所以天地不能毀之，陰陽不能成之。參見氏著〈讀郭店楚簡〈太一生水〉〉，《道家文化研究》第十七輯，頁319。

〔註32〕彭浩認爲：「一缺一盈」，實指日月運行。月亮的盈虧是因與太陽的位置變化而產生的，而日月的運行又受制於太一，故簡文云「以己爲萬物經。」參見氏著〈一種新的宇宙生成論——讀《太一生水》〉，《郭店楚簡國際學術研討會論文集》，頁539。

第二節 天道論

在〈太一生水〉中，除了宇宙生成論的內容之外，尚有論及「天道」的文字紀錄，其言如下：

> 天道貴弱，削成者以益生者，伐於強，責於〔□；□於弱，□於□〕。下，土也，而謂之地。上，氣也，而謂之天。道亦其字也，青昏其名。以道從事者必託其名，故事成而身長。聖人之從事也，亦託其名，故功成而身不傷。天地名字竝立，故訧其方，不思相〔當〔註33〕：天不足〕於西北，其下高以強。地不足於東南，其上〔□以□。不足於上〕者，有餘於下。不足於下者，有餘於上。■

〈太一生水〉於此揭示了「天道貴弱」的意旨，其言：天道「削成者以益生者」，而今本《老子·七十七章》也說道：

> 天之道，其猶張弓與？高者抑之，下者舉之；有餘者損之，不足者補之。天之道，損有餘而補不足，人之道則不然，損不足，以奉有餘。孰能有餘以奉天下？唯有道者。

〈太一生水〉此處與《老子》貴弱守柔的大旨無別，其以「天不足於西北，其下高以強。地不足於東南，其上□以□。不足於上者，有餘於下。不足於下者，有餘於上」來說明天道「削成者以益生者」的道理。

由上論可知，本段的論述重心乃是「天之道」，〈太一生水〉又言：「以道從事者必託其名，故事成而身長。聖人之從事也，亦託其名，故功成而身不傷。」認為聖人行事，必託「天道」之名，吾人由此同樣可以看出「依天道以推人道」的精神。由此亦可知，〈太一生水〉雖與數術之學有關〔註34〕，然

〔註33〕「故訧其方」一句釋文讀作「故過其方」，李零認為：原文講「天地錯位」，讀「過」無義，似應讀「訧」。參見氏著《郭店楚簡校讀記》，頁33。關於「故過其方，不思相當」一句，裘錫圭解作：天地不守本分，相互爭強。參見氏著〈《太一生水》"名字"章解釋——兼論《太一生水》的分章問題〉，《古文字研究》第二十二輯，頁224。陳偉則以為：「不思相當」應作「不思相尚」。「過」解為「督責、責求」；「方」解為「等同、相當」；「思」意為「令、使」；「尚」意為「超過、高出」，是以二句解作：天地要求平等，不允許（某一方）高高在上的現象。參見氏著〈《太一生水》校讀並論與《老子》的關係〉，《古文字研究》第二十二輯，頁229。筆者以為，裘氏之說較能與全文相照應，亦與李零之說可以互通，是以採用其說。

〔註34〕李學勤即指出〈太一生水〉深受數術家的影響，參見氏著〈太一生水的數術解釋〉，《道家文化研究》第十七輯，頁297～300。

而，其對「聖人之從事」的論述，正顯示出其並非單純的「術」，正如李零所言：

> 中國古代的宇宙論是天地人『三才』都講。從技術的角度講，它與數術之學關係最大。數術講天地之道，在古代影響很大，是當時『資源共享』的知識……但實際上，它和各種思想流派的關係，還是同陰陽家特別是道家最密切，是以它們所論最有哲理。因爲同樣是『談天說地』，有沒有『終極關懷』可大不一樣。有，纔能稱爲『道』；無，祇能算是『術』，甚至祇是常識層面上的東西。〔註35〕

有了「天道」（天地之道）爲本段主旨的認知，也就能夠判斷出「下，土也，而謂之地。上，氣也，而謂之天。道亦其字也，青昏其名」的「其」所指涉的乃是「天地」。此時的人們，對於自身存在的場域，已有了超乎「上天下地」的一般認識。也就是說，人們對於自身存在的場域，不只有「上」爲「天」，而「天」的本質就是「氣」；「下」爲「地」，而「地」的本質爲「土」的認識，他們透過四時的循環、日月的運行體認到「天之道」與「地之道」的存在，透過宇宙生成、天地形成的推論，設想出天地之初「青昏」混沌的狀態。因之，〈太一生水〉才說：「道亦其字也，青昏其名」。

必須說明的是，「青昏其名」的「青昏」一詞，學者或以爲其應讀作「請問」〔註36〕，或以爲其指「天地未生時的混沌狀態或天地所由生的清、濁二氣」〔註37〕，筆者以爲，若以照應全文的角度來看，應以「天地初生時的混沌狀態」的解釋爲佳，然而，此混沌狀態是否一定是「清、濁二氣」似乎可再商榷，筆者以爲，若對應「太一生水」、「天地者，太一之所生也」的論題，則此狀態較有可能是對「水」的形容，也就是說，「青昏」應是天地所由生的「混沌之水」〔註38〕。

既然「道亦其字也，青昏其名」都是指「天地」而言，因此，下文中的

〔註35〕參見李零〈讀郭店楚簡《太一生水》〉，《道家文化研究》第十七輯，頁330。
〔註36〕參見裘錫圭《太一生水》"名字"章解釋——兼論《太一生水》的分章問題〉，《古文字研究》第二十二輯，北京：中華書局，2000年7月，頁222。
〔註37〕參見李零〈讀郭店楚簡《太一生水》〉，《道家文化研究》第十七輯，頁320。
〔註38〕陳忠信指出：渾沌是原始神話宇宙觀最重要的內容及對世界形成之初的前宇宙狀態描述。渾沌的最明顯的特徵爲水。渾沌宇宙生成的水被視爲液體狀態，爲一種原形質的生命力同時亦是致命與新生的力量象徵。而〈太一生水〉中的水亦具有此一體兩面的特質。參見氏著〈〈太一生水〉渾沌創世初探〉，《鵝湖》第二十六卷第十期，頁50～51。

「天地名字竝立，故訛其方，不思相當，天不足於西北，其下高以強。地不足於東南，其上〔□以□。不足於上〕者，有餘於下。不足於下者，有餘於上。」也就是說：由「天地」的「名」與「字」並存，可以知道「天地」乃是由「無序」走向「有秩」、由混沌走向秩序，也就是由「故訛其方，不思相當」走向「天不足於西北，其下高以強。地不足於東南，其上〔□以□。不足於上〕者，有餘於下。不足於下者，有餘於上。」「天地」從原本不守本分、相互爭強的情形，逐步成為如今勢力均平、秩序井然的現狀。

　　總結前論可知，此小節所要表達的乃是：人們對生存空間──「天地」的認知，「道」之字乃是著眼於天地間的自然循環而命名；「青昏」之名則是天地初生、宇宙混沌時的稱呼。就時間順序而言，應是「青昏」之名在前，而「道」之字在後，此正是由天地之無序走向秩序的建立，與人們本身先取「名」，後命「字」的順序也是相吻合的。「道亦其字也，青昏其名」，即是說昏暗混沌是天地將分未分時的本然狀態（名），而萬物成文、天道開顯則是天地已分的現實狀態（字）〔註39〕。

　　從「下，土也，而謂之地。上，氣也，而謂之天。道亦其字也，青昏其名」此一小節中，吾人可以知道，此一時期之哲人對天地的認識已不只是「天，積氣爾，亡處亡氣」、「地，積塊爾，充塞四虛，亡處亡塊」〔註40〕的普通知識而已。《鶡冠子・度萬》亦言「所謂天者，非是蒼蒼之氣之謂天也。所謂地者，非是博博之土之謂地也」，此時哲人所關注的，已不再限於天文、氣候等事物的表象，而能夠更深入事物的內涵。

第三節　結　語

　　由以上的討論可知，〈太一生水〉所論之「道」乃是「天道」，也就是天地的運行規律，在〈太一生水〉中，「太一」才是宇宙天地之根源〔註41〕。因此，〈太一生水〉與以「道」為天地根源的今本《老子》應屬道家系統內不同

〔註39〕參見丁四新〈楚簡〈太一生水〉研究結論述要〉，簡帛研究網站，http://www.bamboosilk.org/Wssf/2002/dinsixin02.htm，2002年2月19日。

〔註40〕見《列子・天瑞》。

〔註41〕郭沂指出：「太一」是最高形上實體，而「道」為天地或天地之道。參見氏著《郭店楚簡與先秦學術思想》，上海：上海教育出版社，2001年2月，頁143～144。又見氏著〈試談楚簡〈太一生水〉及其簡本《老子》的關係〉，《中國哲學史》1998年第4期，頁37。

之流派。再者，在出土的郭店《老子》中，並無「道生一」章的出現，此章有後出的可能〔註42〕，所以〈太一生水〉雖與道家有所關連，可以說是後世道家思想的發展〔註43〕，但不宜視作是對今本《老子》四十二章的解說〔註44〕。

再者，學者早已指出：「道生一」章的抽象性更勝於〈太一生水〉，「道生一」章的「道、一、二、三、萬」有一種數字序列網絡化的傾向，至於〈太一生水〉則是採用兩兩元素對立相輔的敘述方式。數字序列的思維是先將現實生活中紛雜的事物提純爲序列數字，然後經由層層安排，形成一個層級較爲複雜，抽象程度較高的系統。而〈太一生水〉的「太一、天地、神明、陰陽、四時、寒熱、濕燥、歲」相對來說，較爲具體可感。由此可知，從邏輯上的發生先後來說，〈太一生水〉屬於一種較「道生一，一生二，二生三，三生萬物」更早的宇宙生成論〔註45〕。因此，總結來說，〈太一生水〉與今本《老子》四十二章兩種關於宇宙生成的論述，皆爲戰國時期道家後學所提出；依「具體早於抽象」的邏輯來判斷，〈太一生水〉的出現又早於《老子》四十二章。

另一方面，就思想源流來看，〈太一生水〉受到陰陽數術家和楚文化神學系統的影響乃是無可置疑的。然而，從上文對「太一」、「神明」、「陰陽」等關鍵詞的闡述，可以了解：〈太一生水〉由神話走向哲學，將數術與天道接軌的著作意圖十分明顯，其作者正試圖重新構建一全新的宇宙生成哲學理論。

〔註42〕 請參見本論文第二章〈《老子》之宇宙生成論及其相關問題〉第二節。

〔註43〕 李學勤認爲：太一生水在思想上，和《老子》殊有不同，只能理解爲《老子》之後的一種發展。參見氏著〈荊門郭店楚簡所見關尹遺說〉，《郭店楚簡研究》（《中國哲學》第二十輯），頁161。

〔註44〕 李存山以爲：〈太一生水〉的思想當出現在「道生一，一生二，二生三，三生萬物。萬物負陰而抱陽，沖氣以爲和」的思想之前。因此，《老子》的早期傳本是沒有這段話的，至少可以推論：楚簡《老子》的抄手或編定者，以及〈太一生水〉的作者，當時所見的《老子》傳本沒有這段話。參見氏著〈從郭店楚簡看早期道儒關係〉，《郭店楚簡研究》（《中國哲學》第二十輯），頁197。此外，刑文以爲：〈太一生水〉屬於郭店《老子》的內容，其與今本《老子》分屬不同的學派體系，參見氏著〈論郭店《老子》與今本《老子》不屬一系──楚簡《太一生水》及其意義〉《郭店楚簡研究》（《中國哲學》第二十輯），頁80~81。趙東栓亦以爲：《莊子‧天下》作者所見到的《老子》就是此種包含〈太一生水〉的版本，參見氏著〈〈太一生水〉篇的宇宙圖式及其文化哲學闡釋〉，《齊魯學刊》2001年第4期，頁72。其推論可備一說。

〔註45〕 魯瑞菁〈《郭店楚簡‧太一生水》的思想特色〉，《鵝湖》第二十五卷第九期，2000年3月，頁14。

　　連結《鶡冠子》、《莊子》與《黃老帛書》中有關宇宙生成論述，可以發現，〈太一生水〉的宇宙生成論與《鶡冠子・度萬》所言「定<u>天地</u>，豫<u>四時</u>，拔<u>陰陽</u>，移<u>寒暑</u>，正流並生，萬物無害，萬類成全，名尸氣皇。」《莊子・在宥》所云「人大喜邪？毗於陽；大怒邪？毗於陰。<u>陰陽</u>並毗，<u>四時</u>不至，<u>寒暑</u>之和不成，其反傷人之形乎！」以及《黃老帛書・十大經・觀》篇中「羣羣沌沌（一困）→陰陽（柔剛、晦明、牝牡）→四時→德虐之行（刑德）」的宇宙生成序列都有所關連，〈太一生水〉中「太一」、「天地」、「神明」、「陰陽」、「四時」、「寒熱」等詞彙，在這些典籍中亦有多次討論的記錄。由此正可看出，戰國中期以後，宇宙的發生與演化等問題已是當代熱門話題。

第六章　《管子》的宇宙生成論及
其相關問題

　　《管子》爲稷下黃老之學的代表作，已是學界之共識。論及《管子》之宇宙觀，吾人首先聯想到的即是其對水地、精氣、道等問題的討論，這些問題的討論究竟是一「歷時性」的發展，還是「共時性」的呈現，亦值得吾人注意。論者以爲：若就《管子》形上之道與天地萬物生成之宇宙論而言，乃是上承《易》之八卦、《書》之五行、《春秋左氏》之陰陽，由多元至二元，而於《管子》則試歸納爲一元論者，承轉爲地－水－氣－精氣－理－道。其論層層相因，始於具體之「土」（地），終於抽象之「道」〔註1〕。對此，筆者以爲：此論似乎傾向將這些問題的討論視作爲一「歷時性」的發展，然而，在《管子》書中，「水」、「地」、「氣」、「精」、「道」等範疇都是分置於各篇章中個別論述的，《管子》並沒有嘗試「歸納爲一元論」的企圖，這些論題應視作同一時期中，稷下學者對宇宙萬物生成問題的討論。

　　以下筆者將先論述稷下學者側重天道規律的傾向，以及其對天地宇宙的討論，再逐步探討「水」、「地」、「陰陽」、「氣」、「精」等有關宇宙生成的重要議題，進一步釐清這些範疇是否皆具備本體的意涵。

第一節　「天道」

　　一直以來，對於《老子》所言之「道」，學者有著「客觀型態」與「主觀

〔註1〕　參見李增〈《管子》之宇宙觀〉，《國立編譯館館刊》第 27 卷第 2 期，1998 年
　　　　12 月，頁 10。

境界」二說的爭論，此乃因《老子》書本身即允許了兩種詮解的成立。前已有言，在《莊子》外雜篇與黃老帛書中，「道」其實就是循環不已的「天道」，也就是日昇月落、循行不已的天地度數，同樣地，《管子》中的「道」，亦透露出此種意味，〈心術上〉中言：「虛無無形謂之道，化育萬物謂之德。」其後，又對這一句話作出了「天之道虛其無形。虛則不屈，無形則無所位（低）迕〔註2〕，無所低迕，故偏流萬物而不變」的解釋。由此可知，其所言之「道」也就是「天之道」了。

更引人注目的是，「道」在《管子》書中似乎難以超越「天地」的範限，〈心術上〉言：「道在天地之間也，其大無外，其小無內，故曰：不遠而難極也。」〈白心〉亦言：「道之大如天，其廣如地，其重如石，其輕如羽。」〔註3〕而從『『道』充塞於『天地』之間」的說法中，吾人亦可發現，稷下學者們所著眼的，正是「天地」之間的「道」，其實也就是「天之道」與「地之道」〔註4〕。

再觀〈九守〉所言：「一曰天之，二曰地之，三曰人之。四曰上下左右前後，熒惑其處安在？」即可明白，《管子》作者之所以要探究「天之道」與「地之道」，乃是要對人們自身所處的場域（就空間言，是「上下左右前後」，其實亦即「天地」）作一完整而全面的了解，而其終極目的則是「人事」，

〔註2〕 王引之云：「『位』、『迕』二字，義不相屬，『位』當爲『低』（下同），低迕即抵牾也。（《說文》：『牾，逆也』，《漢書·司馬遷傳》『或有抵梧』，如淳曰：『梧，讀曰迕，相觸迕也』。『牾』『梧』『迕』『趻』竝字異而義同。）凡物有所抵牾者，以其有形也。道無形，則無所抵牾。」參見郭沫若《管子集校》（二），收入《郭沫若全集》歷史編第六卷，北京：人民出版社，1984 年 10 月，頁417。

〔註3〕 參見陳師麗桂《戰國時期的黃老思想》，台北：聯經出版社，1991 年 4 月，頁120。

〔註4〕 馮禹指出：《管子》書中，「天道」一語（包括「天地之道」等說法）共見36次，這個數字，在所有先秦文獻中高居首位。而其中大多數，都相當明確地是指從天象、氣象等自然現象的變化運動中抽象出來的關於變化趨勢的客觀法則。參見氏著〈試論《管子》中關於「天」的思想〉，《管子研究》第一輯，濟南：山東人民出版社，1987 年 11 月，頁 108。熊鐵基則指出：管子的道論，和《老子》相比，有同有異，以同爲主。例如道是萬物之本，道又高深莫測，道的虛靜柔弱，道的自然無爲，這些都是基本相同的。……然而不同之處也不少，有的更具體更深化。例如：關於道的基本描述「道者，一人用之，不聞有餘。天下行之，不聞不足。此謂道矣。」「凡道必周必密，必寬必舒，必堅必固」，參見氏著《秦漢新道家》，上海：上海人民出版社，2001 年 3 月，頁 33～34。

具體而言，也就是治國理民之事，正如〈形勢解〉所言：「天之道，滿而不溢，盛而不衰。明主法象天道，故貴而不驕，富而不奢。」、〈白心〉說：「日極則仄，月滿則虧；極之徒仄，滿之徒虧，巨之徒滅。孰能已無已乎？效夫天地之紀。」學者們研究「天之道」的目的，正是要君主「法象天道」、「效天地之紀」〔註5〕。

〈勢〉有言：

> 成功之道，贏縮爲寶。毋亡天極，究數而止。事若未成，毋改其形，毋失其始，靜民觀時，待令而起。故曰：修陰陽之從，而道天地之常。贏贏縮縮，因而爲當。死死生生，因天地之形。

這裡說：成功的關鍵，乃在於掌握事物的贏縮變化，也就是要把握天極、天數。其具體的作法，就是要順從陰陽的變化，依天地常道而行。一切皆依止於天地之理，順因於天地之道，才是最恰當完美的作法。在此，「贏縮」、「天極」、「（天）數」、「（天）當」等觀念，與黃老帛書完全相同，甚而「毋亡天極，究數而止」一語亦出現於黃老帛書〈稱〉之中。而〈形勢〉亦有言：

> 道之所言者一也，而用之者異。有聞道而好爲家者，一家之人也；有聞道而好爲鄉者，一鄉之人也；有聞道而好爲天下者，天下之人也；有聞道而好定萬物者，天下之配也。道往者，其人莫往；道之所設，身之化也。持滿者與天，安危者與人。失天之度，雖滿必涸；上下不和，雖安必危。欲王天下，而失天之道，天下不可得而王也。
> 得天之道，其事若自然；失天之道，雖立不安。

由此可知，〈形勢〉篇作者所重者乃是「道之用」，也就是如何治國理民、置物平天下之道，是以〈白心〉才說：「道者，一人用之，不聞有餘；天下行之，不聞不足，此謂道矣。」再者，縱觀全文，更可以發現老子所言之「道」，即是「天之度」、「天之道」。既然「天不變其常，地不易其則，春秋冬夏不更其節，古今一也」（〈形勢〉），因此，只要能掌握天道運行的度數，也就能夠控制人間事物的運作〔註6〕。

〔註5〕 正如湯孝純所言：《管子》既強調人們的實踐活動必須有賴於「天道」，必須遵循「天道」，又指出人們可以認知「天道」，力行「天道」，施展才能，成就功業；在「天道」面前，人們不應當是「無爲」的被動者，而可以是「有爲」的能動者。參見氏著《管子述評》，台北：東大圖書，1995年3月，頁28。

〔註6〕 黃漢光有言：「《管子》雖然把道透過精氣的方式以生萬物，完成一套宇宙論，以說明道生萬物；但落在人體道的方式上，仍然是由知性把握的，這和老子

第二節　「天地」與「宙合」

　　《管子》在論述「天地」時，多著重於其生育萬物、覆載萬化的功能，〈宙合〉言：「天淯陽（育養），無計量；地化生，無法崖。」〈形勢解〉言：「天之裁大，故能兼覆萬物；地之裁大，故能兼載萬物。」、「天生四時，地生萬財，以養萬物而無取焉。」「天地」是覆載萬物的最大場域，也是人們對自身生存環境的概括。

　　〈白心〉言：「苞物眾者莫大於天地，化物多者莫多於日月」、〈形勢解〉曰：「天覆萬物、制寒暑、行日月、次星辰，天之常也，治之以理，終而復始。」吾人因此可以了解：人們對此生存場域，已有了長時間的觀察體驗，是以《管子》藉由四時寒暑、日月星辰「終而復始」的運行狀態歸納出「天行有常」〔註7〕的結論，因此，〈白心〉篇更說道：

　　　　天或維之，地或載之。天莫之維，則天以墜矣；地莫之載，則地以

　　　　沉矣。夫天不墜，地不沉，夫或維而載之也夫！

在此，作者所要討論的不僅是「何以維天」、「何以載地」的問題，也包含了天地秩序何以能成立的疑惑，由是以知，時人的確對此一問題產生了更大的興趣。當然，這樣的興趣最終仍要聯結到人事上，所以，〈版法解〉說：

　　　　版法者，法天地之位，象四時之行，以治天下。四時之行，有寒有

　　　　暑，聖人法之，故有文有武。天地之位，有前有後，有左有右，聖

　　　　人法之，以建經紀。春生於左，秋殺於右，夏長於前，冬藏於後。

　　　　生長之事，文也；收藏之事，武也。

在此，說明了聖人必須效法天地四時的自然規律，以治理天下。作者將自然界之四時、四方與人事界之文武、生殺加以結合。正因此種對「道用」的強調、對治世的需求，〈輕重己〉篇甚而出現了「清神生心，心生規，規生矩，矩生方，方生正，正生曆，曆生四時，四時生萬物。聖人因而理之，道遍矣」之語，在「心神－規矩－方正－曆法－四時－萬物」的序列當中，吾人可以發現，時人對自然與人事秩序的重視與強調。原本，「曆法」的內涵乃是四時的運行、萬物的變化所歸納而成的，然而，因為作者對秩序的強調，因此，

　　　　透過無爲復返的體証工夫以証現道是不同的。當然以理性客觀了解的道，道也只能是一種規律。」參見氏著《黃老之學析論》，台北：鵝湖出版社，2000年5月初版，頁95。

〔註7〕　見《荀子·天論》。

曆法反而居於四時與萬物之前，而「規矩」與「方正」，其實也就是作者所要
強調的「天地秩序」的象徵。再者，作者將「秩序」歸源於聖人之心神，說
明了唯有靜心體察萬物，方能得知自然秩序，同時也確立了聖人制定人間理
法的合理性與權威性。

　　另外，「宙合」一詞所牽涉的問題，亦與人類生存空間的論題相關，在
《管子》中，有關「宙合」的討論如下：

> 「天地，萬物之橐也，宙合有橐天地。」天地苴萬物，故曰：萬物
> 之橐。宙合之意，上通於天之上，下泉（臮）於地之下〔註8〕，外
> 出於四海之外，合絡天地以爲一裏。散之至於無間，不可名而山（止）
> 〔註9〕。是大之無外，小之無內，故曰：有橐天地。其義不傳，一
> 典品之，不極一薄，然而典品無治也。多內則富，時出則當。而聖
> 人之道，貴富以當。奚謂當？本乎無妄之治，運乎無方之事，應變
> 不失之謂當。變無不至，無有應（不）當〔註10〕，本錯（鏢）不敢
> 忩（分心）〔註11〕，故言而名之曰宙合。

由以上引文可以知道，「宙合」一詞乃是指空間的最大形式，「宙」、「合」在
此皆是指涉空間，此與《尸子》將「宙」釋爲「往古來今」有所不同。在此，
作者指出：天地含包萬物，所以說是「萬物之橐」，「宙合」更在天地之外，
而能含包天地。再者，其後又言：「散之至於無間，不可名而止。是大之無
外，小之無內」，其中「大之無外」當然不難理解，但作者何以言「散之至
於無間」、「小之無內」呢？由作者此一形容，吾人可以發現，文中不但強調
「宙合」是最大空間，亦強調「宙合」是所有細微空間的集合。由此可知，
「宙合」乃是一哲學上的概念，這樣的概念，當然是無法驗證的，「大之無

〔註8〕 王引之云：「『泉』字義不可通，當爲『臮』。臮，古『暨』字也。暨，及也，
至也。言宙合之意，上通於天之上，下至於地之下。」參見郭沫若《管子集
校》（一），收入《郭沫若全集》歷史編第五卷，頁311。

〔註9〕 安井衡曰：「劉績云：『山乃止字之誤。』」參見氏著《管子纂詁》，台北：河
洛出版社，1976年3月，卷十一，頁13。

〔註10〕 安井衡云：「『無有應當』，『無』下疑脫『不』字。言變至無窮，而無不有應
當其變之道。」參見郭沫若《管子集校》（一），收入《郭沫若全集》歷史編
第五卷，頁314。

〔註11〕 郭沫若云：「『本錯』當是『本鏢』，即『本剽』，猶言始末也。《莊子·庚桑楚
篇》『有長而無本剽者宙也。』『忩』乃『分心』二字之誤合。言治事之本末
不能離此中心。」郭沫若《管子集校》（一），收入《郭沫若全集》歷史編第
五卷，頁314。

外，小之無內」的條件，也只是作者對「宙合」的假設〔註12〕。然而，時人能夠提出「宙合」這樣的空間概念，正顯示出他們對於自身所生存的空間有了進一步的想像與探究。再者，這樣的興趣，最終還是與人事脫離不了關係，從「其義不傳」以至於最後的一段論述，吾人可以了解，有關於「宙合」之事的討論乃是爲了「聖人之道，貴富與當」而設立。此種將「聖人之道」的討論擴及至無限之宇宙、開闊之時空的思路，可說是戰國中期之後黃老道家思想的一大特色〔註13〕。

第三節　「水地」

　　〈水地〉篇中有論及以「地」與「水」爲萬物本源的文字〔註14〕，其首句即言：

> 　　地者，萬物之本原，諸生之根菀也，美惡、賢不肖、愚俊之所生也。

此言「地」是萬物的根源，是生物蘊藏的所在，此番論述與一般的認知並無不同，在以農立國的時代裡，古人對此的體認必然是更加深刻。然而，其後又言：「美惡、賢不肖、愚俊之所生也」，何以人類的美善醜惡、賢能不肖、愚昧才俊亦與土地有關？此應與下文中，作者將「水性」與「民性」相互連結的用意相同，下文有言：「齊之水遒躁而復，故其民貪麤而好勇。楚之水淖

〔註12〕《莊子・天下》載「至大無外，謂之大一；至小無內，謂之小一」爲惠施「歷物十事」之一，可以與此對應。所有的「小一」集合起來，即是「大一」，亦即此處所言之「宙合」。

〔註13〕陳鼓應指出：稷下道家屢言道之「其細無內、其大無外」（〈內業〉）、「其大無外，其小無內」（〈心術上〉）、「大之無外，小之無內」（〈宙合〉），在在皆強調道在空間上的無限性。莊之於老也有類似的發展，莊子常將人放置於無窮性的宇宙，在大化之流的時空中來思考人類的處境，開擴人們的視野。春秋末期之老學發展至戰國中期以後的齊、楚道家，思想視野更形開闊，頻頻觸及無限時空之延伸，可說具有共通的時代特色。參見氏著〈《管子》四篇的道論〉，《國立臺灣大學哲學論評》第23期，2000年1月，頁7～8。

〔註14〕關於〈水地〉篇的成文年代，黃釗推斷〈水地〉很可能成文於公元前376年至公元前355年之間，時當戰國中期。參見氏著〈淺論《管子・水地》篇成文的時限〉，《管子研究》第一輯，頁42～51，以及〈《管子・水地》篇考論〉，《道家文化研究》第二輯，台北：文史哲出版社，2000年8月，頁337～339。而〈水地〉篇的作者問題上，魏啓鵬則認爲：〈水地〉的古老命題「水爲萬物本原」及其相應觀念，其學術淵源在南方的吳越文化。〈水地〉篇祖本的作者，當爲戰國初年由南而入齊的越人。參見氏著〈《管子・水地》新探〉，《道家文化研究》第十輯，頁309～310。

弱而清，故其民輕果而敢。……」「水性」有所不同，所以，飲此水的人民也有著迥然不同的性格。同樣地，在不同的「土性」上生長的人們自然也會擁有不同的才性。綜觀此句論述，只是以「地」爲萬物生長的根源，並沒有以「地」爲生成萬物的元素的義涵，而此處的「地」亦非一本體論的概念。

下文又說：

> 水者，地之血氣，如筋脈之通流者也。故曰：水，具材也。何以知其然也？曰：夫水淖弱以清，而好灑人之惡，仁也。視之黑而白，精也。量之不可使概，至滿而止，正也。唯無不流，至平而止，義也。人皆赴高，己獨赴下，卑也。卑也者，道之室，王者之器也，而水以爲部居。

這裡說「水」乃是「地」的血氣，就好像是流通在人體內的筋脈一般。其下，則列舉出「水」所具備的「仁」、「精」、「正」、「義」、「卑」等德性〔註15〕。以下又言：

> 準也者，五量之宗也。素也者，五色之質也。淡也者，五味之中也。是以水者，萬物之準也，諸生之淡也，違非得失之質也。是以無不滿，無不居也。集於天地，而藏於萬物，產於金石，集於諸生，故曰水神。集於草木，根得其度，華得其數，實得其量。鳥獸得之，形體肥大，羽毛豐茂，文理明著。萬物莫不盡其幾，反其常者，水之內度適也。

水有平準、無色、無味等特質，所以說，水是萬物的標準，是生物的本根，也是一切是非得失的本質。其後又言，水遍及萬物，無地不盈滿，無處不居

〔註15〕陳紅兵指出：〈水地〉篇與《荀子‧宥坐》篇無論在思想內容還是在詞句上都很類似。〈水地〉篇關於水之五德以及後文關於玉之九德的論述，符合儒家重德、以事物比附人的品德的思想特徵，當是取自孔子，吸收了儒家思想內容。參見氏著〈《管子》水本原論淵源及其內在矛盾探析〉，《管子學刊》1998年第3期，頁15。

丁四新亦指出：〈水地〉中有關水具德性之材的一段文字與《荀子‧宥坐》論「君子見大水必觀焉」、《大戴禮記‧禮之本》論「君子見大川必觀」略同。參見氏著《郭店楚墓竹簡思想研究》，北京：東方出版社，2000年10月，頁100～102。（筆者按：《荀子‧宥坐》有言：「孔子觀於東流之水，子貢問於孔子曰：『君子之所以見大水必觀焉者，是何？』孔子曰：『夫水遍與諸生而無爲也，似德。其流也埤下，裾拘必循其理，似義。其洸洸乎不淈盡，似道。若有決行之，其應佚若聲響，其赴百仞之谷不懼，似勇。主量必平，似法。盈不求概，似正。淖約微達，似察。以出以入，以就鮮絜，似善化。其萬折也必東，似志。是故君子見大水必觀焉。』」）

處。水聚集在天地之間，涵藏於萬物之中，又產生於金石之內。所以，人們以水爲神明，因而有了「水神」之名。水聚集在花木之中，能使花草、樹木、果實生長良好。而鳥獸得到水的潤澤，才能形體碩大、羽毛豐澤。總而言之，萬物之所以能夠盡其生機，回歸其常道，都是因爲它們體內有水的緣故。

非但如此，在下文中，還提及了：

> 是以水集於玉，而九德出焉；凝蹇而爲人，而九竅五慮出焉。此乃
> 其精麤濁蹇，能存而不亡者也〔註16〕。

水聚集於玉中，是以玉有九德；水聚集於人身，是以人有了九竅五慮。在討論「人」的生成時，〈水地〉篇則說道：「人，水也。男女精氣合，而水流形。」既然已說人乃是「精氣」合成，何以又言「人，水也」？從作者的敘述過程，可以知道，他並非要尋求單一物質作爲萬物生發的元素，「水」與「精氣」可以同時是人類生成的根源，也就是人類生成的最早型態。值得注意的是，作者特別強調：水不僅生成了事物的外在型態，更決定了事物的內在精神或德性。因此，玉有九德，而人亦不僅有五臟、五內、九竅，還能夠「目視」、「耳聽」、「心慮」，此皆是水的作用。再對照後文所言：「是以水之精麤濁蹇，能存而不能亡者，生人與玉。」可以知道，水有精、粗、濁、蹇等不同之性，而這些相異的水性則生成了人與玉；而人之視聽心慮與玉之德性，亦是得自於水。再者，「是以水集於玉，而九德出焉；凝蹇而爲人，而九竅五慮出焉。」的行文方式，與《呂覽・盡數》「精氣之集也，必有入也。集於羽鳥，與爲飛揚；集於走獸，與爲流行……」十分類似，由「集」字可知，「水」與「精氣」對於萬物的作用乃是相近的。

其下，作者還提及「神龜」與「龍」爲生於水的「神」物，而「螭」與

〔註16〕「此乃其精麤濁蹇能存而不能亡者也」一句，趙本原作「此乃其精也，精麤濁蹇能存而不能亡者也」。王引之云：「上『也』字及下『精』字皆後人所加，『此乃其精麤濁蹇能存而不能亡者也』十五字當作一句讀，謂生人與玉乃水之精麤濁蹇能存而不能亡者也。下文曰：『是以水之精麤濁蹇能存而不能亡者，生人與玉是也。』」參見郭沫若《管子集校》（二），收入《郭沫若全集》歷史編第六卷，頁493。
筆者認同王引之之說：「精也」二字皆爲後人所加。值得注意的是：後人之所以特別強調「精」，應與《管子》四篇之精氣說有關。後人認爲「水之精麤濁蹇」不可能「生人與玉」，能夠生人與玉者，必是「水之精」，是以增「精也」二字。如此，則「此乃其精也」的「精」乃是一個具有本體論、根源義的概念，與《管子》四篇之「精」同；而「精麤濁蹇」之「精」乃是與「麤濁蹇」相對之形下概念。

「慶忌」爲川澤之「精」物。龜能占卜禍福，龍則可上天下地，二者皆生於水中；蟜爲涸澤中的精靈，慶忌則是涸川中的精靈，二者皆是水中的精靈。最後，作者結論道：「是以水之精麤濁蹇，能存而不能亡者，生人與玉。伏闇能存而能亡者，蓍龜與龍。或世見，或世不見者，蟜與慶忌。」人之思慮、玉之德性以及龜、龍、蟜、慶忌等都是由水所直接生成。所以說：「萬物莫不以生，唯知其託者能爲之正。具者，水是也。故曰：水者何也？萬物之本原也，諸生之宗室也。美惡、賢不肖、愚俊之所產也。」萬物莫不依靠水以維持生命，因此，水是萬物的本原，生命的根源。而最後說「美惡、賢不肖、愚俊之所產也」，則指出了民性與水性有不可分割的密切關連。在此，作者亦秉持著《管子》書中助君爲治的一貫態度，強調聖人必須熟諳水性之事，方能治世，他說：「是以聖人之化世也，其解在水。故水一則人心正，水清則民心易。一（民心正）則欲不污〔註17〕，民心易則行無邪。是以聖人之治於世也，不人告也，不戶說也，其樞在水。」

綜合以上所述，吾人可知，〈水地〉篇雖指出「地」爲萬物生存所必須，可說是生命之本源，然作者並無尋求單一物質作爲萬物生發之元素的意圖〔註18〕。再者，「水」乃是萬物形體、精神的根源，其與〈心術〉四篇之「精氣」對萬物的作用相同，由此可知，〈水地〉篇中的「水」乃是一個本體論的概念。

第四節　「陰陽」

在《管子》書中，「陰陽」概念已是產生四時運行、日夜交替的主因，〈乘馬〉篇言：

> 春秋冬夏，陰陽之推移也；時之短長，陰陽之利用也；日夜之易，陰陽之化也。然則陰陽正矣，雖不正，有餘不可損，不足不可益也。

〔註17〕王念孫云：「『一則欲不污』本作『民心正則欲不污』，與下句對文。」參見郭沫若《管子集校》（二），收入《郭沫若全集》歷史編第六卷，頁509。

〔註18〕李增認爲：「地者，萬物之本原，諸生之根菀也」，在此則已有萬物之「本」、「根」問題之提出。但這「本」是基礎，而「原」則是源頭、泉源。這種解釋即是強調地爲萬物之基礎性與源頭，以及所有生命者的生長之處，而不指涉地是萬物的基本構成元素。參見氏著《管子》之宇宙觀》，《國立編譯館館刊》第27卷第2期，頁15～16。

由上引文可以得知，「陰陽」的推移變化乃是春夏秋冬、日夜更迭的導因
〔註19〕，非但如此，「陰陽」變化似已成爲一種天地間規範性的權威，是以言：
「有餘不可損，不足不可益也。」陰陽的推移即使有「不正」的時候，仍然對
天地間事物有著關鍵性的影響，〈樞言〉說：

> 凡萬物陰陽兩生而參視，先王因其參而愼所入所出。

萬物皆是由陰陽交感作用而產生的第三物，是以聖王依據這合成的第三個事
物的性質，去愼重地觀察其中所包含的正反兩個方面〔註20〕。其中「凡萬物
陰陽兩生而參視」正是今本《老子‧四十二章》所言「道生一，一生二，二
生三，三生萬物。萬物負陰而抱陽，沖氣以爲和」之意。由此可知，此時已
建立了陰陽交合而生萬物、萬物由陰陽作用而生的思想。〈侈靡〉亦言：

> 「請問形有時而變乎？」對曰：「陰陽之分定，則甘苦之草生也。從
> 其宜，則酸鹹和焉，而形色定焉，以爲聲樂。夫陰陽進退，滿虛亡
> 時，其散合可以視歲。唯聖人不爲歲，能知滿虛，奪餘滿，補不足，
> 以通政事，以贍民常。……」

陰陽交通作用之時，其相互配合的多寡不同，將會對所生之物產生決定性的
影響。是以觀察陰陽的消長進退、離散和合，就可以知道歲收的情形。而這
樣的論點，亦與郭店楚簡〈太一生水〉宇宙生成序列中，將「陰陽」置於「四
時」、「寒熱」、「燥濕」、「歲」的思路相吻合。綜合以上所論，可以知道，「陰
陽」對於當時人們來說，有著舉足輕重的地位。

　　非但如此，此時的「陰陽」已不只是自然變化的原理，更是治國之理、
刑德之事的準則與依據。試觀以下三則引文：

> 春者，陽氣始上，故萬物生；夏者，陽氣畢上，故萬物長；秋者，
> 陰氣始下，故萬物收；冬者，陰氣畢下，故萬物藏。故春夏生長，
> 秋冬收藏，四時之節也；賞賜刑罰，主之節也。四時未嘗不生殺也，
> 主未嘗不賞罰也，故曰：「春秋冬夏不更其節也」。（〈形勢解〉）

> 其滿爲感，其虛爲亡〔註21〕，滿虛之合，有時而爲實，有時而爲

〔註19〕趙載光指出：陰陽的概念把時間與物質、運動和規律結合在同一個範疇中，
　　　　宇宙的規律就從這些以時間爲標志的變化中體現出來。參見《中國古代自然
　　　　哲學與科學思想》，長沙：湖南人民出版社，1999 年 11 月，頁 84。

〔註20〕參見陳鼓應《〈管子〉〈形勢〉〈宙合〉〈樞言〉〈水地〉諸篇的黃老思想》，《漢
　　　　學研究》第 20 卷第 1 期，頁 13。

〔註21〕郭沫若云：「『感』讀爲減，『亡』讀爲萌。滿者損之始，虛者生之基。」參見

動。地（陰）陽時貸〔註22〕，其冬厚則夏熱，其陽厚則陰寒。是
故王者謹於日至，故知虛滿之所在，以爲政令。已殺生，其合而未
散，可以決事。將合，可以禺其隨行以爲兵，分其多少以爲曲政。
（〈侈靡〉）

是故陰陽者，天地之大理也；四時者，陰陽之大經也；刑德者，四
時之合也。刑德合於時則生福，詭則生禍。（〈四時〉）

在〈形勢解〉的引文中，吾人可以了解：「陰陽」的具象化乃是透過與萬物生
息密切相關的「四時」來表現，也就是說，人們是藉由具體的「四時」變化
來感受「陰陽」的消長。春夏之時，陽氣長而陰氣消，此時，萬物生長；而
秋冬之時，陽氣消而陰氣長，是以萬物收藏。春夏生長、秋冬收藏乃是天地
的規則，而賞賜刑罰則是人主行事的法則。在此段引文中，天地規則與人主
行事還只是比附的關係而已。

在〈侈靡〉的引文中，其所表達的是：盈滿與衰減的交替變化、陰與陽
的彼消我長，乃是天地變化的既定規律，是以君主特別留意多至、夏至，以
知天地間陰陽盈虛的情況。之所以如此，乃是爲了制定政令之用。其所言：「已
殺生，其合而未散，可以決事。將合，可以其隨行以爲兵，分其多少以爲曲
政。」即是以陰陽的合散作爲施政用兵的憑據。而〈四時〉篇的引文亦說明
了：陰陽四時的變化是天地的道理，而刑德政令的施行，必須與四時變化相
合，因爲「刑德合於時則生福，詭則生禍。」由〈侈靡〉與〈四時〉的引文，
可以看出「陰陽」已晉升爲君主行事立政的標準。

此外，《管子》中既有「重陽輕陰」之說，亦有「重陰輕陽」之說，其說
法如下：

先王用一陰二陽者，霸；盡以陽者，王；以一陽二陰者，削；盡以
陰者，亡。（〈樞言〉）

人主者立於陰，陰者靜，故曰：「動則失位。」陰則能制陽矣，靜則
能制動矣，故曰：「靜乃自得。」（〈心術上〉）

在〈樞言〉中，論者主張君王爲政必須「盡以陽」，人主若是「盡以陰」，將

郭沫若《管子集校》（二），收入《郭沫若全集》歷史編第六卷，頁387。

〔註22〕 丁士涵云：「當作『陰陽時貸』；『貸』與『代』通。下文云：『其陽厚則陰寒。』」
郭沫若云：「『地』古亦作『墬』，與『陰』字相近。蓋『陰』誤爲『墬』，又
轉寫爲『地』也。」參見郭沫若《管子集校》（二），收入《郭沫若全集》歷
史編第六卷，頁387～388。

會導致滅亡的命運。此種「尙陽抑陰」的理論，是將「陽」視作厚生之德政，將「陰」視作暴虐之刑戮，要求人主實行仁政，去除暴行。因此，此處之「陰陽」其實已有「刑德」的意味。然而，「陰陽」與「刑德」兩個範疇如何能相互連結？在《管子》中，即有線索可尋。〈四時〉言：「陰陽者天地之大理也，四時者陰陽之大經也，刑德者四時之合也。刑德合於時則生福，詭則生禍」，指出「陰陽」消長促成「四時」變化，而「刑德」又必須合於「四時」，按四時以施政，這也就是說，「刑德」須與「陰陽」相符，二者因此產生比附關係。除此之外，黃老帛書〈姓爭〉說：「刑德皇皇，日月相望……刑晦而德明，刑陰而德陽，刑微而德彰。」其中「刑陰而德陽」的理路也與此相應，皆是主張人君治國應「以德爲主，以刑爲輔」，行德政者，可以稱王；盡用刑罰者，則自取滅亡〔註23〕。

再者，在〈心術上〉的引文中，「陰」代表「靜」、「陽」代表「動」，要君主處陰以制陽、處靜以制動。「陰而制陽」之說，也就是主張：人主必須去除主見，全然「以物爲法」、「感而後應」，一切因循自然之理來行事。此正反映出黃老靜因無爲的統御術，〈心術上〉言：「毋先物動，以觀其則」即是此理。

〈樞言〉中主張「重陽輕陰」，反之，〈心術上〉卻主張「重陰輕陽」。表面上看來，兩者似乎相互矛盾。然而，「重陽輕陰」乃是就刑德而言，「重陰輕陽」乃是就統御而言；前者的對象是百姓，後者的對象則是人臣。無論「陰陽」的意涵是「刑德」，抑或是「動靜」，皆是著眼於人主施政而立論。由此可知，在《管子》中，「陰陽」所指涉者已不限於自然界，而是逐漸滲透人事政治。就「陰陽」的發展理路而言，《管子》與黃老帛書有極大的相似性。

第五節 「氣」與「精」

在《管子》書中，有關「氣」的論述，可以大致分爲自然之氣與身心之氣二者，前者乃是天地四時中自然狀態的陳述，是以此類之氣多與「天」、

〔註23〕《春秋繁露・陰陽義》言：「天道之常一陰一陽，陽者天之德也，陰者天之刑也。」〈天道無二〉言：「天之任陽不任陰，好德不好刑。」亦將「陰陽」與「刑德」結合，把「刑德」歸屬「陰陽」。參見陳師麗桂〈董仲舒的黃老思想〉，收入《紀念程旨雲先生百年誕辰學術研討會論文集》，台北：國立臺灣師範大學國文系，1994 年 5 月，頁 427～428。

「地」、「陰」、「陽」、「燥」、「濕」、「鬱」〔註24〕等結合，而後者則和個人或群體的身心狀態相關連，是以多與「血」〔註25〕、「哀樂」〔註26〕、「怨」〔註27〕等結合，或釋爲「民氣」〔註28〕、「士氣」〔註29〕。以下筆者將就自然之氣的部分加以討論。

在有關自然之「氣」的論述中，最引人注目的，即是〈幼官〉（〈玄宮〉）〔註30〕及〈四時〉篇中與五行四時相配的各種自然之「氣」。其原文如下：

> 五和時節，君服黃色，味甘味，聽宮聲，治和氣。……
>
> 八舉時節，君服青色，味酸味，聽角聲，治燥氣。……
>
> 七舉時節，君服赤色，味苦味，聽羽聲，治陽氣。……
>
> 九和時節，君服白色，味辛味，聽商聲，治濕氣。……
>
> 六行時節，君服黑色，味鹹味，聽徵聲，治陰氣。……（〈幼官〉）
> （〈玄宮〉）
>
> 東方曰星，其時曰春，其氣曰風，風生木與骨。……
>
> 南方曰日，其時曰夏，其氣曰陽，陽生火與氣。……
>
> 謹修神祀，量功賞賢，以助陽氣〔註31〕。……

〔註24〕如〈五行〉言：「然則天無疾風，草木發奮，鬱氣息。」

〔註25〕如〈禁藏〉言：「宮室足以避燥濕，食飲足以和血氣，衣服足以適寒溫，禮儀足以別貴賤。」又如〈中匡〉言：「道血氣以求長年長心長德，此爲身也。」

〔註26〕如〈侈靡〉言：「修之心，其殺以相待，故有滿虛哀樂之氣也。」或如〈戒〉所言：「滋味動靜，生之養也。好惡喜怒哀樂，生之變也。聰明當物，生之德也。是故聖人齊滋味而時動靜，御正六氣之變，禁止聲色之淫。」其「六氣」即指「好惡喜怒哀樂」之氣。

〔註27〕如〈小稱〉言：「毛嬙、西施，天下之美人也，盛怨氣於面，不能以爲可好。我且惡面，而盛怨氣焉。怨氣見於面，惡言出於口，去惡充以求美名，又可得乎？」

〔註28〕如〈七臣七主〉言：「土地不毛，則人不足；人不足，則逆氣生；逆氣生，則令不行。」此處的「逆氣」即指人民的不順之氣、反抗之氣。

〔註29〕如〈禁藏〉：「四曰必深親之，如典之同生，陰內辯士，使圖其計，內勇士，使高其氣，內人他國，使倍其約。」又如：「〈兵法〉：力不可量，彊不可度，氣不可極，德不可測，一之原也。」。

〔註30〕郭沫若《管子集校》（一）引清代何如璋言「舊《注》『幼者始也』，始字無義，疑『幼』本作『玄』，故《注》訓爲始，宋刻乃誤爲『幼』字耳。『官』宜作『宮』，以形近而誤。……蓋玄宮時政猶明堂之月令也。」以及聞一多言：『『幼』古『窈』字，與『玄』同義（幼字從幺，即『玄』字，故有玄義），『官』疑當爲『宮』，字之誤也。『幼官』即『玄宮』。……玄宮，即明堂也。」證明「幼官」乃「玄宮」之誤，參見氏著《管子集校》（一），收入《郭沫若全集》歷史編第五卷，頁190。

〔註31〕王念孫云：「『動』當爲『助』，字之誤也。」參見郭沫若《管子集校》（三），

> 中央曰土，土德實輔四時，入出以風雨，節土益力。……
>
> 西方曰辰，其時曰秋，其氣曰陰，陰生金與甲。……
>
> 北方曰月，其時曰冬，其氣曰寒，寒生水與血。……
>
> 斷刑致罰，無赦有罪，以符陰氣。……（〈四時〉）

在〈幼官〉（〈玄宮〉）中，五和（季夏）、八舉（立春）、七舉（立夏）、九和（立秋）、六行（立冬）等不同的時節，皆有與之相對應的節氣，立春時是燥氣，立夏時是陽氣，季夏時是和氣，立秋時爲濕氣，立冬時爲陰氣。在〈四時〉中，亦有與春、夏、秋、冬四季相對應之氣，分別爲「風」、「陽」、「陰」、「寒」。〈幼官〉（〈玄宮〉）與〈四時〉兩篇中，各季所配之「氣」不盡相同。此外，值得注意的是，在〈四時〉篇中，有關冬季施政的論述中，出現了「以符陰氣」的文句，這與它上文中所言「其時曰冬，其氣曰寒」有所不同，教人不禁疑惑：究竟「冬」是配「寒氣」，還是配「陰氣」呢？

季節的變遷最明顯的特徵即表現在氣候改變上，時人雖以「氣」配「時」，然而，在同一季節中，所出現的氣候徵象本不只一者，因此，對於什麼季節配合何「氣」，但求符合自然現象，並沒有統一規定。所以，在〈幼官〉（〈玄宮〉）與〈四時〉的引文中，只能勉強歸納出「陽氣」配「春夏」、「陰氣」配「秋冬」的大原則。此亦即〈形勢解〉所言：「春者，陽氣始上，故萬物生；夏者，陽氣畢上，故萬物長；秋者，陰氣始下，故萬物收；冬者，陰氣畢下，故萬物藏。故春夏生長，秋冬收藏，四時之節也。」

其次，在〈四時〉中，「其氣曰風，風生木與骨」、「其氣曰陽，陽生火與氣」、「其氣曰陰，陰生金與甲」、「其氣曰寒，寒生水與血」的論述過程中，作者明顯推衍了「氣生物」的思想。其將「氣」分爲「風」、「陽」、「陰」、「寒」四類，而此四類氣所生者，又可分爲「木」、「火」、「金」、「水」與「骨」、「氣」、「甲」、「血」二類。「木」、「火」、「金」、「水」一類應可歸屬於今日所謂「無生物」，而「骨」、「氣」、「甲」、「血」一類則應屬「生物」。再者，此處「骨」、「氣」、「甲」、「血」一類中的「氣」，當然與「風」、「陽」、「陰」、「寒」四類「氣」有所不同，「骨」、「氣」、「甲」、「血」一類中的「氣」指的是動物之氣息，而「風」、「陽」、「陰」、「寒」四類之「氣」則具有創生意涵，是一切生物與無生物的源頭，亦即是萬物之根源。

收入《郭沫若全集》歷史編第七卷，頁 15。

此外，在〈幼官〉（〈玄宮〉）與〈四時〉的引文中，吾人亦不難察覺出作者企圖結合「四時」與「五行」的用心。〈幼官〉（〈玄宮〉）中出現了「黃、青、赤、白、黑」五色，而〈四時〉中則有「木、火、土、金、水」五行。然而，作者論述的重心仍是「時節」，他是要將「五行」納入「四時」的體系中〔註32〕。由此亦可知，「五行」乃是藉由與「四時」的結合，進而逐步和「氣」（亦可言「陰陽」）連結爲同一體系的。吾人由《管子》書中，「五行」與「四時」結合的各種嘗試，以及〈四時〉篇中「氣」生「木」、「火」、「金」、「水」的說法，可以瞭解，「五行」在宇宙生成的論題上，其實還不具備根源的性格。

聖王施政必須與季節氣候相配合，是以「天地之氣」的考察乃是制定政令的先決條件。唯有如此，才能「地知氣和，則生物從」（〈幼官〉〈玄宮〉），節氣和順，生物適性生長，否則將導致「賊氣遨至，則國多菑殃」（〈四時〉）。

「氣」與萬物的生長運作息息相關，〈度地〉說：「天氣下，地氣上，萬物交通」，天氣下降，地氣上升，天氣、地氣的交通帶動了萬物的交流運作，〈五行〉亦言：「故通乎陽氣，所以事天也，經緯日月，用之於民；通乎陰氣，所以事地也，經緯星曆，以視其離〔註33〕」，也就是說，要通達陰陽二氣的消長運作，才能了解天地之道，掌握日月運行、星辰曆法，並且施用於一切人事。經由以上討論可知，在《管子》書中，「陰陽二氣」已具備創生萬物之根源義，已表現出根源之氣的特質，正因如此，「氣」才與同樣具有創生性格的「精」結合成爲「精氣」一詞。

《管子》中有關「精氣」的討論集中在〈心術上〉、〈心術下〉、〈白心〉與〈內業〉四篇中。關於「氣」的說法，吾人可以從〈心術下〉所言：「氣者，身之充也」〔註34〕，了解到：此處「生者以其氣」的說法正與《莊子・知北遊》中「人之生，氣之聚也；聚則爲生，散則爲死」之說不謀而合，這是戰國時期人們的共識。而《管子》四篇的特出之處，則在於「精」與「氣」的

〔註32〕 以「五行」爲基本體系者爲〈五行〉篇「睹甲子，木行御，……七十二日而畢。睹丙子，火行御，……七十二日而畢。睹戊子，土行御，……七十二日而畢。睹庚子，金行御，……七十二日而畢。睹壬子，水行御，……七十二日而畢。」之說。

〔註33〕 許維遹云：「『離』讀爲列。」參見郭沫若《管子集校》（三），收入《郭沫若全集》歷史編第七卷，頁35。

〔註34〕 〈樞言〉也說：「有氣則生，無氣則死，生者以其氣」。

結合。

〈心術〉等四篇所共同涉及的主題乃是修心養神，而修養的終極目標則指向治國之術﹝註35﹞。「精」在〈心術〉等四篇中，主要的意涵乃是指向專一無慾的心靈狀態，以及萬物生成運作的根源。〈心術下〉言：

> 形不正者德不來，中不精者心不治。正形飾德，萬物畢得，翼然自來，神莫知其極，昭知天下，通於四極。是故曰：無以物亂官，毋以官亂心，此之謂內德。是故，意氣定，然後反正。氣者身之充也，正者行之義也﹝註36﹞，充不美則心不得，行不正則民不服。

形體不端正，就不能修成道德；而心體不達到「精」，亦不能修養自身上臻完美的狀態。只有端正形貌、修養道德，才能夠掌握萬物之理，而此境界可說是神妙無極、通達四方。在作者看來，心之所以不能專一誠敬，乃是因為感官外物的紛擾，只要能夠去除外物的誘惑、官能的擾亂，也就能夠修養德行。由此可知，在此，「精」所指乃是心靈無欲專一的神妙境界。在此，作者還提到了「意氣」與「氣者身之充」，由「氣者身之充」可知，人身充塞著「氣」，「氣」瀰漫於人身，而「意」與「氣」的結合，則說明了：人身之「氣」並非全然物質性的﹝註37﹞，正如《孟子》所言：「志一則動氣，氣一則動志」，「氣」、「志」難以截然二分，兩者互為因果。是以，在〈心術下〉中，「意」、「氣」亦結合為「意氣」一詞。而「氣者身之充也」與「充不美

﹝註35﹞ 有學者以為：《管子》四篇中，各篇義理仍有不同，不可視為一體，如：朱伯崑認為：〈心術〉、〈白心〉，既談養生，又談刑名，而〈內業〉只談養生，不談刑名。據此，不能將此四篇混為一談。（參見氏著〈再論《管子》四篇〉，收入《燕園耕耘錄——朱伯崑學術論集》，台北：臺灣學生書局，2001 年 3 月，頁444。）又如：楊儒賓所言：四篇文章基本上都是綜合儒、道、法三家，但〈白心〉、〈心術上〉偏黃老學派，〈心術下〉及〈內業〉則以孟子學為骨幹。（參見氏著〈論《管子》四篇的學派歸屬問題——一個孟子學的觀點〉，《鵝湖學誌》第十三期，1994 年 12 月，頁65。）對此，筆者以為：按朱氏與楊氏之論點，四篇所涉及之論題仍有交集，此即朱氏所言之「養生」，楊氏所言之「心性——形上學的因素」（楊氏言：〈白心〉、〈心術上〉源自彭蒙、田駢、慎到，但它加進了更多心性——形上學的因素，頁79）。再者，在四篇中，修養理論與治國之術乃是不可分離的，呈現出治身、治國一體的現象，是以筆者仍將四篇視為一體。

﹝註36﹞ 此句原作「行者正之義也」，郭沫若云：「當為『正者行之義也。』此釋『然後身正』之正，『義』讀為儀。」參見郭沫若《管子集校》（二），收入《郭沫若全集》歷史編第六卷，頁431。

﹝註37﹞ 丁原明亦指出：氣在先秦是一個兼包物質和精神的概念。參見氏著《黃老學論綱》，濟南：山東大學出版社，2000 年 10 月，頁144。

則心不得」之說，亦表達出「氣美」與「心得」之間的密切關連，也就是說，充塞全體的氣的狀態與心的修養境界是不可分割的。在此，「中精」、「氣美」、「心得」所指涉者，皆是修養至極的身心狀態。而「中精」、「氣美」、「心得」乃是爲了「行正」、「民服」作準備，也就是說，修養的最終目的乃是通向領導統御，此正是黃老道家治身、治國一體之術。

再觀〈心術上〉所言：

> 道在天地之間也，其大無外，其小無內，故曰不遠而難極也。虛之與人也無間，唯聖人得虛道，故曰：並處而難得世（也）〔註38〕，人所職者精也，去欲則宣，宣則靜矣，靜則精，精則獨立矣。獨則明，明則神矣。

此言：「精」主宰人的生命，維持人的生機，而「去欲則宣，宣則靜矣，靜則精」則說明了人如何能得其「精」。得其「精」的方法即是去除慾望，去慾則心靈暢通，心暢則可以保持平靜，如此即可上臻「精」的境界。其下又言，「精則獨立矣。獨則明，明則神矣。」也就是說，得「精」而後能自主獨立、不受牽擾，獨立不受干擾而後能思慮清明，而後神妙以至於無極。值得注意的是，作者在「人所職者精也，去欲則宣，宣則靜矣，靜則精，精則獨立矣。獨則明，明則神矣」之前，有著「道在天地之間也，其大無外，其小無內，故曰不遠而難得也」的一段論述，也就是說，人們追求「靜」、「精」、「明」、「神」的境界，其實亦是求「道」的過程〔註39〕。在此，「精」所代表的是去慾寧靜、與道冥合的心靈狀態。

而這樣的心靈狀態與「氣」有何關連？試觀〈心術下〉所言：

> 能專乎？能一乎？能毋卜筮而知凶吉乎？能止乎？能已乎？能毋問於人而自得之於己乎？故曰：思之，思之不得，鬼神教之；非鬼神之力也，其精氣之極也。一氣能變曰精，一事能變曰智。

如何能夠專一誠敬、預知吉凶？如何能夠停止慾念、反求諸己？作者指出：透過深思內求的功夫，凝聚內在的精氣，就將得到彷彿鬼神之助的成效。所以，他說：「一氣能變曰精」，也就是說，「精」乃是專一誠敬之氣，此氣能隨順外物、靈妙變化，所以以「精」來稱之。再者，此精氣存在於人身，更精

〔註38〕安井衡《管子纂詁》引豬博彥轉云：「『世』當『作』也。」參見《管子纂詁》，卷十三，頁4。

〔註39〕〈內業〉有言：「凡道無所，善心安處，心靜氣理，道乃可止」又言：「彼道之情，惡音與聲，脩心靜音，道乃可得」皆可與之對照。

確地說，乃是存在於修養心體的人身之中。〈內業〉篇也有如下的紀錄：

> 能正能靜，然後能定，定心在中，耳目聰明，四枝堅固，可以為精
> 舍。精也者，氣之精者也。氣，道乃生，生乃思，思乃知，知乃止
> 矣。凡心之形，過知失生。一物能化謂之神，一事能變謂之智。化
> 不易氣，變不易智，惟執一之君子能為此乎！……有神自在身，一
> 往一來，莫之能思，失之必亂，得之必治，敬除其舍，精將自來。
> 精想思之，寧念治之，嚴容畏敬，精將至（自）定〔註40〕。得之而
> 勿捨，耳目不淫，心無他圖，正心在中，萬物得度。

此言：端正安靜、內心穩定、耳目聰明、四肢強壯，這是「精」的住所。而
此「精」的型態乃是「氣」。在「氣，道乃生，生乃思，思乃知，知乃止矣」
〔註41〕的論述中，吾人可知：此「氣」與人類的思慮認知活動緊密連結，是
以此「氣」並非一純然之物質。而「一物能化謂之神，一事能變謂之智。化
不易氣，變不易智」與〈心術下〉「一氣能變曰精，一事能變曰智」相對照，
更可發現「神」、「氣」、「精」三者，實有著微妙的關連，三者皆指涉一種敬
定無慾的心境。因之，在下文中，作者言：「有神自在身」，又言：「敬除其舍，
精將自來」，也就是說，只要能夠寧靜莊嚴、心無慾求，不使本有的「神」散
佚，即能持守住「精」〔註42〕。正如〈心術上〉所言：「虛其欲，神將入舍；
掃除不絜，神乃留處」、「絜其宮，開其門，去私無言，神明若存」。

　　此外，除了「精氣」外，〈內業〉篇尚有「靈氣」一詞，原文如下：

> 老不長慮，因乃遫竭。大心而敢（敞）〔註43〕，寬氣而廣，其形安
> 而不能移，能守一而棄萬苛，見利不誘，見害不懼，寬舒而仁，獨
> 樂其身，是謂雲（靈）氣〔註44〕，意行似天。……靈氣在心，一來

〔註40〕 王念孫云：「『至』當為『自』，上文『精將自來』，即其證。」參見郭沫若《管
　　　　子集校》（三），收入《郭沫若全集》歷史編第七卷，頁130。

〔註41〕 周立升、王德敏指出：「氣，道乃生」，戴望引《左傳》注：「道，通也」。解
　　　　釋說：「氣道乃生，猶言氣通乃生耳」，這是從詞源上訓的。我們認為，此處
　　　　「道」字訓為疏導的「導」字似乎更恰當。參見氏著〈管子中的精氣論及其
　　　　歷史貢獻〉，《哲學研究》1983年第5期，頁59。

〔註42〕 裘錫圭認為：「神明之極」、「神明」指由於積精多而達到的智慧極高的一種境
　　　　界。而「有神自在身」的「神」，似乎應該理解為精氣。參見氏著，〈稷下道
　　　　家精氣說的研究〉，《道家文化研究》第二輯，頁173。

〔註43〕 何如璋云：「『敢』當作『敞』字，敞與廣叶。『敢』字義不相屬。」參見郭沫
　　　　若《管子集校》（三），收入《郭沫若全集》歷史編第七卷，頁140。

〔註44〕 丁士涵云：「『雲』乃『靈』字誤，下文云：『靈氣在心，一來一逝』。」俞樾

　　一逝，其細無內，其大無外。所以失之，以躁爲害；心能執靜，道
　　將自定。得道之人，理丞而屯泄，匈中無敗。節欲之道，萬物不害。

所謂的「靈氣」乃是指形體安和且不貪利益、不畏禍害，寬舒仁愛、安樂無
慾的身心狀態。此「靈氣」存在於吾人內心，來來去去，瀰漫全身，而可無
限擴充。然而，浮躁將使人失去此「靈氣」，唯有靜定，才能執守此氣。由此
可知，此「靈氣」即是上文所言的「精氣」，而「靈氣」、「精氣」充塞全身的
身心狀態當然是修道所致，而由「心能執靜，道將自定」之語，則可知「靈
氣」、「精氣」在此幾與「道（存於人心之道、人修得之道）」無異。
　　由上可知，「精」、「氣」、「神」、「靈」四者乃是互相涵攝的概念〔註45〕，
而此四者又牽連著「心」的活動，是由「治心」、「求道」所引發的概念，而
此「心」的活動，對於人身而言，其重要性不言可喻，〈內業〉有言：

　　治之者心也，安之者心也；心以藏心，心之中又有心焉。彼心之心，
　　音（意）以先言，音（意）然后形〔註46〕，形然后言；言然后使，
　　使然后治。不治必亂，亂乃死。精存自生，其外安榮，內藏以爲泉
　　原，浩然和平，以爲氣淵。淵之不涸，四體乃固；泉之不竭，九竅
　　遂通（達）〔註47〕，乃能窮天地、被四海，中無惑意，外無邪菑，
　　心全於中，形全於外，不逢天災，不遇人害，謂之聖人。

此段文字可以分爲談論「心中有心」與「精存自生」兩個部分。「心中有心」
的部分提出了「彼心之心」才是生發意念的根源。而「精存自生」以下，則

　　云：「下文云：『靈氣在心，一來一逝』，疑此文『雲氣』亦『靈氣』之誤。」
　　參見郭沫若《管子集校》（三），收入《郭沫若全集》歷史編第七卷，頁 140
　　～141。又，郭沫若在此言：「此『雲』字當從安井衡解爲『運』，然而，其
　　於〈宋鈃尹文遺著考〉中，又將「雲氣」改爲「靈氣」。參見郭沫若《青銅時
　　代》，收入《郭沫若全集》歷史編第一卷，頁 562。
〔註45〕胡家聰嘗指出：〈心術上〉篇中常用「神」或「精」，而不用「氣」字。看來
　　「精」、「氣」、「神」三者，黃老作者在用法上無嚴格區別。參見氏著《管子
　　新探》，頁 93～94。謝明陽亦言：「敬除其舍，精將自來」、「虛其欲，神將入
　　舍」、「心靜氣理，道乃可止」云云，其中「精」、「氣」、「神」、「道」就具有
　　某種同質性，它們指的都是能夠操存於人心當中的一種精神實體，易言之，
　　即是心中所藏之心。參見氏著〈從《老子》到《管子》四篇看「心」的概念
　　之發展〉，《鵝湖》第二十五卷第八期，2000 年 2 月，頁 10。
〔註46〕王念孫云：「兩『音』字讀爲『意』。」參見郭沫若《管子集校》（三），收入
　　《郭沫若全集》歷史編第七卷，頁 132。
〔註47〕王念孫云：「『通』當爲『達』，『達』與『竭』爲韻。」參見郭沫若《管子集
　　校》（三），收入《郭沫若全集》歷史編第七卷，頁 132。

說明了「精」潛藏於人身，是人們生命之泉源。「精」的存在、充旺與否，直接影響到人身感官四體的運作，以及精神之靈明。之所以如此，乃因「精」是人內外身心健全的關鍵，所以說：「中無惑意，外無邪菑，心全於中，形全於外。」如此說來，唯有「精」存在於「心」中，方能使人「其外安榮」。

正因「精」對人們有其重要性，是以〈內業〉言曰：

> 凡人之生也，天出其精，地出其形，合此以為人，和乃生，不和不生。察和之道，其精不見，其徵不醜，論治〔淪洽〕在心〔註48〕，以此長壽。

人的生命乃是由上天賦予「精」，大地賦予「形」，二者合和而成〔註49〕。在此，「形」為「形體」、「形骸」已無異議。而「精」可以解釋為「精氣」，亦可解釋為「精神」，因為，前已有言，在〈心術〉四篇中，「精」、「氣」、「神」所指涉者可以互通，作者在此並未將這些範疇加以明確區別。再者，引文中提及：「精」與「形」的合和之道，乃是內在之精氣不外現，外在之迹兆順遂圓滿、不可言喻，此調適和宜之氣滲入潤澤內心，人因此而得以長壽。

四篇對「精」的探求與推崇，導出了「精生物」的論述，〈內業〉有言曰：

> 凡物之精，此（化）則為生〔註50〕，下生五穀，上為列星，流於天

〔註48〕 郭沫若云：「『論治』二字當是『淪洽』之誤，言天地之和氣瀰滿於心中也，即所謂『淪肌浹髓』。」參見郭沫若《管子集校》（三），收入《郭沫若全集》歷史編第七卷，頁137。

〔註49〕 《淮南子・精神》有言：「夫精神者所受於天也，而形體者所稟於地也。」又言：「是故精神天之有也，而骨骸地之有也。精神入其門，而骨骸反其根，我尚何存？」其思想應是由此而出。

〔註50〕 丁士涵云：「『此』乃『化』字誤。」張佩綸云：「『此』當為『化』字之誤也。」《易・繫辭下》：『天地絪縕，萬物化醇，男女構精，萬物化生。』」石一參云：「原本『比』作『此』，丁氏《注》作『化』，皆誤。比，合也。」郭沫若則贊同石一參之意見。參見郭沫若《管子集校》（三），收入《郭沫若全集》歷史編第七卷，頁121。

李存山指出：「凡物之精，此則為生」的「此」，從語法上說只能是一個動詞。因此，認為「此」或為「化」之誤，或為「比」（結合）之訛，在語法上都是可以成立的。然而，將「此」校改為「比」，釋為結合，當然文理上可通。但古人用「比」一般也要有個所「比」的東西，而不是自身與自身相「比」。嚴格地說，將「此」改為「比」，文意上也有滯礙。因此，我一直堅持張佩綸《管子學》將「此」校改為「化」。此校改之正確，在〈內業〉篇中的內證就是「一物能化謂之神」；因為「一物（氣）能化」，所以「化則為生」。參見氏著〈關於〈內業〉等四篇精氣思想的幾個問題〉，《管子學刊》1997年第3期，頁43及45。

又，張舜徽指出：「氣」字古作「气」，俗省作「乞」，與「凡」字形近，故傳

地之間謂之鬼神，藏於胸中謂之聖人。是故，民（此）氣杲乎如登
於天〔註51〕，杳乎如入於淵，淖乎如在於海〔註52〕，卒乎如在於己。
是故，此氣也不可止以力，而可安以德；不可呼以聲，而可迎以音
（意）〔註53〕，敬守勿失，是謂成德。德成而智出，萬物果（畢）
得〔註54〕。

此段首言「物之精」為萬物生成運作的根源，五穀、列星因「精」而得以生
成，「精」流於天地之間，亦藏於聖人之心，也就是說，鬼神乃是精氣之流
行，而聖人之心則有「精」存於其中。所以說，此「氣」上登於天、下入於
淵，遍及四海，而又可存於己身〔註55〕。此「氣」如何而可得？作者說道：
此「氣」必須以德行去安養，以意念去接泊，而這就是所謂的「成德」。由
此可知，這裡所說的「氣」，其實也就是「精」，是以學者多以「精氣」釋此
「氣」，它指涉一種更為精粹、始源之氣。

　　作者為文所要探究的重心，正是此「精」，「精」可以為「物之精」，亦可
為「人之精」。「精」為萬物自身之精萃，對人而言，「精」即是修養至極後，
進駐本心之物，而此進駐本心之物，其實也可說是本心所呈現的狀態，古人
在此並未明辨其中差異。說「精」是物質性的，抑或精神性的，似乎都難盡

寫者誤書作「凡」。「凡物之精」，原本蓋作「气物之精」，讀「气」字小逗，
而意自得。猶云氣者物之精。參見氏著《周秦道論發微》，台北：木鐸出版社，
1988 年 9 月，頁 278。其論可備一說。

〔註51〕丁士涵云：「『民』乃『此』字誤，氣即精氣也，下文云：『是故此氣也』，是
　　　　其證。」參見郭沫若《管子集校》（三），收入《郭沫若全集》歷史編第七卷，
　　　　頁 121。
〔註52〕丁士涵云：「『淖』讀為『綽』，《莊子‧大宗師》：『綽乎其殺也』，《釋文》：『綽，
　　　　崔本作淖』；《荀子‧宥坐篇》：『淖約微達似察』，楊《注》：『淖讀為綽。』綽，
　　　　寬也。」參見郭沫若《管子集校》（三），收入《郭沫若全集》歷史編第七卷，
　　　　頁 122。
〔註53〕安井衡云：「諸本『意』作『音』，今從張（榜）本。意與德、得相韻。」王
　　　　念孫云：「『音』即『意』字也，言不可呼之以聲，而但可迎之以意也。『音』
　　　　與力、德、德、得為韻，明是『意』之借字，若讀為聲音之音，則失其韻矣。」
　　　　參見郭沫若《管子集校》（三），收入《郭沫若全集》歷史編第七卷，頁 122。
〔註54〕王念孫云：「『果』當為『畢』，字之誤也。」安井衡說同。參見郭沫若《管
　　　　子集校》（三），收入《郭沫若全集》歷史編第七卷，頁 123。
〔註55〕楊儒賓指出：此種語言換成另一種說法，其實即指精氣遍布一切，是所有個
　　　　體存在的根基。能具備創造性，又能成為存有根基的終極實體，從《老子》
　　　　以來，我們就不能不聯想到這是「道」。參見氏著《儒家身體觀》，台北：中
　　　　央研究院中國文哲研究所籌備處，1999 年 4 月，頁 215。

其實，因爲無論是從〈水地〉篇中有關「精」的討論出發，抑或由〈心術〉四篇來看，「精」乃是精神與物質之上的一切存在之基礎〔註56〕。在古人眼中，「心」、「物」本無明顯區別，否則，也不致有「定心在中，耳目聰明，四枝堅固」這樣的文句了〔註57〕。

其次，有論者以爲：「凡人之生也，天出其精，地出其形，合此以爲人」一語說明了管子之「精」，雖生成萬物，卻不先於天地，其僅側重於說明萬物之構成，而不能用於解釋天地之起源〔註58〕。對此，筆者以爲：「凡物之精，此則爲生，下生五穀，上爲列星」之語即隱含了「精」爲天地本原、「精」構成天地之意。而此層意涵，並不與「凡人之生也，天出其精，地出其形」之說相衝突，因爲，此處的「天出其精」乃在強調人之「精」來源於「天」，並非是「天生精」的意思。因此，「精」仍應爲天地萬物之根源。總之，「精」構成了宇宙萬物，亦包含「天地」在內，是故「天地」亦含「精」，而此處乃言：「人」之「精」由「天」出。所以，此處隱含了「天地生人」與「精生人」兩層義涵〔註59〕。

經由以上所論，吾人可知，在〈心術〉等四篇中，「精」乃是四篇討論的重心，「凡物之精，此則爲生」、「天出其精，地出其形，合此以爲人」等在在都顯示了「精」對於生命的重要性。

再者，無論「精」抑或「氣」，皆是中國傳統中由來已有的古老觀念〔註60〕，在《管子》書中，「氣」不但指涉人之生理〔註61〕，亦與「善」、「惡」

〔註56〕 楊儒賓指出：「精氣」概念在《管子》書中，顯然是作爲本體論的概念，它是超越於精神與物質之上的一切存在之基礎，唯心與唯物之分對它並沒有意義。參見氏著〈論《管子》四篇的學派歸屬問題——一個孟子學的觀點〉，《鵝湖學誌》第十三期，1994年12月，頁88。

〔註57〕 陳師麗桂指出：《管子》四篇這些理論除了說明「精氣」是人身心、形神雙方面的根源之外，更顯示了精神和形骸是一體相關的。參見師著《戰國時期的黃老思想》，頁124。

〔註58〕 參見徐漢昌《管子思想研究》，台北：臺灣學生書局，1990年6月，頁78。

〔註59〕 在「天地生人」方面，《象傳·益卦》亦言：「天施地生，其益無方。」可與之相應。

〔註60〕 就「精」而言，學者多以《左傳·昭公七年》「人生始化爲魄，既生魄，陽曰魂。用物精多，則魂魄強，是以有精爽，至於神明。」及《國語·楚語》「古者民神不雜，民之精爽不携貳者，而又能齊肅衷正……」爲例，說明「精」觀念由來已久。參見金春峰《漢代思想史》，北京：中國社會科學出版社，1997年12月，頁549。又，裘錫圭推斷：古人十分重視玉，因爲他們認爲玉含有的精多。按照我們根據古人對玉態度而作的推論，在我國古代，精的觀念至

等心理狀態，以及「心」、「意」等意識範疇結合，〈內業〉言：

> 善氣迎人，親於兄弟；惡氣迎人，害於戎兵；不言之聲，疾於雷鼓；
> 心氣之形，明於日月，察於父母。賞不足以勸善，刑不足以懲過，
> 氣意得而天下服，心意定而天下聽。摶氣如神，萬物備存。能摶乎？
> 能一乎？能無卜筮而知吉凶乎？能止乎？能已乎？能勿求諸人而得
> 之已乎？思之、思之，又重思之；思之而不通，鬼神將通之，非鬼
> 神之力也，精氣之極也。四體既正，血氣既靜，一意摶心，耳目不
> 淫，雖遠若近。

此段文字中，出現了「善氣」、「惡氣」、「心氣」、「氣意」、「精氣」及「血氣」
等詞彙。由這些有關「氣」的詞彙，吾人可以看出，「氣」與人的身心狀態已
有了密切的結合，是以「精」與「氣」之結合，當屬必然之事。

「精」之所以與「氣」結合，乃是要借助於「氣」之充塞天地、瀰漫一
切，無處不入、無地不存的特性〔註62〕。「氣」這樣的特性，正與「視則不
見，聽則不聞，洒乎天下滿，不見其塞，集於顏色，知於肌膚，責其往來，
莫知其時。薄乎其方也，韓韓乎莫得其門」（〈白心〉）的「道」相近，是以
知：「精」、「氣」、「道」三概念有其重疊性，三者皆可指涉萬有之根源，而
「精」與「氣」結合爲「精氣」一詞，更能彰顯「精」遍在萬物的性格。因
之，論者多認爲：在《管子》書中，「精氣」乃是「道」的同義詞，《管子》
以「精氣」說轉化了《老子》的道論，也就是說，「精氣」替代了「道」，而
成爲創生萬物的根源。

事實上，四篇中亦有「道生萬物」之論，然而，這並不與「精化萬物」

〔註61〕　晚在新石器時代就已經形成。參見氏著〈稷下道家精氣說的研究〉，《道家文
化研究》第二輯，頁180、185。

〔註61〕　〈內業〉所言：「凡食之道，大充，氣傷而形戕；大攝，骨枯而血沍，充攝之
間，此謂和成，精之所舍而知之所生。……飽不疾動，氣不通於四末……」
所言之「氣」所指涉者即屬於生理方面。

〔註62〕　裘錫圭認爲：在時代較早的子產的話裏（筆者按：此指「人生始化爲魄，既
生魄，陽曰魂。用物精多，則魂魄強，是以有精爽，至於神明。」，見《左傳·
昭公七年》），祇提到「精」而沒有提到「精氣」。明確地把精看作是一種氣的
思想，也許是稍晚一些才出現的。……當然，即使承認精是一種氣的思想出
現得比較晚，也不能就肯定這是稷下道家首先提出來的。他們完全有可能祇
是繼承了這種思想。參見氏著〈稷下道家精氣說的研究〉，《道家文化研究》
第二輯，頁178。裘氏之論可備一說，而本文則嘗試從《管子》文本中推求「精」
與「氣」結合（亦即裘氏所言「承認精是一種氣」）之因。

之說相衝突，〈內業〉篇有言：

> 道也者，口之所不能言也，目之所不能視也，耳之所不能聽也，所
> 以脩心而正形也，人之所失以死，所得以生也；事之所失以敗，所
> 得以成也。凡道，無根、無莖、無葉、無榮，萬物以生，萬物以成，
> 命之曰道。

此言「道」乃是萬物得以生成的原理，人們得「道」即生，失「道」即死，
而「得道」的方法，則是要「脩心正形」，而「脩心正形」不正是爲了使吾人
之身成爲「精舍」？不正是要讓心呈顯出「精」的狀態？由此可知，「得道」
其實也就是「得精」。分而言之，「道」乃是指萬物生成的原理原則，而「精」
則是充塞於萬物自身的本體，二者皆爲一切存在之基礎。

　　由此可知，《管子》雖未完全悖離《老子》之道論，但其論述重心的確有
所轉移，更重要的是：道之超絕、道爲主體修養境界的論述已不復見，在《管
子》四篇創造性的詮釋之下，「道」之光芒已爲「精氣」所掩蓋。

　　以上，筆者已對〈心術〉等四篇中的「精氣」進行討論，最後，筆者擬
列出《管子》書中，其它論及「精氣」的部分，一併進行討論。

> 貸暉神廬，合於精氣。（〈五行〉）

> 地之變氣，應其所出；水之變氣，應之以精，受之以豫；天之變氣，
> 應之以正。且夫天地精氣有五，不必爲沮其亟而反其重。（〈侈靡〉）

針對〈五行〉篇「貸暉神廬，合於精氣」一句，郭沫若以爲：「神廬」即是
「神明之舍」、「精舍」，也就是「心」。「貸暉」當讀爲「化潭」。《孟子·盡心
篇》：「有如時雨化之者」，趙岐《注》：「教之漸漬而浹洽也。」因此，「貸暉
神廬」者謂心受教養而深厚，即所謂「定心」，故能「合於精氣」也。〔註63〕
由此可知，此句乃言：人文教化能深入人心，與精氣合。是以此處「精氣」
的意涵應與〈心術〉四篇所言之「精氣」相差不遠。

　　在〈侈靡〉篇中，「氣」乃是「地」、「水」、「天」的基本成分，是以三者
的變動狀態皆可以「變氣」來指陳。其後，又言「天地精氣有五，不必爲沮
其亟而反其重」，也就是說，天地間的精氣共有五種，這些精氣有一定的運行
規律，當其至於「亟」時，就會再「反其重」。然而，「天地精氣」究竟是哪
五種，作者卻沒有明確指出。郭沫若以爲乃「五行之氣」〔註64〕，然而，不

〔註63〕參見郭沫若《管子集校》（三），收入《郭沫若全集》歷史編第七卷，頁33。
〔註64〕參見郭沫若《管子集校》（二），收入《郭沫若全集》歷史編第六卷，頁390。

但《管子》書中沒有「木氣」、「火氣」、「土氣」、「金氣」、「水氣」之說,而且〈四時〉還有「氣」生「木」、「火」、「金」、「火」的論述,由此可知,此處「精氣有五」未必是「五行之氣」〔註65〕。雖然如此,吾人仍可以從有限的資料中,知道此處所言之「天地精氣」,應爲「物之精」,較接近前文中所言的水之「精」、玉之「精」。

〈五行〉篇與〈侈靡〉篇中「精氣」意涵的差異,顯示出此一問題的複雜性,也同時表現了「精氣」一詞內涵的豐富性。「精」既可指涉物質,亦可指涉心理,而「氣」亦如是。

總之,人有「精」,物亦有「精」,上文中所言之「水」、「玉」的德性中也都有「精」,在〈心術〉等四篇中,「精」有時幾是「道」的同謂語,若加以區別,則可知「精」乃是指個體生命而言,而「道」則涉全體生物。

《管子》書對「精」的探求,導引出了「精(氣)生物」的論題,有論者以爲:「劉安與何休所重視的宇宙生成論,在《管子》中不佔特殊地位。管子重視的,乃是氣與修養論的關係。〔註66〕」的確,「氣與修養論的關係」乃是《管子》論「精氣」的重心之一,然而,在《管子》中,修養理論與治國之方乃是相應不離的。更重要的是,《管子》也確實開展出「精氣生成萬物」的論題,無論是《管子》四篇,還是〈水地〉篇,皆有相關的論據。而且,這樣的開展並非出於「意外」,抑或後人的曲解。誠如前文所言,「精」、「氣」內在於萬物的觀念淵源流長,二者性質亦有可結合之處,將「精氣」提高爲生成萬物之本源,於理有其必然性,而《管子》的「精氣生成萬物」之說,更深刻影響了日後宇宙生成論的發展。

第六節 結 語

經由以上各個論題的討論,吾人可知,稷下學者將其視野擴展至整個宇

〔註65〕易天任指出:郭沫若對此的解釋是「五行之氣」。但《管子》一書中從未有五行與氣相比附的明言,亦即從未提及「金氣」、「木氣」等說法,其正式比附要到《呂氏春秋・應同》時才出現。此處「精氣有五」,一種可能的解釋是《管子・幼官》所說的「和氣」、「燥氣」、「陽氣」、「濕氣」、「陰氣」;亦有可能是《管子・四時》所說的「陰氣」、「陽氣」、(「和氣」)、「陰氣」、「寒氣」。亦即「精氣有五」是指「精氣」有五種狀態,而非五種性質。參見氏著《先秦「氣」思想研究》,高雄師範大學國文研究所碩士論文,周虎林先生指導,2001 年 1 月,頁104〜105。

〔註66〕參見楊儒賓《儒家身體觀》,頁217。

宙時空，對於萬物所生存的場域有著高度的關注與興趣。在此一時代思潮之下，學者們亦試圖去探求萬物之本原，《管子》書中有關「水」、「地」、「精」、「氣」的論述，皆是對此一問題的嘗試性答覆。雖然此中只有「水」、「精」、「氣」可以說是真正具備了本體的意涵；然而，吾人仍可從中窺見稷下學者思考之多樣及討論之熱烈。

就道學發展的脈絡而言，在《管子》書中，稷下學者轉化了《老子》道論的內涵，他們一方面強化「道」的客觀規律性，一方面將「道」視作是創生萬物的實體〔註67〕，在「道」、「精」、「氣」等哲學範疇相互重疊，難分彼此之時，《老子》之「道」也不復以往之超絕。

另一方面，《管子》對於萬物生成問題的討論，對於後代宇宙生成論的發展有著舉足輕重的影響，尤其是精氣之說，在《呂覽》及《淮南子》中皆有進一步的論述。

〔註67〕陳政揚指出：稷下黃老思想對於《老子》「道」的轉變主要表現在兩個方面：一者，「道」的客觀規律性的強化；二者，「道」做爲超越的創生實體的強化。其又言：稷下黃老是從「道」做爲超越的創生實體來理解《老子》的「道」，《管子‧內業》等四篇中的精氣可以理解爲「道」，《鶡冠子》中的「元氣」可以理解爲宇宙萬物的本元，都是強化了《老子》「道」的創生性，將《老子》的「道」轉化成超越的創生實體。參見氏著〈稷下黃老思想初探〉，《鵝湖》第二十五卷第十期，2000 年 4 月，頁 28～29。

第七章 《鶡冠子》的宇宙生成論及其相關問題

　　《鶡冠子》一書從唐代柳宗元開始，即被視爲僞作，一直乏人問津。然而，因爲此書與馬王堆黃老帛書有多處文字相重〔註1〕，在馬王堆帛書出土後，此書又重新獲得學人的青睞。關於此書的著作年代，學界或以其成書於戰國末年迄秦楚之際，或以其成書於西漢時期〔註2〕；而在《鶡冠子》成書方式的問題上，學者也有不同意見，或以其書成於一人之手，或以其書成於眾

〔註1〕 依唐蘭所整理之「《老子》乙本卷前古佚書引文表」，《鶡冠子》與馬王堆黃老帛書文字相重之文句共有十八處。參見氏著〈馬王堆出土《老子》乙本卷前古佚書研究〉，《考古學報》1975 年第 1 期，頁 17～27。

〔註2〕 主張成書於戰國末年迄秦楚之際者如：葛瑞漢以爲《鶡冠子》一書寫於公元前 202 年漢代勝利之前的最後幾十年間，參見氏著、楊民譯〈《鶡冠子》：一部被忽略的漢前哲學著作〉，《清華漢學研究》第一輯，頁 117。吳光認爲《鶡冠子》成書時代當在戰國末期至秦之際，參見氏著《黃老之學通論》，濟南：山東大學出版社，2000 年 10 月，頁 156～158。李學勤以爲《鶡冠子》其書成於焚書以前，參見氏著《簡帛佚籍與學術史·《鶡冠子》與兩種帛書》，南昌：江西教育出版社，2001 年 9 月，頁 88。孫福喜認爲《鶡冠子》是戰國末期的作品，參見氏著《鶡冠子研究》，西安：陝西人民出版社，2002 年 1 月，頁 157～194。楊兆貴則認爲《鶡冠子》大多篇章不作於炎漢，而成於秦時，參見氏著〈近年《鶡冠子》研究簡評〉，《山東師範大學學報》2002 年第 47 卷第 1 期，頁 75。

　主張成書於西漢初期者如：杜寶元認爲《鶡冠子》的成書年代定在漢代當不成問題，《中國歷史文獻研究集刊》第五集，長沙：岳麓書社，1985 年 5 月，頁 52。王葆玹則由西漢尊崇太一的國家宗教祭祀制度推斷〈泰鴻〉、〈泰錄〉成篇於西漢，參見氏著〈西漢國家宗教與黃老學派的宗教思想〉，收入《道家文化研究》第二輯，北京：生活·讀書·新知三聯書店，1999 年 8 月，頁 204。

人之手〔註3〕。然此類考證問題並非本文之重心，故在此略而不談。唯大致說來，多數學者仍認定《鶡冠子》為戰國晚年或秦漢之交的著作，其書為楚國黃老道家之作，而兼有陰陽數術色彩〔註4〕。在《鶡冠子》書中，對於宇宙天地、陰陽五行、萬物生成、日月運行等議題都有許多相關的討論。除了獨樹一格的宇宙生成論外，其書對於「太一」、「神明」的論述更與《莊子》外雜篇、郭店竹簡〈太一生水〉、馬王堆黃老帛書呈現出密切的關連性，這些皆是值得吾人進一步探討的問題。

第一節　宇宙的生成

　　對於宇宙萬物的生成問題，《鶡冠子》有兩處關於「物之始」的論述。一者為〈泰鴻〉所言：「夫物之始也，傾傾；至其有也，錄錄；至其成形，端端王王。」「傾傾」二字，俞樾以為應作「湏湏」，為「湏濛」之意，此「物之始也傾傾」一句乃是形容萬物初始、氣未成形之情狀〔註5〕。而後，「至其有

〔註3〕　主張《鶡冠子》成書於一人之手者如：孫福喜認為從《鶡冠子》內部各篇的關係看來，《鶡冠子》為鶡冠子一人所作，參見氏著《《鶡冠子》研究》，頁161～168。
　　　　主張《鶡冠子》成書於眾人之手者如：丁原明以為《鶡冠子》中有些篇章不一定是鶡冠子親作，很可能是由其弟子整理而成，或雜有包括龐煖在內的諸弟子的作品。參見氏著《鶡冠子》及其在戰國黃老之學中的地位〉，《文史哲》1996年第2期，頁26～27。吳光認為《鶡冠子》不全是鶡冠子本人親著。十九篇中，除《龐煖》三篇之外，第七、八、九、十四、十五諸篇是記載鶡冠子與龐子的對話，說明是其後學所著。總的來看，該書是鶡冠子學派的集體著作。參見氏著《黃老之學通論》，頁156～158。戴卡琳認為《鶡冠子》論說篇的核心出自鶡冠子之手，而對話篇將鶡冠子作為主角來描寫，可能是其學生的著作。參見氏著《解讀《鶡冠子》──從論辯學的角度》，瀋陽：遼寧教育出版社，2000年10月，頁29。
〔註4〕　李學勤言：「楚地的黃老道家，在晚周時與陰陽術數進一步密切結合。前面提到的楚國的鶡冠，其學以黃老為本，而其著作以『陰陽』、『天官』等與『道德』相提並論，就是一個例證。」見氏著〈再論楚文化的傳流〉，收入《李學勤集》，哈爾濱：黑龍江教育出版社，1989年5月，頁348。譚家健亦有言：「它以道家為本旨，但不排斥儒、墨；講究刑名法術，而又信從陰陽五行、天文術數。看起來似乎雜亂無統，但卻真實地反映了戰國末期黃老學派兼容並包的思想特徵。」見氏著《鶡冠子》試論〉，《江漢論壇》1986年第2期，頁58。
〔註5〕　俞樾云：「(陸佃)注云：傾傾，未正之貌，此望文生訓也。傾傾，當作湏湏。淮南子精神篇：湏濛鴻洞，莫知其門。高誘注云：皆未成形之氣。湏湏猶湏濛。湏濛疊韻。湏湏疊字。皆形況之辭。學者多見傾，少見湏，因誤作傾耳。

也錄錄」，此「有」之階段顯然是相較於前「無」之階段而言。在此階段中，物與物之間的界限不明，物物皆融於常流之中〔註6〕，而末句之「端端王王」則為「端端正正」之誤〔註7〕，是形容物之始末已分、物狀已明的狀態。在此，作者只簡單論述「物」由「始」至「成」的三個階段，對於物如何由「湏湏」、「錄錄」以至「端端」、「正正」，作者並沒有進一步的說明。然而，「氣未成形」、「渾然一體」至「物物分明」的三個進程已經清楚地呈顯出來。

另外一處關於萬物生成的討論則出現於〈環流〉篇，其言曰：

> 有一而有氣，有氣而有意，有意而有圖，有圖而有名，有名而有形，有形而有事，有事而有約。約決而時生，時立而物生。故氣相加而為時，約相加而為期，期相加而為功，功相加而為得失，得失相加而為吉凶，萬物相加而為勝敗。莫不發於氣，通於道，約於事，正於時，離于名，成於法者也。

在此，作者排列出「一」→「氣」→「意」→「圖」→「名」→「形」→「事」→「約」→「時」→「物」的序列。前文已言，「一」所指涉者乃是道生化萬物時，向下一層的狀態。作者在此言「有一而有氣」，不言「有道而有氣」，用「一」取代「道」，由此更可見「一」介於「道」、「氣」之間的義理性格，故「氣」緊接著「一」而產生。

然而，《鶡冠子》不若《莊子》等書，直接將「氣」與「四時萬物」連接起來，而是在「氣」與「時」、「物」之間，又安插了「意」、「圖」、「名」、「形」、「約」。「氣生四時萬物」早已是此時期道家學者之共識，而《鶡冠子》此處「有氣而有意，有意而有圖，有圖而有名，有名而有形，有形而有事，有事而有約」的安排，所透露出的是其對形名問題及規律度數的重視〔註8〕。是以此處說：有氣而後有意象，有意象而後有圖象，而名號即隨圖象而來，名號的產生將與其所指稱的特定形狀相聯結，而特定的形狀則將與具體的事物相

注言，或作鴻鴻。此可見古本之作湏湏也。」
〔註6〕 張金城疏曰：「未能拔於常流之中，故曰錄錄。……蓋皆言其自成不彰之義。」見氏著〈鶡冠子箋疏〉，《國文研究所集刊》第二十九號，1975年6月，頁712。
〔註7〕 張金城疏曰：「端、正同義，謂其始末已分，不復鴻濛渾沌，璖璖珞珞也。」同上註。
〔註8〕 杜寶元指出：《鶡冠子》頗重定義的表述和對關聯事物的說明，這一點是古代名理之學的一個推進，諸如神明、聖人、法、精神與內聖，陰陽、天地與聖人的關係，天地與萬物的關係，天地與神明的關係。見氏著〈鶡冠子〉研究，頁59。

聯繫。再者，事物的發生並非雜亂無章，而是有一定規律原則的，此即是「約」。天地的規律即是四時，四時循環運動，萬物自然生成茁壯。

其下，《鶡冠子》又言：「故氣相加而爲時；約相加而爲期；期相加而爲功；功相加而爲得失；得失相加而爲吉凶；萬物相加而爲勝敗。」也就是說：氣運動交流而形成四時的變化，規律原則之累積深刻影響著人事之成敗、得失、吉凶。萬物之「生」，當然應以氣的運動、四時的變化爲「因」；然而，事物之「成」則與規則度數之遵行與否互相關聯。所以說，萬物皆是由氣而出，與道相通，而必須依循規則法度來運行動作〔註9〕。

此外，《鶡冠子·度萬》有一段關涉陰陽待水火而生、五行待水火而熟的論述，其言曰：

> 鶡冠子曰：天者，神也；地者，形也。地濕而火生焉，天燥而水生焉。法猛刑頗則神濕，神濕則天不生水。音□故聲倒則形燥，形燥則地不生水。水火不生，則陰陽無以成氣，度量無以成制，五勝無以成熟，萬物無以成類。百業俱絕，萬生皆困，濟濟混混，孰知其故。

地濕而生火，天燥而生水，水火是陰陽成氣、度量成制、五勝成熟、萬物成類的先決條件，其生成順序可以以表列之：

```
地（濕）→火 ＼
              陰陽成氣→度量成制→五勝成熟→萬物成類
天（燥）→水 ／
```

在此生成序列中，「天地」是最具根源性者，水火、陰陽、五勝（五行）皆由此而出。再者，「水」性「濕」，而「火」性「燥」，然而，作者卻說：地濕而生火、天燥而生水，說明了「水」、「火」雖然性質迥異，然而兩者並非絕然對立的質素，而有著相生相成的關係，正如〈世兵〉所言：「物有相勝，故水火可用也。」水與火既相反又相成，天地間萬類在其特定範疇中莫不有著相生相剋的關係，彼消我長、彼生我滅，如此循環不已、生生不息。

〔註9〕 歐崇敬認爲：〈環流〉篇此論乃是一種發生學上的假說，其目的在於建構存有論（一與氣）與政治哲學（事與法）上的關連，以建構一個一切事物、形名由「氣」而出的系統，歐氏並指出：將「氣」與吉凶及國家興敗關連起來的文本，此爲首出，影響了後代道教與數術家。參見歐崇敬《中國哲學史》先秦卷，頁291。

在此，必須說明的是：陰陽與五勝五行兩範疇皆待水火生而後能成，由是以知，「地濕而火生」與「天燥而水生」的「火」、「水」並不屬於「五行」，其較「五行」中的「水」、「火」更具根源性。陰陽與五行皆由此種具本源性格的「水」、「火」而出，而天地度數、宇宙萬物也因此種「水」、「火」而生成化育。

由上所論，吾人可知：在《鶡冠子》中，萬物生成的問題乃是不能置於天地規律、元氣作用及陰陽五行之外的，以下筆者將就與此相關之論述展開討論。

第二節 天地之度數

在《莊子》外雜篇中，「天地」與「宇宙」一詞意義差別不大，而在《鶡冠子》中，「宇宙」一詞只一見，〈天權〉言：

> 獨化終始，隨能序致，獨立宇宙無封，謂之皇天地。浮懸天地之明，委命相罵謂之時。通而罵謂之道。連萬物，領天地，合膊同根，命日宇宙。知宇，故無不容也；知宙，故無不足也。

由以上引文可知，《鶡冠子》所定義的「宇宙」，乃是含包天地萬物而無所不容的。這樣的說明基本上與莊子學派所言並無多大差異，二家所論之「宇宙」與「天地」皆無明顯區別，同樣強調了「宇宙」在時空上的無限，也同樣說明了「宇宙」含包天地萬物的性格。唯一的差異在於，《鶡冠子》在此特別以「獨位終始」、「隨能序致」說明了「宇宙」的獨立性與秩序性，將「宇宙」視為一獨立獨化而秩序井然的整體。《鶡冠子》之所以特別強調其獨立與秩序，與其特別重視天地規律度數有一定關聯。

而在有關「天地」的論述上，〈道端〉篇曰：

> 天者，萬物所以得立也。地者，萬物所以得安也。故天定之，地處之，時發之，物受之，聖人象之。

此即以「天地」為「萬物」所得以安處生長的憑藉，而由「時發之」的強調，可以看出《鶡冠子》對時序規律的重視。而除了繼續發揮「天地為萬物生長的場所」這一層意義外，《鶡冠子》對「天地」的討論也頗出新意，且時常在不同層次上為「天地」一詞重下定義。端看〈度萬〉篇所言，即可知其對「天地」一詞有更深刻的思考，〈度萬〉說：「所謂天者，非是蒼蒼之氣之謂

天也。所謂地者，非是膊膊之土之謂地也。」它認爲「天」不僅僅是自然之氣，而「地」也不只是自然之土而已〔註 10〕，那麼，「天地」的意涵還包括什麼呢？〈度萬〉篇接下言道：「所謂天者，言其然物而無勝者也。所謂地者，言其均物而不可亂也。」也就是說，「天地」的作用乃是順成萬物，使萬物的生成毀滅都井然有序，按照一定的規律原則運行。是以《鶡冠子》又言：「所論天者，物理情者也。」（〈博選〉）、「辯於人情萬物之理，稱於天地。」（〈王鈇〉）天地賦予人情萬物循環運動的理路，萬物循此理路運作，此即天地之常。在此種思路下，「天道」、「地道」二詞應勢而出，亦即〈博選〉所言：「天道先貴覆者，地道先貴載者。」

藉由上論，吾人可以發現，「天地」一詞的抽象化正顯示出《鶡冠子》對天地規律的重視，而此特色當然與此時代對天文度數的觀察有密切關連。〈天則〉曰：

> 人有分於處，處有分於地，地有分於天，天有分於時，言時有分於
> 數，數有分於度，度有分於一。

此以「人」出於「天地」，而「天地」出於「度數」，「度數」則統於「一」，明言：「度數」乃是由「一」而出，與「道」關連。在此，「度數」與「一」的密切關係，甚至還在「天地」之上。因之，〈天則〉曰：「天之不違，以不離一，天若離一，反還爲物。」天不能違背一，不能遠離道，其實也就是說，天不能離開度數。而〈王鈇〉篇亦言：「天度數之而行。」同樣表達出天循度數而行的意義。

其次，度數的具體內容，其實也就是日、月、星辰及四時的運行，〈道端〉言：「測深觀天，足以知聖。第不失次，理不相舛。近塞遠備，備元變成，明數知分，度數獨行」即可窺見《鶡冠子》對度數的認識乃是藉由「測深觀天」而來，再觀〈王鈇〉篇所云：

> 天者誠，其日，德也。日誠出誠入，南北有極。故莫弗以爲法則。
> 天者信，其月，刑也。月信死信生，終則有始。故莫弗以爲政。天
> 者明，星其稽也；列星不亂，各以序行，故小大莫弗以章。天者因，
> 時其則也；四時當名，代而不干，故莫弗以爲必然。天者一，法其

〔註 10〕 〈泰錄〉有言：「天者，氣之所總出也。地者，理之必然也。」由此可知，《鶡冠子》並非反對「蒼蒼之氣」爲「天」，而是以爲「天地」所代表之意涵不只於此。

　　同也；前後左右，古今自如，故莫弗以爲常。天：誠、信、明、因、
　　一，不爲眾父易一。故莫能與爭先。易一非一，故不可尊增。成鳩
　　得一，故莫不仰制焉。

在此段論述中，《鶡冠子》以「誠、信、明、因、一」作爲「天」的特質，而
這些特質，其實都是建立在日、月、列星、四時的循環運作上，而「法」則
爲此天體自然運行現象的總括。天循一而動，按法而行，其規則性藉日之誠、
月之信、列星之明、四時之因表現出來。這些並行不悖、井然有序的自然現
象歸納起來就是吾人所稱的「天」。同樣地，〈泰鴻〉篇亦有言：

　　日信出信入，南北有極，度之稽也。月信死信生，進退有常，數之
　　稽也。列星不亂其行，代而不干，位之稽也。天明三以定一，則萬
　　物莫不至矣。三時生長，一時煞刑，四時而定，天地盡矣。

日運行的規則是：多至時日行到赤道極南，夏至時日行到赤道極北；而月則
有盈虧、圓缺的循環；列星雖眾，佈滿天空，但它們皆有一定的運行軌道，
按時序相代而不會彼此干擾；天按四時之序因循運行，三時生長、一時刑殺，
天地之義蘊盡於此矣。由此可知，所謂「度數」，指的就是日、月、星、時的
運行〔註11〕。

　　再者，此段文字明顯與黃老帛書〈經法・論〉、〈經法・論約〉的論述相
重。〈經法・論〉說：「天執一，明〔三，定〕二，建八正，行七法，然後□
□□□□□□之中無不□□矣。岐（蚑）行喙息，扇蜚（飛）需（蠕）動，
無□□□□□□□□□□不失其常者，天之一也。天執一以明三，日信出信
入，南北有極，〔度之稽也。月信生信〕死，進退有常，數之稽也。列星有數，

〔註11〕江曉原指出：上古「天文」本意類似於現代所謂的「星占學」（astrology），上
　　　古「傳天數者」大都是星占學家或擅星占以論治世者，都不能與現代意義上
　　　的「天文學」或「天文學家」混爲一談。參見氏著〈上古天文考——古代中
　　　國「天文」之性質與功能〉，《中國文化》第四期，1991 年 8 月，頁 48。
　　　孫福喜則指出：《鶡冠子》對「天文度數」的研究，乃是屬於今日星占學
　　　（astraology）而非天文學（astronomy）的範疇，此即如同《周易・繫辭上》
　　　所言：「是故天神物，聖人則之：天地變化，聖人效之。天垂象，見吉凶，聖
　　　人象之。」筆者以爲：由此正可看出，古人對日月星象的研究並非全然出自
　　　科學的好奇，其必然將所觀測之天象與人事作一連結，以求維持人間之秩序
　　　平衡。正如孫氏所言：鶡冠子努力探討自然界的運動、發展變化規律（天則）
　　　的目的，就是爲了給聖人、聖王們提供一套符合自然界運動發展變化規律的
　　　和諧的「大同」世界的治國、理天下的方法。孫氏之論見氏著《鶡冠子》研
　　　究》，頁 252～254。

而不失其行，信之稽也。天明三以定二，則壹晦壹明，□□□□□□□□。天定二以建八正，則四時有度，動靜有立（位），而外內有處。天建八正以行七法：明以正者，天之道也。」而〈論約〉則說：「三時成功，一時刑殺，天地之道也。四時而定，不爽不代（忒），常有法式，□□□□。」由此可知，〈泰鴻〉所言「天明三以定一」乃指天有「度之稽、數之稽、位之稽」，亦即日、月、列星的周行循環，不亂其規律。而由《鶡冠子》與黃老帛書的文句重應關係也可知其關連之密切。

第三節 「神明」

《鶡冠子》對天地規律性的探討並不就此打住，它將這些現象視作是天地間神妙的作用，〈泰錄〉篇載：

> 天地者，同事而異域者也。無規圓者，天之文也。無矩方者，地之理也。天循文以動，地循理以作者也。二端者，神之法也。

「天循文以動，地循理以作」即〈夜行〉所言「天，文也。地，理也。」天地依循一定的規則運作，即是天地神妙的作用，故曰「二端者，神之法也。」段末並言：「神明者，積精微全粹之所成也，聖道神方，要之極也。」以「神明」為天地精粹微妙之極。

在〈環流〉中，作者亦對「神明」一詞下了定義，他說：「有一而有氣……萬物相加而為成敗。莫不發於氣，通於道，約於事，正於時，離于名，成於法者也。法之在此者謂之近，其出化彼謂之遠。近而至，故謂之神，遠而反，故謂之明。」他認為，天地間自然的規律法則普及遠近、遍及四海，而這「近而至」、「遠而反」循行不已的天道規律就是所謂的「神明」。

正因「神明」之作用根源於天道，表現為規律，因此《鶡冠子》多次以「神」來定義「天」。〈度萬〉說：「天者，神也。」〈泰鴻〉也說：「天也者，神明之所根也。醇化四時，陶埏無形，刻鏤未萌，離文將然者也。地者，承天之演，備載以寧者也。吾將告汝神明之極：天、地、人事三者復一也。」其以「天」為「神明」的根源，四時運行、孕育萬物的現象即是「天」的靈妙作用，也就是「神明」。

因此，〈世兵〉所言：「天不變其常，地不易其則，陰陽不亂其氣，生死不俛其位，三光不改其用，神明不徙其法。」實可以概括《鶡冠子》對天地

間規律度數的認知。天地、陰陽、生死、三光皆是依循一定的法則運行，其運作之規律可以用「神明不徙其法」一言以蔽之。因之，天地有著順成萬物、使物物循行不已的作用，是謂「神明」，所以說：「神明所以類合者也。故神明錮結其紘，類類生成，用一不窮。」物類之所以能生生不窮，無有止息，正因爲天地的「神明」作用。

　　《鶡冠子》對天道規律的論述，同時也反映出其對人間法規的重視，〈天則〉言：「中參成位，四氣爲政。前張後極，左角右鉞。九文循理，以省官眾，小大畢舉。故其威上際下交，其澤四被而不囿。」〈環流〉亦明確指出：

> 惟聖人究道之情，唯道之法，公政以明。斗柄東指，天下皆春；斗柄南指，天下皆夏。斗柄西指，天下皆秋；斗柄北指，天下皆冬。
>
> 斗柄運於上，事立於下。斗柄指一方，四塞俱成。此道之用法也。

北斗七星繞北極旋轉一週，爲時一年，其斗柄所指方向可以表示季節。聖人遵循天道，「立天爲父，建地爲母范」（〈泰鴻〉），因時置宜，配合春、夏、秋、冬四時施行不同的政令，將自然之規律與人間之法規密切結合。

　　源於此種「由天道推人事」的特質，在《鶡冠子》書中，人事與天道並無絕對之界限。因此，《鶡冠子》亦以「神明」或「天」來形容君王之功，〈道端〉即言：「本出一人，故謂之天。莫不受命，不可爲名，故謂之神」；〈泰鴻〉亦言：「聖人之道與神明相得。」而《鶡冠子》之所以把君王與天地神明並置，乃因聖人居於助成萬物的重要地位，其人「力不若天地，而知天地之任；氣不若陰陽，而能爲之經；不若萬物多，而能爲之正」，是以言：「道者，通物者也。聖者，序物者也。」（〈能天〉）道雖能化生萬物，然而，聖人之施政是否能與天相合、因時置宜，才是萬物能夠各得其序的關鍵。因此，在《鶡冠子》中，「法」所指涉的不止是人間的社會制度，也包含了宇宙天地的秩序，這兩者，在聖人的規劃下，本來就是並行一致的〔註12〕。再者，此處聖人之「神」由效法天地秩序而來的思想，亦與黃老帛書〈經法‧論〉「〔強生威，威〕生惠，惠生正，〔正〕生靜。靜則平，平則寧，寧則素，素則精，精則神。至神之極，〔見〕知不惑。帝王者，執此道也」中，認爲聖人之「神」乃是經

〔註12〕戴卡琳指出：作者幾乎總是用政治術語來描述「天」，同時又用天的術語來描述「一人」。有時候作者甚至明顯將它們合爲一體：「君者天也。天不開戶，使下相害也」。因爲在自然領域和人類領域之間並沒有一個嚴格的區別，在抽象的秩序之源和具體的君主之間也沒有一個嚴格的區別。參見氏著、楊民譯《解讀《鶡冠子》——從論辯學的角度》，頁198。

由客觀體察萬物規律而來的論點相通。

由此可知,「神明」一詞在《鶡冠子》中既可指涉聖人之功,亦可指涉天道作用,而此二者本爲一事。因之,論者或從「聖人」的角度出發,而言:「精神和聖人的『神』是他們自身發散出來的洞見與力量,能洞察和作用於其他事物;他們的『明』是澄澈的明晰,用這個『明』,他們敞開自我,觀照它物,同時又由它物推動。〔註13〕」或從「天地」的角度出發,而言:「神明是一種來源於自然間的,由精微之道聚積,並加以錘煉,形成的神妙精神。這種精神來源於自然間,但又高於自然,可與天、地的運行規律交相輝映,使萬物化育生成。〔註14〕」

總之,聖人效法天地規律、萬物秩序,以制定社會規範,使事物各得其序、各安其所。如此,則天、地、人合爲一體,天下因而大治。所以說,聖人之「神明」根源於天地之「神明」,「聖人之德」亦即「天地神明」,二者本爲一事。再者,就法家治術而言,聖人其實即是君主,此論將君主提高到「道」的地位,「法」由君主所制定,亦即是由「道」所出,所以也同時確立了「法」的神聖性,然而,君主之權力並不會無限擴張,因爲,「道」(天地神明)同時亦規範著君主(聖人),君主必須順天道而行。

因而君王治國,必當重用能通『天學』的數術之士,而後才有可能像成鳩氏一樣,『與神明體正』。〔註15〕

第四節 「道」、「一」與「太(泰)一」

在《鶡冠子》中,對道體性狀的論述只一見,即〈夜行〉篇所言:「有所以然者,隨而不見其後,迎而不見其首。成功遂事,莫知其狀。圖弗能載,名弗能舉,強爲之說曰:芴乎芒乎,中有象乎;芒乎芴乎,中有物乎;窅乎冥乎,致信究情,復反無貌。」此言大道無形無聲,不能以圖示之、不能以名稱之,更不能以感官加以認識,這其實是對《老子》〈十四章〉及〈二十一章〉的發揮。

而在其他多數關於「道」的討論中,由於《鶡冠子》對天體運行、宇宙

〔註13〕 參見葛瑞漢著、楊民譯《鶡冠子》:一部被忽略的漢前哲學著作〉,《清華漢學研究》第一輯,頁124。
〔註14〕 參見孫福喜《鶡冠子》研究》,頁270。
〔註15〕 見孫福喜《鶡冠子》研究》,頁270。

規律的重視，使其在論述「道」時，逐步將「道」與「天道」視為一事，亦即把「道」視作是日月運行、四時替換、萬物生滅的自然規律〔註16〕。〈世兵〉有言：「道有度數，故神明可交（或作效）也。」人類如能理解天道運行之度數，則天地之神明作用亦不難掌握效法了。〈度萬〉篇甚而把「神」置於「道」前，而曰：「氣由神生，道由神成」，將天地間的神妙作用看作是「氣」、「道」所以成的動力。《鶡冠子》對「神」的重視，其實也就是對宇宙間運行規律的看重。

而把握天地規律正是聖人責無旁貸的責任，是以〈兵政〉篇有言：「賢生聖，聖生道，道生法，法生神，神生明，神明者，正之末也。」聖賢把握天地之「道」，進而制定人世之「法」，如此則道法結合，而能發揮「神明」的作用。

如此說來，則「道」不再是不可言、不可狀的至境，而是可以觀察、能夠依循的自然法則。是以〈能天〉雖言：「道者，聖之所吏也，至之所得也，以至圖弗能載，名弗能舉，□不可以致其意，貌不可以立其狀。若道之象，門戶是也。賢不肖愚知由焉出入而弗異也。」以「圖弗能載」、「名弗能舉」來形容「道」，只是用以說明「道」作用之奧妙神奇，與老莊所言之體道境界已有相當大的差距。因此，〈能天〉又言：「道者，開物者也，非齊物者也。」意謂著「道」的規律性可以順成萬物，「道」是生成物類的泉源，而不是「天地與我並生，萬物與我為一」的齊物境界〔註17〕。因之，道雖無圖無狀，但能含包萬物，使物物各得其所，所以說：「故其得道以立者，地能立之；其得道以仆者，地弗能立也。其得道以安者，地能安之；其得道以危者，地弗能安也。其得道以生者，天能生之；其得道以死者，天弗能生也。其得道以存者，天能存之；其得道以亡者，天弗能存也。」（〈能天〉）

在關於「一」的論述方面，《老子》書中所言之「一」，乃是溝通道、物的橋樑。然而，在《鶡冠子》中，「一」有時已與「道」同義，以下申論之。

《鶡冠子・環流》有言曰：

> 同謂之一，異之謂道。……知一之不可一也，故貴道。空之謂一，無不備之謂道，立之謂氣，通之謂類。

〔註16〕 孫以楷、陳廣忠指出：鶡冠子側重發展了作為自然界總規律的道論。參見氏著《道家文化尋根──安徽兩淮道家九子研究》，合肥：安徽人民出版社，2001年12月，頁254～256。

〔註17〕 見《莊子・齊物論》。

「道」無所不包、無所不備，物類的生成毀滅莫不循「道」而行，「一」則指物類生成之前的空虛混沌狀態。因之，「一」是「道生物」的起點，是萬物的起始，是以〈能天〉有言曰：「物乎物，芬芬份份，孰不從一出，至一易。」再者，「有一而有氣」（〈環流〉），「氣」是「一」轉化爲「物」的關鍵，物必須憑藉氣的流動才得以成形。物類同出一源，故謂之「一」；物物各有不同，合之謂「道」。「道」虛空無形，藉由「一」體現出來；因之，「一」乃是道生物的起始點，介於道、物之間〔註18〕。

正因爲「道」與「一」的同質性，因此，《鶡冠子》有時以「一」代「道」，此時「一」所代表的意涵實與「道」無異，〈天則〉言：「天之不違，以不離一，天若離一，反還爲物。」〈王鈇〉曰：「天者一，法，其同也。」、「天用四時，地用五行，天子執一以居中央。」皆其例也。而〈泰錄〉所言：「類類生成，用一不窮」，將「一」與「類」對比，實際上也就是「道」與「物」的相對，同樣是將「一」視作「道」〔註19〕。在這些例子中，「一」所指多爲道之規律義與法則義。

如此說來，則《鶡冠子》中之「道」與「一」多指涉天道規律之義，而用以代表原本「道」的本體意涵的則是「太一」。

正如前文所言，中國古代並無科學、神學、哲學等門類之別，人們在探究「北極」、「太一」、「道」等問題時，常依其感覺體驗彼此繫連比類並在語詞上彼此互訓互釋〔註20〕。「太一」的原始意義雖不可求，然吾人仍可考察《鶡冠子》中「太一」的意涵偏向。

在《鶡冠子》中，〈泰鴻〉與〈泰錄〉皆載有關於「太（泰）一」的論述〔註21〕，其中又以〈泰鴻〉爲多。在〈泰鴻〉篇中，「太（泰）一」乃是擬人

〔註18〕 參見葛瑞漢著、楊民譯《鶡冠子：一部被忽略的漢前哲學著作》，頁119。又，葛兆光指出：此「一」既是空間的中心，也是時間的起點，它置身於存在的「有」之外，是一個無法具體指認的「無」，又是一切「有」的本原。參見氏著《中國哲學史》（第一卷），頁148。

〔註19〕 參見刑文《鶡冠子》與帛書《要》，《道家文化研究》第六輯，台北：文史哲出版社，民2000年8月，頁340。

〔註20〕 參見葛兆光〈眾妙之門──北極與太一、道、太極〉，《中國文化》第3期1990年12月，頁50～51。

〔註21〕 諸葛俊元認爲：「太一」與「泰一」二者有別。「太一」乃是用以表徵本質，而「泰一」則是以一種近乎人格神或先知的模式來形塑出「太一」之動能。參見氏著《先秦兩漢「太一」思想的起源與演變》，靜宜大學中文研究所碩士論文，劉榮賢先生指導，2001年6月，頁66。

化的至尊上神〔註22〕，〈泰鴻〉言：

> 泰一者，執大同之制，調泰鴻之氣，正神明之位者也。故九皇受傅，
> 以索其然之所生。傅謂之得天之解，傅謂之得天地之所始。

「大同之制」、「泰鴻之氣」與「神明之位」皆爲「太（泰）一」所制，如此則自然與人事秩序皆由「太（泰）一」所出。「太（泰）一」之所以有如此崇高的地位，乃因其處於天之中央，爲百神所仰〔註23〕，〈泰鴻〉曰：「郤始窮初，得齊之所出，九皇殊制而政莫不效焉，故曰太一。」又言：「南方者，萬物華羽焉。西方者，萬物成章焉，故調以商。北方者，萬物錄臧焉，故調以角。中央者，太一之位，百神仰制焉，故調以宮。」由此可知，在〈泰鴻〉中，「太（泰）一」不僅爲帝星之名，且有帶有濃厚的神祇（北極神）意涵。〈泰錄〉則言：「入論泰鴻之內，出觀神明之外，定制泰一之衷，以爲物稽。」強調「太（泰）一」爲化成萬物之稽準，天地萬物皆因「太（泰）一」而存在。

以哲理分析角度言之，就其本體來說，太一是化成萬物之道，是天地宇宙之源；就其形象而論，它又是無形無狀、至高無上的天神，因而可以定天地、序貴賤。在《鶡冠子》中，「太一」取代了道，它爲天地先、創生宇宙，也促使《老子》道論走向客觀化、顯實化之途。

第五節 「氣」與「陰陽」——兼論「五氣」之說

《鶡冠子》與《莊子》外雜篇、《管子》等相同，皆將「氣」視作天地萬物生成的關鍵要素，是「道」（一）化生「物」的原質，〈泰錄〉曰「天地成於元氣，萬物乘於天地」亦是此意。是以，論者多以「天地成於元氣」一句判定《鶡冠子》乃是「元氣」一詞之首創者〔註24〕。然而，楊兆貴指出：

然而，「太」與「泰」二字相通之例甚多。《史記・封禪書》：「天神貴者太一。」《漢書・郊祀志》「太」作「泰」。又，《莊子・知北遊》：「於是泰清問乎無窮。」《淮南子・道應》「泰」作「太」。又，《呂氏春秋・本味》：「方鼓琴而志在太山。」《列子・湯問》「太」作「泰」。由此可知，「泰一」即是「太一」。參見高亨纂著、董治安整理《古字通假會典》，濟南：齊魯書社，1997年7月，頁634。

〔註22〕陸佃注：「泰一，天皇大帝也。」

〔註23〕陸佃注：「北極天地之中，而其一明者，太一之座。」

〔註24〕可參見李存山《中國氣論探源與發微》，北京：中國社會科學出版社，1990年12月，頁203～204，及強昱《〈太一生水〉與古代的太一觀》，收入《道家文

「學者僅僅依今本《鶡》有元氣兩字，就認爲《鶡》倡導元氣論，然而《永樂大典》版的《鶡》並沒有元氣一詞，只有氣字，反而元氣一詞在注釋中常常出現，那可能是注釋者竄入的。」但是，楊氏亦同時言道：「當然，如果今本《鶡》中沒有元氣一詞，但是氣一詞含有元氣的意蘊，那麼元氣說還是可以成立。但是，如果《鶡》眞的沒有元氣意蘊，那麼，強調《鶡》在思想史上的最大貢獻是元氣論，無疑不合書本原意，也不合思想史發展。」〔註25〕

究竟《鶡冠子》所論之「氣」有無「元氣」之意涵？試觀〈泰錄〉篇「天地成於元氣」一段：

> 見不詳事於名理之外，范無形，嘗無味，以要名理之所會。范者，味之正也；味者，氣之父母也；精微者，天地之始也。不見形戇，而天下歸焉。名尸神明者，大道是也。夫錯行合意，扶義本仁，積順之所成，先聖之所在也。行其道者，有其名，爲其事者有其功。
>
> 故天地成於元氣，萬物成於天地，神聖乘於道德，以究其理。

在此段中，作者以「范」爲「味之正」，而以「味」爲「氣之父母」。此處之「味」字無義，疑爲「昧」字之誤，取其「茫昧不明」之意，指涉「氣」之原始形態。而此「范」的意涵爲形上之標準、規範〔註26〕，與前所言「以天爲父，以地爲母范」之「范」同義。此句乃言：天地之規範爲「茫昧」之標準，而「茫昧」則爲「氣」的原始狀態。再者，作者在「味（昧）者，氣之父母也」句後緊接著言「精微者，天地之始也」，連結前文的行文方式，吾人很難不將「精微」與「氣」連繫起來，而將「精微」解讀爲「氣」，是以吳世拱注曰：「精微，謂元氣也。」所以，「精微者，天地之始也」也就是說「氣」爲「天地之始」。因此，此論之「氣」已具有天地本原、萬物之始的意涵。是以，無論《鶡冠子》中有無「元氣」一詞的出現，其所言之「氣」實已具備「元氣」之義。

再者，〈泰鴻〉篇亦言：「泰一者，執大同之制，調泰鴻之氣，正神明之

化研究》第十七輯，北京：生活・讀書・新知三聯書店，1999 年 8 月，頁 371。

〔註25〕參見楊兆貴〈近年《鶡冠子》研究簡評〉，《山東師範大學學報》2002 年第 47 卷第 1 期，頁 75。

〔註26〕戴卡琳指出：「范」是某種抽象的標準，是超越具體現實的。參見氏著、楊民譯《解讀《鶡冠子》——從論辯學的角度》，瀋陽：遼寧教育出版社，2000 年 10 月，頁 228。

位者也」。「泰鴻」即指「泰一」所調、所生的廣大無邊之氣。由是以知,「泰鴻之氣」由「泰一」所出。而針對「泰鴻」一詞,陸佃注曰:「鴻蒙,元氣也。泰鴻,元氣之始也。」「鴻」字本指「氣之狀態」,《淮南子‧精神》有「澒濛鴻洞」一詞,「泰」有始、原之意,是以「泰鴻之氣」之意應與「元氣」相近。

其次,「陰陽」與「氣」已完全結合,「陰陽」已可完全指涉「氣」之內涵,〈夜行〉曰:「陰陽,氣也」、〈度萬〉言:「陰陽者,氣之正也。」〈學問〉亦言:「陰陽,分數所以觀氣變也。」這些引文或將「陰陽」等同於「氣」,或將「陰陽」視為「氣」之統帥,或將「陰陽」定義為「氣之變化」。

如此看來,「氣」已成為萬物的始基,是構成天地萬物的質料〔註27〕。而由〈環流〉所言「陰陽不同氣,然其為和同也」、「氣故相利相害也」,吾人可以看出:《鶡冠子》明確指出了「陰」、「陽」相反而相成的特性,正因其相反,故能形成運動,而其動靜變化則生成了四時萬物,是以〈環流〉又言:「故物無非類者,動靜無非氣者」、「空之謂一,無不備之謂道,立之謂氣,通之謂類。」物類紛紜眾多,然皆由氣之運動所出。因之,「氣」是「類」的本原,而「類」是「氣」運動變化的結果〔註28〕。

再者,在《鶡冠子》中,「陰陽」概念與四時之變化密切相關,《鶡冠子》亦將陰陽之消長視作是寒暑轉換的導因。〈泰錄〉言:「四時之功,陰陽不能獨為也」乃是從反面論說,謂四時之運行並非「陰陽」獨立所能成,需要其它條件的配合。這其實也就是說,「陰陽」是順成四時之功的一個因素。〈近迭〉則說:「陰陽寒暑與時至」,〈度萬〉也說:「定天地,豫四時,拔陰陽,移寒暑,正流並生,萬物無害,萬類成全,名尸氣皇。」將「陰陽」與四時寒暑、天地萬物並列。而〈天權〉說:「彼天生物而不物者,其原陰陽也」,更將「陰陽」視作萬物生成化育的原理原則。

由此可知,《鶡冠子》所論之「陰陽」與《莊子》外雜篇、黃老帛書並無多大差異,「陰陽」之意涵與性格已大致抵定。

〔註27〕參見丁原明《黃老學論綱》,濟南:山東大學出版社,2000年10月,頁120。丁氏並指出:《鶡冠子》此種宇宙本源與質料相分離的觀念來自南方道家系統,因為無論在老莊道家抑或《黃老帛書》那裡,「道」和「氣」是相分離的。而在先秦,真正將道與氣作了溝通的則以《管子‧心術》四篇為代表的北方稷下道家。

〔註28〕參見吳光《黃老之學通論》,杭州:浙江人民出版社,1985年6月,頁160。

　　值得一提的是，在〈度萬〉篇中有「五氣」之說，其言曰：「經氣不類，形離正名。五氣失端，四時不成，過生於上，罪死於下。」此「五氣」是否為「木氣」、「火氣」、「土氣」、「金氣」、「水氣」？「五行」與「氣」是否有了進一步的結合？吾人必須從《鶡冠子》中的五行體系論起。

　　在《鶡冠子》書中，已可見到一套完整的五行體系，其論述的範圍包括了五行、五政、五音、五聲、五味、五色等。〈夜行〉言：「天，文也；地，理也；月，刑也；日，德也；四時，檢也；度數，節也；陰陽，氣也；五行，業也；五政，道也；五音，調也；五聲，故也；五味，事也；賞罰，約也。此皆有驗。」將「五政、五音、五聲、五味」皆從屬於「五行」的框架。〈泰鴻〉亦言：「調以五音，匹以六律，分以度數，表以五色。」、「一來一往，視衡伍仰，五官六府，分之有道」、「行以理執，紀以終始，同一殊職，立為明官。五范四時，各以類相從」，但對於「五官」、「五范」的內容，卻都沒有進一步的說明。

　　然而，《鶡冠子》卻多處載有「五行」與「四時」結合的記錄，〈泰鴻〉言：

> 東方者，萬物立止焉，故調以徵。南方者，萬物華羽焉，故調以羽。西方者，萬物成章焉，故調以商。北方者，萬物錄臧焉，故調以角。中央者，太一之位，百神仰制焉，故調以宮。道以為先，舉載神明。華天上揚，本出黃鍾，所始為東方，萬物唯隆。以木華物，天下盡木也，使居東方主春；以火照物，天下盡火也，使居南方主夏；以金割物，天下盡金也，使居西方主秋；以水沉物，天下盡水也，使居北方主冬；土為大都，天下盡土也，使居中央守地。天下，盡人也，以天子為正。

上文所論及的配屬對應關係可列表如下：

五行	木	火	金	水	土
五方	東	南	西	北	中央
五音	徵	羽	商	角	宮
四時	春	夏	秋	冬	

　　由此可知，「五行」體系在此時已與「四時」有了初步的結合。〈天權〉篇亦載曰：

彼立表而望者不惑，按法而割者不疑，固言有以希之也。夫望而無表，割無法，其惑之屬耶。所謂惑者，非無日月之明，四時之序，星辰之行也；因乎反茲而之惑，惑故疾視愈亂，悖而易方。兵有符而道有驗，備以豫具，慮必早定。下因地利，制以五行：左木、右金、前火、後水、中土，營軍陳士，不失其宜。五度既正，無事不舉。招搖在上，繕者作下。取法於天，四時求象。春用蒼龍，夏用赤鳥，秋用白虎，冬用玄武。天地已得，何物不可宰？理之所居謂之地，神之所形謂之天，知天故能一舉而四致，並起而獨成。

此段論述將日月、四時、星辰、五行皆視作是行事時所須遵循的度數，因之，人們對於這些規律必須「立表而望」、「按法而割」。在此，《鶡冠子》首先將五行之說與兵事行動加以連繫，「兵有符而道有驗，備以豫具，驗必早定。下因地利，制以五行：左木、右金、前火、後水、中土，營軍陳士，不失其宜」一段即是《鶡冠子·天權》所言「故所肄學兵必先天權，陳以五行，戰以五音，左倍宮角，右挾商羽，徵君爲隨。」中的「陳以五行」，也就是說，兵法之學習，要先瞭解「天權」，循五行布陣、聽五音作戰。主張軍隊要依據左木、右金、前火、後水、中土的原則來設立營地，展開陣式，一旦掌握了五行的生剋，就能取得最後的勝利〔註29〕。

在此段中，作者將「五行」與「五度」（左、右、前、後、中）相結合，其對應情形亦可以下表示之：

五行	木	金	火	水	土
五度	左	右	前	後	中

將「春用蒼龍，夏用赤鳥，秋用白虎，冬用玄武」對照前文，則「四時」一旦納入五行體系，「蒼龍、白虎、赤鳥、玄武」四象也同時可與五行相對應。如此一來，則五行與天文曆象更加緊密結合〔註30〕。而「五行」與「四時」、

〔註29〕 「戰以五音」則爲《六韜·龍韜·五音》中說：「夫律管十二，其要有五音：宮、商、角、徵、羽。此其正聲也，萬代不易。五行之神，道之常也，可以知敵，金、木、水、火、土，各以其勝攻之。」亦即聽五音之聲以行動進退之意。參見吳仁昌《〈鶡冠子〉研究》，中山大學中國文學研究所碩士論文，徐漢昌先生指導，1998年6月，頁85～86。

〔註30〕 孫福喜認爲：〈天權第十七〉則進一步把陰陽五行變化與宇宙萬物運動變化的規律同立表而望、按法而割的天文曆法知識，以及蒼龍、赤鳥、白虎、玄武的星象知識相聯繫，進一步闡明了認識研究天文、曆法、星象學知識是建立

「四象」的對應則可列表如下：

五行	木	火	金	水	土
四時	春	夏	秋	冬	
四象	蒼龍	白虎	赤鳥	玄武	

由此可知，「五行」與「四時」的對應結構已大致穩定。因之，〈王鈇〉篇言：「天用四時，地用五行，天子執一以居中央。」其將天地之事歸入「四時」與「五行」所共同架構的體系，也就是說，四時五行體系可以完全含納天地萬物。

人事問題當然也不例外，〈道端〉篇言曰：

仁人居左，忠臣居前，義臣居右，聖人居後。左法仁則春生殖，前法忠則夏功立，右法義則秋成熟，後法聖則冬閉藏。先王用之，高而不墜，安而不亡。此萬物之本剺，天地之門戶，道德之益也。

它將「仁人」、「忠臣」、「義臣」、「聖人」四類賢人（代表「仁」、「忠」、「義」、「聖」四種德行）與「春」、「夏」、「秋」、「冬」四季與「左」、「前」、「右」、「後」四位結合起來，其對應關係可以下表示之：

四時	春	夏	秋	冬
四度	左	前	右	後
四臣	仁人	忠臣	義臣	聖人
四德	仁	忠	義	聖

綜合以上所論，「五行」與「五方」、「五音」、「五度」、「四時」、「四象」、「四臣」、「四德」皆有對應關連，排列表示如下：

五行	木	火	金	水	土
五方	東	南	西	北	中央
五音	徵	羽	商	角	宮
五度	左	前	右	後	中

陰陽五行學說的必要前提和基礎的觀念。對此，筆者有一補充：陰陽五行的確出於初步的天文、地理觀察，是以「四象」等後起之天文星象知識容易與陰陽五行體系相互結合，此乃陰陽五行體系日漸駁雜之一因。孫氏之論見氏著《鶡冠子》研究，頁273。

四時	春	夏	秋	冬	
四象	蒼龍	白虎	赤鳥	玄武	
四臣	仁人	忠臣	義臣	聖人	
四德	仁	忠	義	聖	

其次，爲了使人事運作符合天道運行，《鶡冠子》更在選才方式上設計了「五至」（什己、百己、若己、厮役、徒隸）之說，在施政制度上設計了「五政」（神化、官治、教治、因治、事治）之說。然而，《鶡冠子》並沒有將「五至」、「五政」配應「五行」的論述。

由以上所論，吾人可知，《鶡冠子》中所論之「五行」體系已有大致之規模，「五」更成爲《鶡冠子》設計人事制度上的理想數字，而四臣與四時的結合看似附會，但也正顯示出作者極欲融人事與天道爲一體的用心〔註31〕。

再者，在《鶡冠子》中，「五行」已與「四時」緊密連結，然而，吾人更關心的是：「五行」是否已與「氣」或「陰陽」有了更密切的結合？

在《鶡冠子》中，唯一將「陰陽」與「五行」範疇並列的是〈環流〉所言：

> 所謂道者，無己者也；所謂德者，能得人者也。道德之法，萬物取業，無形有分，名曰大孰。故東西南北之道端，然其爲分等也；陰陽不同氣，然其爲和同也；酸鹹甘苦之味相反，然其爲善均也；五色不同采，然其爲好齊也。五聲不同均，然其可喜一也。故物無非類者，動靜無非氣者。

在此處，「四方」、「四味」、「陰陽」與「五色」、「五聲」並列出現；然而，作者卻沒有將「五行」與「四方」、「四味」、「陰陽」結合的傾向。作者有關「五色」與「五聲」的論述，只是在說明「五色」雖有青、黃、赤、白、黑的不同，但同屬於「色」的範疇；「五聲」雖有宮、商、角、徵、羽的差異，但同在「聲」的範圍。無論是「陰陽」、「四味」，抑或是「五色」、「五聲」，皆是依道而行。因此，這些現象皆只是道之一端。若能依循天道之度數，各個範疇內的事物才能順序運作，陰陽和同、四味善均、五色好齊、五聲喜一也才有可能。

〔註31〕參見熊鐵基〈論《鶡冠子》的“道法”思想——兼論道法、黃老及其他〉，《華中師範大學學報》第40卷第1期，2001年1月，頁96。

　　由此可知，在《鶡冠子》中，「五行」與「四時」雖已聯繫為同一體系，然而，「五行」卻未能與「陰陽」或「氣」進行整合，彼此間亦無相互配屬的關係。再者，《鶡冠子》中亦無「木氣」、「火氣」、「土氣」、「金氣」、「水氣」之說，因此，筆者以為：「五氣」與五方、五味、五色應同屬於五行之體系，然而「五氣」之內涵為何，再進一步證據出現之前，不宜冒然斷定。即使「五氣」真為「木氣」、「火氣」、「土氣」、「金氣」、「水氣」，這樣的「五行之氣」也只是從屬於五行體系的一環，並不具有創生萬物的意涵〔註32〕。

第六節　結　語

　　藉由上論可以知道，《鶡冠子》對萬物生成、天地規律、陰陽之氣等範疇皆有相當豐富的論述，而這些問題在《鶡冠子》中也得到進一步的發展。再者，《鶡冠子》與黃老帛書也的確有著密切的關連，不但有多處相重近之文句，與天道問題相關者更有以下數例：

《鶡冠子‧世兵》：「受數於天，定位於地，成名於人。」

《十大經‧立命》：「吾受命於天，定位於地，成名於人。」

《鶡冠子‧泰鴻》：「故聖人立天為父，建地為母范。」

《十大經‧果童》：「以天為父，以地為母」

《鶡冠子‧天權》：「彼立表而望則不惑，按法而割者不疑。」

《十大經‧稱》：「侍表而望則不惑，案法而治則不亂。」

由此數例可以發現，天地度數的論題，實為戰國時代黃老道家主要的哲學課題，而其對天學的注重，乃是為了法天道以行人事，將天地之理與人間之法納為同一個系統。

〔註32〕葛兆光指出：道家的宇宙圖式側重於自然、社會、人的發生；而五行家的宇宙圖式則偏向於描述自然、社會、人的結構。參見氏著《道教與中國文化》，上海：上海人民出版社，1987年9月，頁36。

第八章 《呂氏春秋》的宇宙生成論及其相關問題

　　關於《呂氏春秋》的宇宙生成思想，陳師麗桂早有指出：《呂氏春秋》用「太一」、「陰陽」、「精氣」去填充《老子》「道」的內容，從而轉化《老子》的修養論為精氣之說。由《老子》無時空、非相對的「道」，而「太一」，而「精氣」；「道」的內容漸次落實，道的層次愈益下降。師又言：《呂氏春秋》一方面繼承《老子》「道」的基本體性，另一方面又以精氣去填充「道」的內容，這是黃老學家推衍《老子》道論的普遍形態〔註1〕。的確，在《呂覽》的宇宙生成論中，「太一」、「一」、「陰陽」、「精」、「氣」等都占了相當重要的地位，這也是筆者以下所要逐步研討的論題。

第一節　宇宙的生成

　　《呂覽‧大樂》中有一段關於宇宙生成的論述，其言曰：

> 音樂之所由來者遠矣，生於度量，本於太一。太一出兩儀，兩儀出陰陽。陰陽變化，一上一下，合而成章。渾渾沌沌，離則復合，合則復離，是謂天常。天地車輪，終則復始，極則復反，莫不咸當。日月星辰，或疾或徐，日月不同，以盡其行。四時代興，或暑或寒，或短或長，或柔或剛。萬物所出，造於太一，化於陰陽。

這一段文字本是要追溯音樂產生的源頭；然而，其後所言「萬物所出，造於

〔註1〕　參見師著《秦漢時期的黃老思想》，台北：文津出版社，1997年2月，頁12。

太一，化於陰陽」卻透露出：音樂的生成過程，其實也就是萬物的生成方式。作者首先指出音樂「生於度量，本於太一」，其實也就是說：天地萬物皆本於「太一」，這種萬物皆由「太一」而出的觀點與〈太一生水〉、《鶡冠子》無異。

下文說：「太一出兩儀，兩儀出陰陽。」高誘於此注曰：「兩儀，天地也」，也就是主張：太一分生天地，天地分生陰陽。「天地出陰陽」的說法，在《呂氏春秋》中亦可以找到內證。〈知分〉言：「陰陽者，造乎天而成者也。」〈盡數〉亦言：「天生陰陽寒暑燥溼，四時之化，萬物之變，莫不為利，莫不為害。」這兩段論述，皆將「陰陽」的根源指向「天」，因此，高氏之說不誣。

然而，「兩儀」一詞本由〈繫辭傳〉所出，在〈繫辭傳〉中，「兩儀」的本義是指筮法之「陰陽」，再者，〈大樂〉此段的結論──「萬物所出，造於太一，化於陰陽」只提及「陰陽」，而沒有提到「兩儀」，這讓人不禁疑惑，「兩儀」所指涉者是否僅只是「天地」？「兩儀」所指是否亦含有「陰陽」之意？

筆者以為：吾人似乎可以用一種較為寬廣的角度來處理此一問題。此處的「兩儀」所指者，其實也就是天地間相反相生的兩股力量，此兩股對反的力量乃是產生「變化」的源頭，因此，下文才繼續說道「陰陽變化」如何如何。也就是說，天地間的兩股力量可以用「兩儀」來概括，亦可以用「陰陽」來代表，這也就是為什麼此段的結論「萬物所出，造於太一，化於陰陽」只提及「陰陽」，而沒有提到「兩儀」的緣故，因為「陰陽」與「兩儀」所指為同一事。

後文又言：「陰陽變化，一上一下，合而成章。渾渾沌沌，離則復合，合則復離，是謂天常。」作者在描述「陰陽」的運動時，著重了「渾沌」及「離合」狀態的說明。「渾沌」乃是宇宙初生、秩序未定之時的形容，而「離則復合，合則復離」則是「天常」，也就是「天之常軌」，陰陽一離一合、一上一下，天地萬物由此而生，宇宙秩序亦由此而成。

其後，作者以「天地終始」、「日月星辰」、「四時代興」來說明「宇宙秩序」的成立。他將天地運行「終則復始，極則復反」的狀態形容為如同「車輪」一般，此與《老子》所言「大曰逝，逝曰遠，遠曰反」同義，兩者皆說明了天地的運動終而復始，這就是天地之道〔註2〕。

〔註2〕 王范之認為：「天地車輪，終則復始，極則復返」正合〈彖象傳〉：「終則有始」
　　　　的意思。〈彖象傳〉：「終則有始，天行也。」也正以「天行」作「天道」。是

　　再者，「日月星辰，或疾或徐，日月不同，以盡其行」、「四時代興，或暑或寒，或短或長，或柔或剛」則分別論述了日月運行與四時相代的情狀。日月四時的循環變化，確立了天地秩序的建立。〈圜道〉篇亦曰：「日夜一周，圜道也。月躔二十八宿，軫與角屬，圜道也。精行四時，一上一下各與遇，圜道也。」太陽運行一周，形成日夜更替；月亮歷行二十八宿，始於角宿，終於軫宿，角宿與軫宿首尾相接；精氣運行四時，春夏秋冬輪替不已，這些恆古不變的循環規律皆是古人所深刻體認的天地秩序。

　　此外，值得注意的是：作者在此以「或暑或寒，或短或長，或柔或剛」來闡示「四時代興」，「或暑或寒」當然是「四時」的內涵無誤，然而，作者何以又言：「或短或長」、「或柔或剛」？高誘於此注曰：「冬寒，夏暑。冬至短，夏至長。春柔而秋剛。」「短長」、「柔剛」都是「四時」的具體形容，陳奇猷則以為：「『柔』與『剛』係形容陰陽，非形容四時」，因此，「或柔或剛」之上可能脫去了「陰陽變化，或上或下」二句〔註3〕。對此，筆者以為：吾人可從另一種思考向度出發，來討論此一問題，「短長」與「柔剛」可以不必實指其事，「或短或長」、「或柔或剛」的論述正象徵著天地間相反相成的兩股力量，而這股力量的具體表現，即是「四時代興」，而這樣的詮釋，更能與後文所言「萬物所出……化於陰陽」相互對應。

　　最後，作者作出「萬物所出，造於太一，化於陰陽」的結論，再一次強調「太一」為萬物的本源，而「陰陽」則為變化的原則。

第二節　「太一」與「一」

　　關於「太一」的討論，〈大樂〉言：

　　道也者，視之不見，聽之不聞，不可為狀。有知不見之見、不聞之聞，無狀之狀者，則幾於知之矣。道也者，至精也，不可為形，不可為名，彊為之謂之太一。故一也者制令，兩也者從聽。先聖擇兩法一，是以知萬物之情。故能以一聽政者，樂君臣，和遠近，說黔首，合宗親。能以一治其身者，免於災，終其壽，全其天。能以一

古人稱「天道」為「天行」。所以「以盡其行」，應作「以盡其道」講。省一「天」字。參見氏著《呂氏春秋研究》，呼和浩特：內蒙古大學出版社，1993年10月，頁202。

〔註3〕見陳奇猷《呂氏春秋新校釋》，上海：上海古籍出版社，2002年4月，頁262。

治其國者，姦邪去，賢者至，成大化。能以一治天下者，寒暑適，

風雨時，爲聖人。故知一則明，明兩則狂。

這段敘述可以分爲「道也者……彊爲之謂之太一」與「故一也者制令」以後
兩個部分。在第一部分中，作者承襲了《老子》對「道」的一貫描述，說明
了「道」非感官認知可以掌握，因爲「道」乃是「視之不見」、「聽之不聞」、
「不可爲狀」的。此中，「不可爲形」、「不可爲名」當然是《老子》原義，然
而，「至精也」、「彊爲之謂之太一」則可說是作者的發揮，亦可說是哲學潮流
的時代發展。關於「精」的討論容後再敘，在「太一」方面，作者於此說「道」
可以彊名爲「太一」，似乎是說「太一」只是個名號、名謂而已。然而，由前
文所引的「太一生成萬物」的理論，吾人可知，「太一」所扮演的角色並非一
簡單的名稱而已。

前文已言：「太一」爲萬物生成、宇宙秩序的源頭，那麼，「太一」的地
位與功能，其實正與「道」無異〔註4〕。既然如此，那麼作者何以還要說「彊
名之」呢？道家後學一方面秉持《老子》的「道」論，說「道」是視之而不
可見、聽之而不可得，當然無名可名，只能「彊名之」；一方面又將「道」予
以客觀化、顯實化，以含有北極星形象的「太一」來代表「道」，如此一來，
「道」不再是心靈體證的境界，「道」儼然成爲創生萬物的實體。

作者在「彊爲之謂之太一」之後緊接著說：「故一也者制令，兩也者從
聽。先聖擇兩法一，是以知萬物之情。」高誘於此注曰：「擇，棄也。法，
用也。」〔註5〕也就是說，「一」處於發號施令的地位，而「二」以下皆只是
居於從屬的地位，所以，聖人能夠持「一」以掌握萬物的情狀。這段話接在
「彊爲之謂之太一」之後，顯示出作者似乎又將「太一」等同於「一」。不
過，這裡的「一」似乎與《老子》中具有創生義的「一」有些差距，此「一」
被賦予了更多的人文意涵，作者強調要以「一」來治身、治國、治天下，把
「一」定位爲修身理國的唯一原則。然而，作者既將「太一」等同於「一」，
又將「道」與「太一」視爲一體，吾人即可明白：在此處，「太一」概念所
強調的是「道」創生萬物的性格，而「一」所強調的是「道」的統領超越地
位，以及作爲現象事物的準則功能。因此，吾人可知：在《呂氏春秋》中，

〔註4〕 〈勿躬〉篇亦有言：「是故聖王之德，融乎若月之始出，極燭六合而無所窮屈；
　　　　昭乎若日之光，變化萬物而無所不行。神合乎太一，生無所屈，而意不可障；精
　　　　通乎鬼神，深微玄妙，而莫見其形。」此中的「太一」，意亦可與「道」相等同。
〔註5〕 見陳奇猷《呂氏春秋新校釋》，頁 267。

這幾個概念乃是一而多、多而一,難分彼此,互有關連的〔註6〕。

但是,在《呂氏春秋》中,是否「一」的創生義就隱而不顯了呢?這也不盡然。〈圜道〉篇說:「一也者至貴,莫知其原,莫知其端,莫知其始,莫知其終,而萬物以爲宗。」闡明了「一」爲萬物之本、萬有之宗的義理,與今本《老子》「萬物得一以生」同義,再觀〈論人〉篇所言:

> 凡彼萬形,得一後成。故知知一,則應物變化,闊大淵深,不可測也;德行昭美,比於日月,不可息也;豪士時之,遠方來賓,不可塞也;意氣宣通,無所束縛,不可收也。故知知一,則復歸於樸,嗜欲易足,取養節薄,不可得也;離世自樂,中情潔白,不可量也。威不能懼,嚴不能恐,不可服也。故知知一,則可動作當務,與時周旋,不可極也。舉錯以數,取與遵理,不可惑也;言無遺者,集於肌膚,不可革也;讒人困窮,賢者遂興,不可匿也。故知知一,則若天地然,則何事之不勝,何物之不應?譬之若御者,反諸己,則車輕馬利,致遠復食而不倦。

此段論述首先強調了「萬物得一而成」,但是,其後論述的重心,就完全置於如何「應物變化」,因此,最後作者結論道:「故知知一,則若天地然,則何事之不勝,何物之不應?」由此可見,此處作者亦將「一」看作是應物變化、修身理國的最高原則。

從以上針對「太一」及「一」的討論可以瞭解:「太一」、「一」與「道」彼此難有明確分際,爲一組指涉始源狀態的概念,然而,若細論之,則可知在《呂覽》中,「太一」概念較強調「道」的創生性格,而「一」則較強調「道」之應物變化,也就是說,前者偏向道之原,後者偏向道之用。

第三節 「宇宙」與「天地」

在《呂氏春秋》中,「宇宙」一詞常與「天地」、「日月」一同出現,舉例

〔註6〕 牟鍾鑒有言:《呂氏春秋》中的「太一」是「道」或「一」。參見氏著《呂氏春秋》與《淮南子》思想研究》,濟南:齊魯書社,1987年9月,頁34。劉元彥亦言:「太一」即「道」,又稱作「一」。參見氏著《雜家帝王學——《呂氏春秋》》,北京:生活・讀書・新知三聯書店,1992年6月,頁106~107。陳宏敬指出:在《呂氏春秋》的宇宙論體系中,「道」與「太一」具有同一性,它也是天地萬物存在的本原和本質。參見氏著《呂氏春秋》的自然哲學》,《中國哲學史》2001年第1期,頁95。

如下：

〈本生〉：精通乎天地，神覆乎宇宙。

〈下賢〉：精充天地而不竭，神覆宇宙而無望。

〈執一〉：故聖人之事，廣之則極宇宙、窮日月，約之則無出乎身
者也。

在〈本生〉與〈下賢〉的兩個例證中，「天地」與「宇宙」為互文，兩者可以相互詮釋，而在〈執一〉中，「宇宙」亦可與「日月」互通其義，由此可知，在《呂氏春秋》文本中，「宇宙」一詞的時間義與空間義皆已得到普遍的應用。

而在「天地」的部分，「天地」為萬物生存的場域，《呂覽》中或謂之「宇宙」，或謂之「六合」〔註7〕，然而，「天地」的涵意似乎又較「宇宙」或「六合」更加豐富，因為，當人們論及「天地」時，它不僅僅只是一單純的空間概念而已，人們更著重的是，「天地」孕育萬物、生化萬象的作用〔註8〕，因之，人們對「天地」常懷抱有「以天地為父母」的感情。〈貴公〉說：「天地大矣，生而弗子，成而弗有。萬物皆被其澤、得其利，而莫知其所由始，此三皇、五帝之德也。」天地生成萬物，萬物皆得天地之恩澤。既然「天地陰陽不革，而成萬物不同」（〈執一〉），萬物由天地而出，是以萬物的不同質性特徵、形體作用，就可說是「天地」賦予的了，因之，也就產生了「性者萬物之本也，不可長，不可短，因其固然而然之，此天地之數也」（〈貴當〉）這樣以「萬物之性」為「天地定數」的論述。

此外，值得注意的是，在《呂氏春秋》中，特別強調了「天地」的德性，它說：

〈去私〉：天無私覆也，地無私載也，日月無私燭也，四時無私行也，
行其德而萬物得遂長焉。

〈貴信〉：天行不信，不能成歲；地行不信，草木不大。春之德風，
風不信，其華不盛，華不盛，則果實不生。夏之德暑，暑
不信，其土不肥，土不肥，則長遂不精。秋之德雨，雨不
信，其穀不堅，穀不堅，則五種不成。冬之德寒，寒不信，

〔註7〕 〈觀表〉：「凡居於天地之間、六合之內者，其務為相安利也，夫為相害危者，不可勝數。」此中「天地」與「六合」為互文。

〔註8〕 陳師麗桂指出：道是生物之源，其生化無私無欲、不有不宰，《老子》如此說，呂覽也如此說。只不過在進一步分析道生萬物的現象時，呂覽卻以「天地」代替了「道」。參見師著《秦漢時期的黃老思想》，頁9。

其地不剛，地不剛，則凍閉不開。天地之大，四時之化，
而猶不能以不信成物，又況人事乎？

這兩則引文一者強調天地「無私」，一者說明天地「有信」，「無私」顯示了天地孕育萬物，無所偏選；「有信」則表示了天地運行有其規律，恆久不變。天地、四時、日月「行其德而萬物得遂長焉」，它們「信而成物」。

在《呂氏春秋》作者將天地「擬人化」的同時，也將自身擬同為天地，〈情慾〉言：「人與天地也同，萬物之形雖異，其情一體也。」〈有始〉亦言：「天地萬物，一人之身也，此之謂大同。」萬物由天地所出，人身當然也不例外，因之，天地、萬物、人身乃是一個有機的整體。在天地人身一體的理念下，所導引出的，即是「法天地」的結論〔註9〕。因此，〈情慾〉說：「故古之治身與天下者，必法天地也。」〈序意〉亦言：「爰有大圜在上，大矩在下，汝能法之，為民父母。」《呂氏春秋》的十二紀就是這種理念下的產物〔註10〕。

十二紀按春、夏、秋、冬四季劃分，每季又分孟、仲、季三紀，每紀之後所配的文章按春生、夏長、秋收、冬藏的自然之義來配合〔註11〕。之所以能夠安排出十二紀這樣一套完整縝密的生活模式，之所以能夠一再強調治身治國必需「法天地」，實乃因時人自認為他們對於自身所處的生活場域已有了一定的認識，試觀以下二則引文：

〈當賞〉：民無道知天，民以四時、寒暑、日月、星辰之行知天。

〈貴因〉：夫審天者，察列星而知四時，因也；推歷者，視月行而知晦朔，因也。

由「民以四時寒暑日月星辰之行知天」、「察列星而知四時」、「視月行而知晦

〔註9〕 參見熊鐵基《呂氏春秋》的結構與思想體系〉，《道家文化研究》第十四輯，頁296。

〔註10〕 劉長林指出：「人之與天地也同，萬物之形雖異，其情一體也」（〈情慾〉）可說是《呂氏春秋》對宇宙一體化理論總的概括，所謂萬物「其情一體」，正是指宇宙萬物，包括自然、人和社會，儘管殊類異形，卻具有統一的法則、結構和運動節奏，並形成一個系統整體。而宇宙一體化理論的具體內容主要表現在十二紀之中。參見氏著《中國系統思維》，北京：中國社會科學出版社，1997年4月，頁110。

〔註11〕 陳奇猷指出：「春夏秋冬四紀，顯係春言生，夏言長，秋言收，冬言藏。每紀所繫之文，亦皆配合春生、夏長、秋收、冬藏之義。」見氏著《呂氏春秋新校釋》，頁3。牟鍾鑒亦言：「《呂》根據人法天地的思想，為自然變化和社會活動編制一個統一的無所不包的體系，它的這種努力最明顯的表現是十二紀紀首。」參見氏著《《呂氏春秋》與《淮南子》思想研究》，頁43。

朔」可知，人們由太陽、月亮、星辰的運行制定出晦朔四時，這就是人們認識天的方式。寒暑四時的循環、日月列星的運行，乃是天地最重要的特徵，體認到了這一點，時人就認為，已是「知天」了。

非但如此，他們亦開始對「天地之所以形，雷電之所以生，陰陽材物之精」（〈有始〉）等問題產生了高度的興趣，甚至還嘗試推求「天地之始」，〈有始〉篇首段說道：

> 天地有始。天微以成，地塞以形。天地合和，生之大經也。以寒暑日月晝夜知之，以殊形殊能異宜說之〔註12〕。夫物合而成，離而生。知合知成，知離知生，則天地平矣。平也者，皆當察其情，處其形。天有九野，地有九州，土有九山，山有九塞，澤有九藪，風有八等，水有六川。

《呂氏春秋》分為十二紀、八覽、六論三大部分，按照《史記》所說的次序，是八覽在前，而八覽又始於〈有始〉，也就是說，按《史記》引述的次序，這是全書的第一段，由此可知《呂氏春秋》對此一論題的重視〔註13〕。

對於「天地起源」的問題，〈有始〉篇作者作出了科學性的解釋——天乃是由輕微之物上升而形成；地則是由重塞之物下沉而構成〔註14〕。在「天地未形」以前，輕微之物與重濁之物顯然是混雜不分、合同一體的，這應該就是〈大樂〉篇所說「混混沌沌」的情狀。接著，在天地分別形成之後，天與地必須交通合和，才有化生物類的可能，這也就是作者所說：「天地合和，生之大經也。」天與地如何能合和，如何能交通？「氣」於是成了最佳的中介物質，是以《呂覽》中不時可見到「天氣」與「地氣」二詞，而也唯有「天氣下降，地氣上騰」之時，才有「天地和同，草木繁動」，萬事萬物欣欣向榮的結果〔註15〕。〈音律〉亦言：「天地之氣，合而生風」，也是藉「氣」來表達天地相合的狀態。

何以知天地之事？作者提出了「以寒暑日月晝夜知之，以殊形殊能異宜說之」的原則，藉由〈當賞〉篇所言：「民無道知天，民以四時寒暑日月星

〔註12〕 王范之據王念孫《讀書雜志・荀子・強國篇》「形能」條，認為「能」即「態」字，參見氏著《呂氏春秋研究》，頁200。

〔註13〕 參見劉元彥《雜家帝王學——《呂氏春秋》》，頁104。

〔註14〕 「天微以成，地塞以形」之說並不獨見，《淮南子・天文》亦有言：「清陽者薄靡而為天，重濁者凝滯而為地」，《黃帝內經・陰陽應象大論》有言：「清陽為天，濁陰為地。」而《列子・天瑞》也說：「清輕者上為天，濁重者下為地。」

〔註15〕 見《呂覽・孟春》。

辰之行知天」，吾人可知「以寒暑日月晝夜知之」乃是「知天」的原則，因此，「以殊形殊能異宜說之」即是「說地」的方法了。時人以冷熱的變化、日月的運轉、晝夜的交替推求出「天」道；以萬物的不同形體、不同性能、不同作用歸納出「地」道。文末所言「天有九野」就是時人所體察出的「天道」，而「地有九州，土有九山，山有九塞，澤有九藪，風有八等，水有六川」則是時人所觀察出的「地道」。這「天道」即今日的天文氣象，而「地道」則為自然地理，「上知天文，下知地理」，可謂包含了當時所有的自然知識〔註16〕。

　　對於萬物生成的原則，作者亦提到：「夫物合而成，離而生。」由天地的角度來說，天地交合生成萬物；由物的角度出發，則說是：物離天地而誕生〔註17〕。若能夠通曉這個原則，那麼也就能知道天地產生的道理了，因此，他說：「知合知成，知離知生，則天地平矣。〔註18〕」再者，這段論述讓筆者聯想起鄒衍「必先驗小數，推而大之，至於無垠〔註19〕」的原則，〈有始〉篇作者的天文地理知識亦是這樣推導而來。

第四節　「陰陽」

　　陰陽各有其不同的質性，「陰陽爭，死生分」（〈仲夏〉）及「以陽召陰，以陰召陽」（〈君守〉）充分說明了陰陽既相對又相成的特性。雖然如此，〈處方〉又言：「金木異任，水火殊事，陰陽不同，其為民利一也。」陰陽雖然不同，然而其造就萬物的作用與功能是無可取代的，試觀以下引文：

　　　〈貴公〉：陰陽之和，不長一類；甘露時雨，不私一物；萬民之主，
　　　　　　　　不阿一人。

　　　〈知分〉：凡人物者，陰陽之化也。

〔註16〕陳宏敬認為：上述天地萬物生成觀念具有濃厚的經驗主義色彩，還沒有超越感官的經驗直覺的層面。真正的宇宙論不僅探討天地萬物的成形過程（後天），還要探討天地萬物從無（形）到有（形）的生化過程（先天），這後一問題才是宇宙論的核心和邏輯起點。「太一出兩儀」這段話則描繪了一幅較為完整的宇宙生成演化圖式。參見氏著《呂氏春秋》的自然哲學〉，《中國哲學史》2001年第1期，頁95。

〔註17〕參見牟鍾鑒《呂氏春秋》與《淮南子》思想研究》，頁35。

〔註18〕高誘於此註曰：「合，和也。平，成也。」見陳奇猷《呂氏春秋新校釋》，頁666。

〔註19〕見《史記·孟荀列傳》。

〈執一〉：天地陰陽不革，而成萬物不同。

〈仲冬〉：是月也，日短至。陰陽爭，諸生蕩。

〈盡數〉：聖人察陰陽之宜，辨萬物之利以便生，故精神安乎形，而
　　　　年壽得長焉。

〈貴公〉、〈知分〉、〈執一〉的引文都充分說明了各種物類以及萬物之靈——
人類，都是由陰陽所化生。陰陽調和，則生類各得其所、各安其性，反之，
若陰陽相爭，則必然導致群生不適，這是〈仲冬〉引文所透露的訊息。而〈盡
數〉的引文則提示吾人：我們所能作的，乃是盡力去察悉陰陽的變化，以辨
識萬物質性，才利於維護自身的生命。

　　陰陽與萬物的生長、萬象的產生關係如此密切，無怪乎「陰陽」一詞總
是與「天地」、「日月」、「四時」、「寒暑」、「風雨」並列，〈大樂〉有言：「凡
樂，天地之和、陰陽之調也」、〈察今〉所言：「故審堂下之陰，而知日月之行、
陰陽之變」、及〈明理〉所言：「其風雨則不適，其甘雨則不降，其霜雪則不
時，寒暑則不當，陰陽失次，四時易節，人民淫爍不固，禽獸胎消不殖，草
木庫小不滋，五穀萎敗不成，其以爲樂也，若之何哉？」皆其例也。

　　此外，在《呂氏春秋》中，「陰陽」與氣的結合不在少數，羅列如下：

〈孟秋〉：孟秋行冬令，則陰氣大勝，介蟲敗穀，戎兵乃來。行春令，
　　　　則其國乃旱，陽氣復還，五穀不實。

〈仲秋〉：殺氣浸盛，陽氣日衰。

〈季春〉：是月也，生氣方盛，陽氣發泄，生者畢出，萌者盡達，不
　　　　可以內。

〈音律〉：黃鐘之月，土事無作，慎無發蓋，以固天閉地，陽氣且泄。

〈古樂〉：昔古朱襄氏之治天下也，多風而陽氣畜積，萬物散解，果
　　　　實不成，故士達作爲五弦瑟，以來陰氣，以定群生。……
　　　　昔陰康氏之始，陰多，滯伏而湛積，陽道壅塞，不行其序，
　　　　民氣鬱閼而滯著，筋骨瑟縮不達，故作爲舞以宣導之。

在上述的例證中，「陰氣」所代表的是秋冬凝寒之氣；而「陽氣」所代表的
意義則是春夏溫暖之氣，「陽氣」有助成天地交流、萬物長成之功，而「陰
氣」則使天地封閉、萬物凋零，因之，《呂覽》又以「生氣」（〈季春〉）與「殺
氣」（〈仲秋〉）來代表。雖然如此，並不意味著天地間一直充塞著陽氣，才

能生意盎然，天地最理想的狀態是陰陽二氣調和，〈古樂〉的引文充分說明了這一點。〈古樂〉篇說：陽氣畜積過多，將導致「萬物散解，果實不成」，所以要招來陰氣，以安定群生。相反地，若是陰氣過多，陽氣阻塞，天地規律一樣會受到不良影響，也必須疏導陰氣、招來陽氣，這就如同《莊子·在宥》所言：「官陰陽，以遂群生」的道理一般。

　　至於「陰陽」的來源，《呂覽》也有交代，其言如下：

　　　〈知分〉：陰陽者，造乎天而成者也。

　　　〈盡數〉：天生陰陽寒暑燥溼，四時之化，萬物之變，莫不爲利，莫
　　　　　　　　不爲害。

這兩則引文都說明了陰陽的根源爲「天」，亦說明了「陰陽」實可概括天地間變化運動的根源動力，四時之化、萬物之變皆由陰陽而出。

第五節　「氣」與「精」

　　在《呂氏春秋》中，除了「陰氣」、「陽氣」之外，「氣」與「天」、「地」、「寒」、「暖」、「春」、「秋」結合的例子不知凡幾〔註20〕，試舉數例如下：

　　　〈孟春〉：是月也，天氣下降，地氣上騰，天地和同，草木繁動。

　　　〈孟冬〉：命有司曰：「天氣上騰，地氣下降，天地不通，閉而成冬。」

　　　〈仲春〉：仲春行秋令，則其國大水，寒氣總至，寇戎來征。行冬
　　　　　　　　令，則陽氣不勝，麥乃不熟，民多相掠。行夏令，則國
　　　　　　　　乃大旱，煖氣早來，蟲螟爲害。

　　　〈季春〉：國人儺，九門磔禳，以畢春氣。

　　　〈仲秋〉：天子乃儺，禦佐疾，以通秋氣。

　　　〈季秋〉：乃命有司曰：「寒氣總至，民力不堪，其皆入室。」

由以上所舉「天地之氣」、「寒暖之氣」、「春秋之氣」，可以知道：「氣」已與自然現象結合，其中，春秋等季節之氣的實際意涵也就是「寒暖之氣」，而這

〔註20〕易天任指出：「氣」此一符號由《左傳》、《國語》發展至《呂氏春秋》，在描
　　　　述自然界的相關對象時，以「大自然中兼具動力與物質特性的精微之物」，已
　　　　經可以普遍的與「天」、「地」、「陰」、「陽」、「春」、「秋」、「寒」、「暖」等詞
　　　　相結合，成爲一般性的使用的詞語。參見氏著《先秦「氣」思想研究》，國立
　　　　高雄師範大學國文研究所碩士論文，周虎林先生指導，2001 年 1 月，頁 129。

些皆從屬於「天地」自然之氣。藉由這些例子，吾人亦可知：「氣」到了《呂氏春秋》的著作時代，普遍用以說明季節氣侯的轉化情形。

在《呂氏春秋》中，「氣」除了與「陰陽」結合外，亦出現了首次與「五行」結合的論述，〈應同〉篇說：

> 凡帝王者之將興也，天必先見祥乎下民。黃帝之時，天先見大螾大螻，黃帝曰：「土氣勝」，土氣勝，故其色尚黃，其事則土。及禹之時，天先見草木秋冬不殺，禹曰：「木氣勝」，木氣勝，故其色尚青，其事則木。及湯之時，天先見金刃生於水，湯曰：「金氣勝」，金氣勝，故其色尚白，其事則金。及文王之時，天先見火，赤烏銜丹書集於周社，文王曰：「火氣勝」，火氣勝，故其色尚赤，其事則火。代火者必將水，天且先見水氣勝，水氣勝，故其色尚黑，其事則水。水氣至而不知，數備，將徙于土。天爲者時，而不助農於下。類固相召，氣同則合，聲比則應。鼓宮而宮動，鼓角而角動。

此段引文以五行相勝的原理來解釋朝代的更替。實際上，作者以「木」、「火」、「土」、「金」、「水」即可表示其意，他卻將五行與「氣」結合而成「土氣」、「木氣」、「金氣」、「火氣」、「水氣」五氣，之所以如此，乃是爲了藉助「氣」的流動不居、充塞萬物的特性，凸顯出天數來臨時，五行中的某一行瀰漫天下、充塞宇宙的情形，因此，自然界才會先表現出某種異象〔註21〕。再者，此處「五行」與「氣」的結合，乃是以「五行」爲中心，「氣」只是「五行」盈滿瀰漫的狀態，這樣的「五行之氣」，重心乃在於「五行」，而非「氣」，是以「土氣」、「木氣」、「金氣」、「火氣」、「水氣」等五氣創生萬物的性格並不強烈。

由以上所論，吾人可知：在《呂氏春秋》中，「氣」不但與「天地」、「陰陽」結合，亦與「五行」有了進一步連結。「天地」與「陰陽」是化生萬物的根源，「氣」與之結合，顯示出「氣」爲天地萬物之原質的性格已穩固不

〔註21〕 易天任有言：五行原本即代表原始思維對現象界物質性的一種分類方式，並爲現象界物質的代表；其與「氣」結合後，成爲自然界某種動力的指涉。自然界以此五種精細微妙，具物質性的動力做一系統性、結構性的構成，在政權興替時呈現各種符應。其輪替的過程，即爲「五行相勝」說。參見氏著《先秦「氣」思想研究》，頁133。針對其說，筆者以爲：易氏之說強調「氣」賦予「五行」動力，然而，在「五德終始」之說中，朝代更替的動力乃是「五行」之轉移，是以「五行」本身即有運轉輪替之動力。

變〔註22〕。所以，下文中有言：「類固相召，氣同則合，聲比則應」〔註23〕，所有的物類，都各有其「氣」。而〈明理〉篇也說道：「凡生非一氣之化也，長非一物之任也，成非一形之功也。」同樣說明了物類的生成，乃是「氣」所化，只是，此處所強調的是：物類之生，不是由單一的「氣」所生就的。

而〈應同〉還有一段關於「氣」的文字論述，它說：

　　黃帝曰：「芒芒昧昧，因天之威，與元同氣。」故曰同氣賢於同義，

　　同義賢於同力，同力賢於同居，同居賢於同名。帝者同氣，王者同

　　義，霸者同力，勤者同居則薄矣，亡者同名則犕矣。

對於「芒芒昧昧，因天之威，與元同氣」一句，高誘注曰：「芒芒昧昧，廣大之貌。天之威無不敬也。非同氣不協。」孫蜀丞曰：「按注語不明。『天之威無不敬也』當作『因天之威，無不敬也』，脫『因』字。『非同氣不協』當作『與元同氣，無不協也』。蓋脫去『與元同氣』四字，後人遂加『非』字，非高氏之舊也。」〔註24〕孫氏認為：高誘所注的原文是：「芒芒昧昧，廣大之貌。因天之威，無不敬也。與元同氣，無不協也。」正因為「因天之威」、「與元同氣」是最高的境界，所以後文中才出現「同氣賢於同義」、「帝者同氣」的論述。

在此，筆者想要探討的是：此段黃帝之言與宇宙生成論的關連。「芒芒昧昧」通常是用以形容宇宙初生之時一片混沌的情形，「因天之威」是說要循天之德〔註25〕，那麼「與元同氣」也就是說要與天地初始之時「同氣」，然而，

〔註22〕歐崇敬說：《呂氏春秋》以「氣」論作為另一種經緯的全書架構：在陰陽、天地、四時、五行、寒暑的架構中，文本中提出天氣、地氣、生氣、衰氣、春氣、秋氣、金氣、木氣、水氣、火氣、土氣、寒氣、暖氣、陰氣、陽氣等氣質內涵，此外尚有心氣、形氣、志氣、邪氣、惡氣、受氣、同氣、精氣、意氣、有氣、無氣等相關詞語的提出：這表示著：《呂氏春秋》運用了一個屬於稷下道家（筆者按：「稷下道家」應改為「黃老道家」才是）所創造出來的「物質理論」解釋世界表象。在這個物質理論「氣」的認知基礎下，配合了一切概念範疇，無論是存有域（天地），或是物理屬性（陰陽五行、溫溼度）以及心理內涵三向度都被全面包括了。參見氏著《中國哲學史（先秦卷）》，台北：洪葉出版社，2001年10月，頁434。

〔註23〕〈召類〉篇有一段意義類似的記錄：「類同相召，氣同則合，聲比則應。故鼓宮而宮應，鼓角而角動；以龍致雨，以形逐影。」

〔註24〕見陳奇猷《呂氏春秋新校釋》，頁691。

〔註25〕王念孫《讀書雜志》校〈繆稱〉云：「威者，德也，言從天之德也。《廣雅》曰：『威，德也。』」，見《讀書雜志》，南京：江蘇古籍出版社，2000年9月，頁848。

如何詮釋「同氣」一詞？此應是指涉聖人的修養境界，亦即是言：聖人修養至極，則能回歸天地化生之初的狀態。黃帝之言以「氣」來說明天地初始（元）的狀態，亦即說明了天地初生之時，即有了「氣」的存在，而此時「氣」的狀態亦即是前面所說的「芒芒昧昧」。因此，筆者以爲：〈應同〉篇此處的「氣」實已具備了「元氣」的意涵。然而，〈應同〉篇畢竟沒有出現「元氣」一詞，倒是「精氣」一詞差可取代其地位及作用。

前文已論，在戰國時期道家後學正興起一股討論「精」的風潮，而《呂氏春秋》正是此潮流中重要的一環。在《呂覽》中，有關「精」的論述爲數不少，「精」的本義爲「精粹」、「精華」、「精微」之義，〈貴信〉篇言：「夏之德暑，暑不信，其土不肥，土不肥則長遂不精」、〈有始〉篇言：「解在乎天地之所以形，雷電之所以生，陰陽材物之精，人民禽獸之所安平。」、〈應同〉篇說：「其智彌捔者，其所同彌捔；其智彌精者，其所同彌精；故凡用意不可不精。夫精，五帝三王之所以成也。」〈察傳〉篇言：「夫樂，天地之精也，得失之節也，故唯聖人爲能和。」這些文句中的「精」字，或意謂著事物的精粹、或指智慧的精微，皆與「精」的本義相去不遠。值得注意的是，〈大樂〉篇言：「道也者，至精也，不可爲形，不可爲名，彊爲之謂之太一。」作者以「至精」來說明道體，而此處的「至精」除了用以形容道體是最爲「精微、精粹」的，是否還有其它深意？若要解答此一問題，吾人必須對其它有關「精」字論述作一完整的探討。

首先，「精神」一詞在《呂覽》中已經得到普遍的應用，試觀以下所舉之引文：

〈盡數〉：聖人察陰陽之宜，辨萬物之利以便生，故精神安乎形，而年壽得長焉。

〈論人〉：無以害其天則知精，知精則知神，知神之謂得一。凡彼萬形，得一後成。

〈勿躬〉：神合乎太一，生無所屈，而意不可障；精通乎鬼神，深微玄妙，而莫見其形。

〈本生〉：若此人者：不言而信，不謀而當，不慮而得，精通乎天地，神覆乎宇宙；其於物無不受也，無不裏也，若天地然！

〈下賢〉：以天爲法，以德爲行，以道爲宗，與物變化而無所終窮，

> 精充天地而不竭，神覆宇宙而無望，莫知其始，莫知其終，
> 莫知其門，莫知其端，莫知其源，其大無外，其小無內，
> 此之謂至貴。

從上列的引文，吾人可以知道，「精神」一詞在《呂覽》中相當普及的狀況，〈具備〉言：「故誠有誠乃合於情，精有精乃通於天。乃通於天，水木石之性，皆可動也，又況於有血氣者乎？故凡說與治之務莫若誠。」〈博志〉篇言：「用志如此其精也，何事而不達？何為而不成？故曰精而熟之，鬼將告之。非鬼告之也，精而熟之也。」兩則引文中的「精」亦是指涉精神專注、心志一致的狀態。值得注意的是，〈博志〉的說法顯然應承《管子》而來，《管子·心術下》說：「能專乎？能一乎？能毋卜筮而知凶吉乎？能止乎？能已乎？能毋問於人而自得之於己乎？故曰：思之；思之不得，鬼神教之；非鬼神之力也，其精氣之極也。」兩者都在說明：透過深思專一的功夫，凝聚內在的精氣，就將得到彷彿鬼神之助的成效，因而能夠無事不成。

再者，從以上所舉引文，吾人可以發現，《呂覽》在論及「精神」之時，多是用作形容聖人修養得道的終極境界，〈盡數〉及〈論人〉篇言聖人精神安定而能明通天地之理（亦即「一」），〈勿躬〉篇說：「神合乎太一，精通乎鬼神」，〈本生〉、〈下賢〉篇則言：「精通（充）天地，神覆宇宙」。何以能說：人之「精」通乎鬼神？何以能言：人之「精」充塞天地？人之「精」與天地、木石相通？〈精通〉篇也說：「聖人南面而立，以愛利民為心，號令未出而天下皆延頸舉踵矣，則精通乎民也。」、「身在乎秦，所親愛在於齊，死而志氣不安，精或往來也。」人與人的「精」可以逾越時空的限制，相互往來交通。這些關於「精」的論述，讓吾人不能不聯想到「氣」，「精」的質性似乎與「氣」相近，「精氣」一詞於是乎形成。〈盡數〉篇說：

> 精氣之集也，必有入也。集於羽鳥，與為飛揚；集於走獸，與為流
> 行；集於珠玉，與為精朗；集於樹木，與為茂長；集於聖人，與為
> 夐明。精氣之來也，因輕而揚之，因走而行之，因美而良之，因長
> 而養之，因智而明之。

引文中說：精氣聚集，必然有所寄託，精氣寄託於飛鳥走獸、珠玉草木，以及聖人之身，而也唯有精氣聚集於物類，才能使動物運作行動、使萬物精美繁茂、使聖人睿智聰敏。這也就是說：精氣聚集於各種物類之中，因順萬物本有之性，而使其得以正常運作與顯現。

〈盡數〉篇又言：

> 流水不腐，戶樞不螻，動也。形氣亦然，形不動則精不流，精不流
> 則氣鬱。鬱處頭則爲腫、爲風，處耳則爲挶、爲聾，處目則爲〔目
> 十蔑〕、爲盲，處鼻則爲鼽、爲窒，處腹則爲張、爲疛，處足則爲痿、
> 爲蹷。

這裡說道：形體不活動，體內的「精」就無法運行，「精」不運行，「氣」就
滯積，「氣」一旦鬱積，就會導致身體的病變。〈達鬱〉說：「肌膚欲其比也，
血脈欲其通也，筋骨欲其固也，心志欲其和也，精氣欲其行也，若此，則病
無所居，而惡無由生矣。病之留、惡之生也，精氣鬱也。」病痛的產生皆導
因於精氣閉結不行的緣故。

由此可知，萬物之中皆有精氣，而精氣流動順暢，則是物類正常運作的
關鍵，因此，精氣一旦不能通暢或是受到危害，物類的生命也就會因而受到
損傷，〈盡數〉篇言：「大寒、大熱、大燥、大溼、大風、大霖、大霧，七者
動精則生害矣。」也就是說，「精」若是受到外力的動搖，將有害於人的生命。
〈君守〉篇更說道：

> 故昊天無形而萬物以成〔註26〕；至精無象而萬物以化；大聖無事而
> 千官盡能。

這句引文明確地指出：萬物乃是由無形的上天生成、由無象之精氣化育。〈圓
道〉篇亦有言：

> 天道圜，地道方，聖王法之，所以立上下。何以說天道之圜也？精
> 氣一上一下，圜周復雜，無所稽留，故曰天道圜。……精行四時，
> 一上一下各與遇，圜道也。

此言：精氣一上一下，環繞往復，循環不已，且無所留止，這就是所謂「天
道圜」的道理〔註27〕。精氣運行四季，或上騰或下降，合會交融，這即是
「圜道」。然而，精氣如何能「一上一下各與遇」？陳奇猷先生的案語很可
以說明此一問題，他說：「此精乃精氣，即陰陽之氣。春夏爲陽，秋冬爲陰，

〔註26〕此句原作「故曰天無形而萬物以成」，俞樾曰：『『曰』乃『昊』字之誤。『昊』
字闕壞，止存上半之『日』，因誤爲『曰』矣。下文高注曰『說與昊天同』，
則其所據本正作『故昊天無形』。」陳奇猷言：「此當係原作『故昊天無形』，
『昊』字誤分而作『故曰天天無形』，後人刪一『天』字，遂成今本也。」參
見陳奇猷《呂氏春秋新校釋》，頁1054。

〔註27〕高誘註曰：「雜猶匝。無所稽留，運不止也。」

故曰『精行四時』。陰氣上騰，陽氣下降，相合而成萬物，故曰：『一上一下各與遇』。〔註 28〕」此處所說的「精氣」，其實本質上就是陰陽二氣，以陰陽二氣的相爭來解釋四時的氣候變化乃是《呂覽》中之常例。所以說，「精行四時」即是說陰陽之氣不停運行，形成四時循環不已的現象，而此即所謂的「天道圜周」。藉由此段引文，吾人亦可明瞭：在《呂氏春秋》中，「精氣」實已被賦予生化萬物、運行四時的地位與功能，可謂已經具備有「元氣」的意涵，「精氣」乃是天地萬物之原質。如此，則人類萬物之精氣亦可說是天地之賦予，既然人類生命之精源自於天地，也就無怪乎人之精可以「通乎天地」（〈本生〉）了〔註 29〕。

第六節　結　語

　　經由以上的討論，吾人可知《呂氏春秋》對「太一」、「一」、「陰陽」、「精」、「氣」、「天地」、「宇宙」等議題皆有所論述，而這些討論亦皆可與《莊子》、《黃老帛書》、《管子》、《鶡冠子》之宇宙生成思想相互參照。這些論題充分凸顯了戰國中後期黃老道家宇宙生成論的特色。

〔註 28〕 見氏著《呂氏春秋新校釋》，頁 178。另可參考丁原明《黃老學論綱》，濟南：山東大學出版社，1997 年 12 月，頁 195。

〔註 29〕 徐復觀指出：精為天所賦予，而為人所得。由養生而保全天所賦予於生命中之精，此即《呂氏春秋》中之所謂「全其生」，「全其天」，「全其德」。再者，人生命中的精，本是來自天之精，故此時之生命可與天相感通。參見氏著《兩漢思想史（卷二）》〈呂氏春秋及其對漢代學術與政治的影響〉，台北：臺灣學生書局，2000 年 9 月，頁 47。

第九章　結　論

　　戰國時期為道家宇宙生成論之重要發展階段。《老子》、《莊子》、黃老帛書、〈太一生水〉、《管子》、《鶡冠子》、《呂氏春秋》等文獻皆有關於宇宙生成的論述，「宇宙」、「太一」、「一」、「陰陽」、「精氣」等論題也在此時得到了充分的討論與詮釋。更值得注意的是，漢代氣化宇宙論的基礎正奠基於此一時期。

第一節　戰國時期道家的宇宙生成課題

　　從前面各章對《老子》、《莊子》、黃老帛書、〈太一生水〉、《管子》、《鶡冠子》及《呂氏春秋》宇宙生成思想的研探論述，可以知道，各家的宇宙生成序列雖有不同；然而，其所討論的議題，有不少是重疊互見的。此正顯示出此一時期道家學者在宇宙生成議題上，所關注的焦點相去不遠。不過，他們對「太一」、「精」、「氣」等課題的詮釋與論述卻各有不同，必須加以簡別。

一、「宇宙」與「天地」

　　對於萬物活動生滅的場域──「天地」，戰國時期的道家文獻皆顯示出高度的興趣，宇宙生成的論題，因此展開。對於「宇宙」一詞，《莊子·庚桑楚》說：「有實而无乎處者，宇也；有長而无本剽者，宙也。」所謂「有實而无乎處者」（宇）乃是指涉空間的集合；「有長而无乎本剽者」（宙）則指涉時間的集合，此與《尸子》所言：「四方上下曰宇，往古來今曰宙」、《墨經·經上》所言：「久，彌異時也。宇，彌異所也」並無不同。然而，莊子學派特別強調

空間上的無限定與時間上的無終始。因為〈庚桑楚〉非但為「宇」、「宙」二字下定義，更在形容「道」之無邊無際、無始無終，作者本意乃在說明：道遍在於宇宙時空之中，而不能知其終始本末。

《鶡冠子・天權》說：「獨化終始，隨能序致，獨立宇宙無封，謂之皇天地。浮懸天地之明，委命相囿謂之時。通而囿謂之道。連萬物，領天地，合膊同根，命曰宇宙。知宇，故無不容也；知宙，故無不足也。」同樣說明了「宇宙」含包天地萬物的性格，值得注意的是：《鶡冠子》以「獨位終始」、「隨能序致」說明「宇宙」的獨立性與秩序性，將「宇宙」視為一獨立獨化、秩序井然的整體。

《管子》書中，則出現了「宙合」一詞，其言曰：「宙合之意，上通於天之上，下泉（臮）於地之下〔註1〕，外出於四海之外，合絡天地以為一裹。散之至於無間，不可名而山（止）〔註2〕。是大之無外，小之無內，故曰：有橐天地。」由此可知，「宙合」乃是指空間的最大形式，而由「散之至於無間」、「小之無內」則可知，「宙合」亦是所有細微空間的集合。「宙合」為一無法驗證的哲學概念，「宙」與「合」所指涉者皆是空間，其定義與《莊子》之「宇宙」、《鶡冠子》之「宇宙」有所不同，然而，卻都反映出時人對天地問題的關注。

古人由「空間」場域的變化，覺察出「時間」的存在。在「空間」變化中，最明顯可察的，即是日月昇降、四時變化，《呂覽・當賞》說：「民無道知天，民以四時、寒暑、日月、星辰之行知天」，因此衍生出道家文獻對於天地度數的討論。此中最引人注目的，即是黃老帛書〈經法・論〉中「天執一，明〔三，定〕二，建八正，行七法」的說法。作者以「三」代指日之昇落、月之盈缺與星辰之運行；以「二」為晦明、陰陽、柔剛等相反相成的兩股力量；以「八正」代表四時有節、動靜有序、內外有別的律則；而「七法」即為「天道」、「天度」、「天期」、「天性」、「天命」、「天之所以為物命」，其所指涉者皆與天道之規律、自然之度數相關。

〔註1〕 王引之云：「『泉』字義不可通，當為『臮』。臮，古『暨』字也。暨，及也，至也。言宙合之意，上通於天之上，下至於地之下。」參見郭沫若《管子集校》（一），收入《郭沫若全集》歷史編第五卷，北京：人民出版社，1984年10月，頁311。

〔註2〕 安井衡曰：「劉績云：『山乃止字之誤。』」參見氏著《管子纂詁》，台北：河洛出版社，民65年3月，卷十一，頁13。

　　當人們對於自然法則有了一定的掌握，自然會進一步探索天地規律的根源，藉由《莊子・天運》所述「天其運乎？地其處乎？日月其爭於所乎？孰主張是？孰維綱是？孰居无事推而行是？意者其有機緘而不得已邪？意者其運轉而不能自止邪？」、〈天道〉所言：「天道運而无所積，故萬物成」，吾人可以看出莊子後學已經試圖探索日月運行等自然現象的根源。無獨有偶，《管子・白心》也說：「天或維之，地或載之。天莫之維，則天以墜矣；地莫之載，則地以沉矣。夫天不墜，地不沉，夫或維而載之也夫！」亦對天地秩序何以成立的問題展開了思索。《呂覽・有始》說：「天地有始。天微以成，地塞以形。」也開始推求天地之始、宇宙之初。伴隨此種學術思潮而來的，乃是道家後學將老子「道」論加以客觀化、顯實化的趨勢。

二、「太一」與「一」

　　在道家後學對「道」加以客觀實體化的風潮中，「太一」一詞時而取代了「道」，成為創生宇宙萬物的根源。在《莊子》、〈太一生水〉、《鶡冠子》、《呂氏春秋》中，皆有關於「太一」的記載與論述。

　　《鶡冠子・泰鴻》言：「郄始窮初，得齊之所出，九皇殊制而政莫不效焉，故曰太一。」又言：「南方者，萬物華羽焉。西方者，萬物成章焉，故調以商。北方者，萬物錄臧焉，故調以角。中央者，太一之位，百神仰制焉，故調以宮。」在《鶡冠子》中，太一既是化成萬物之道、天地宇宙之源；亦是無形無狀、至高無上的天神。「太一」取代了道，為天地先、創生宇宙，也促使《老子》道論走向顯實化之途。

　　《莊子・列禦寇》說：「小夫之知，不離苞苴竿牘，敝精神乎蹇淺，而欲兼濟道物，太一形虛。若是者，迷惑於宇宙，形累不知太初。彼至人者，歸精神乎無始，而甘冥乎無何有之鄉。」在此，「太一」與「無始」、「太初」等意象皆相關連，亦應具有指謂「道」創生本體之性格。再者，在〈太一生水〉的宇宙生成論述中，「太一」更是明顯地居於主導地位，成為整個宇宙發生過程的發動者，「太一」的地位有如《老子》中之「道」。

　　據學者考證，「太一」一詞可以歸納出三個意涵：分別為「北極」、「神祇（北極神）」及「天地之源」〔註3〕。然而「太一」一詞的原義為何，今日已

〔註3〕　參見艾蘭〈太一・水・郭店《老子》〉，收入《郭店楚簡國際學術研討會論文集》，武漢：湖北人民出版社，2000年5月，頁526。及龐樸「太一生水」

無足夠的證據可以得知。雖然如此，道家文獻中，「太一」一詞的確含有不等程度的神祇性格，其與老子之「道」本有一段差距。然而，在古人的感覺體驗中，「太一」與「道」，同樣是宇宙萬物之根源，在道家學者眼中，它們是可以互訓互釋的。

除了「太一」之外，與「道」可以互相訓釋的，還有「一」。《老子·三十九章》說：「昔之得一者，天得一以清，地得一以寧，神得一以靈，谷得一以盈，萬物得一以生，侯王得一以為天下貞。」，「一」幾與「道」無異。然〈四十二章〉說：「道生一，一生二，二生三」，「一」為道生化之門，介於道與物之間。道經由「一」而生化萬物，為萬物之宗，「一」貫穿於宇宙天地之間，渾化形上和形下，是「道」創生萬物的關鍵。

《鶡冠子》亦如此，〈天則〉說：「天之不違，以不離一，天若離一，反還為物」，〈王鈇〉說：「天者一，法，其同也」，「道」的意涵與「一」無異。然而，〈能天〉說：「物乎物乎，芬芬份份，孰不從一出，至一易。」〈環流〉說：「有一而有氣，有氣而有意，有意而有圖，有圖而有名，有名而有形，有形而有事，有事而有約。」強調了「一」乃是「道生物」的起始點。另外，黃老帛書〈十大經·成法〉說：「夫唯一不失，一以騶化，少以知多。夫達望四海，困極上下，四鄉（向）相枹（抱），各以其道。夫百言有本，千言有要，萬〔言〕有蔥（總）。萬物之多，皆閱一空」，亦透露出「一」為貫穿道、物之門戶的意涵。

「太一」、「一」與「道」意涵有重疊、有歧分，彼此難有明確分際，為一組指涉始源狀態的概念。《呂覽·大樂》說：「道也者，視之不見，聽之不聞，不可為狀。有知不見之見、不聞之聞，無狀之狀者，則幾於知之矣。道也者，至精也，不可為形，不可為名，彊為之謂之太一。故一也者制令，兩也者從聽。先聖擇兩法一，是以知萬物之情。故能以一聽政者，樂君臣，和遠近，說黔首，合宗親。能以一治其身者，免於災，終其壽，全其天。能以一治其國者，姦邪去，賢者至，成大化。能以一治天下者，寒暑適，風雨時，為聖人。故知一則明，明兩則狂。」將「道」、「太一」、「一」三組概念連結起來，說「太一」為「道」之名，又將「太一」等同於「一」。而三者的分別則在於：「太一」所強調的是「道」創生萬物的性格，而「一」所強調的是「道」

說〉，《郭店簡與儒學研究》（《中國哲學》第二十一輯），瀋陽：遼寧教育出版社，2000 年 1 月，頁 190～191。

的統領超越地位，以及作為現象事物的準則功能。此一時期道家學者對於「道」、「太一」、「一」三個語詞鮮少加以區別，其論述多混而言之，此種現象正是戰國道家宇宙生成思想發展的一般狀況。

三、「神明」

在道家文獻中，論者多以「神明」或「神」指稱天地間神妙的功能與現象。《莊子‧天下》曰：「古之人其備乎！配神明，醇天地，育萬物，和天下，澤及百姓，明於本數，係於末度，六通四辟，小大精粗，其運無乎不在。」、「判天地之美，析萬物之理，察古人之全，寡能備於天地之美，稱神明之容。」〈在宥〉說：「一而不可不易者，道也；神而不可不為者，天也。」、〈天道〉言：「莫神於天，莫富於地，莫大於帝王。」都是這類意思。而在〈太一生水〉的宇宙生成序列中，「神明」則居「天地」之下、「陰陽」之上。

至於「神明」的內涵，黃老帛書〈經法‧名理〉、《鶡冠子‧環流》有更進一步的說明。黃老帛書〈經法‧名理〉曰：「道者，神明之原也。神明者，處於度之內而見於度之外者也。處於度之〔內〕者，不言而信；見於度之外者，言而不可易也。處於度之內者，靜而不可移也；見於度之外者，動而不可化也。靜而不移，動而不化，故曰神。神明者，見知之稽也。」直指「道」為「神明」的根源，亦言「神明」處於「度之內」，又見於「度之外」。此「度」即是〈經法‧論〉所言之「天度」，也就是「天地之度數」。「神明」處於天地度數之內，而能統領天下，使萬物運作順暢，其影響所及遍在宇宙，其功能效果見於度數之外。「神明」無論「言」或「不言」；「動」抑或「靜」，其作用都是不可移易、真確可信的。由此可知，天地之運作規律順暢，事情處在適度的狀態〔註4〕，此即是「神明」的表現，而「神明」作用的根源即是「道」。總之，「神明」即是「道」的靈妙質性，可以居中以應外、執簡以御繁；亦是可見可知、萬事萬物之所以然的根源。

〈環流〉說：「故氣相加而為時，約相加而為期，期相加而為功，功相加而為得失，得失相加而為吉凶，萬物相加而為勝敗。莫不發於氣，通於道，約於事，正於時，離于名，成於法者也。法之在此者謂之近，其出化彼謂之遠。近而至，故謂之神，遠而反，故謂之明。」他認為，天地間自然的規律

〔註4〕　〈經法‧論〉說：「適者，天度也。」

法則普及遠近，這「近而至」、「遠而反」循行不已的天道規律就是所謂的「神明」。

綜上所論，可知戰國時期之道家學者將「天道」視為「神明」的根源，四時運行、孕育萬物的現象即是「天」的靈妙作用，也就是「神明」。而這樣的義界正與《易經‧繫辭傳》「以通神明之德，以類萬物之情」、「陰陽合德而剛柔有體，以體天地之撰，以通神明之德」等等關於「神明」的說法相應。

四、「氣」

在絕大多數道家文獻的宇宙生成論述中，「氣」占有重要的地位。「氣」擁有虛無不定、普遍充塞的特性，雖不可聞見，卻又無處不在，是「道」生「物」的中介物質。在黃老帛書中，「氣」論雖然尚未得到太多的發展，「陰陽」亦未與「氣」結合，但「地氣」與「夜氣」的載述說明了「氣」已與萬物生化息息相關〔註5〕。在《莊子》書中，即有「通天下一氣耳」之說，其以為：萬物雖有外在形貌的差異，有「臭腐」與「神奇」之別，然其本質皆是「氣」。萬物的生滅變化，只是氣的聚散循環而已。由是以知，莊子後學已將「氣」視為具有宇宙萬物根源性格之物質，「通天下一氣耳」表達出莊子後學對「天下萬物」的根源性設想。

在《管子》與《呂覽》中，「氣」的分類漸趨眾多，正因「氣」與萬物的生息消長密切相關，是以論者將其與「天」、「地」、「陰」、「陽」、「寒」、「暖」、「燥」、「濕」、「春」、「秋」結合，用以詮釋自然之氣與萬物生滅的關聯。而在《管子‧四時》「其氣曰風，風生木與骨」、「其氣曰陽，陽生火與氣」、「其氣曰陰，陰生金與甲」、「其氣曰寒，寒生水與血」的論述過程中，「氣生物」的思想也得到了進一步的發揮。「風」、「陽」、「陰」、「寒」四類之「氣」具有創生意涵，是一切生物與無生物的源頭，亦即是萬物之根源。

《鶡冠子》與《莊子》外雜篇、黃老帛書等相同，皆將「氣」視作天地萬物生成的關鍵要素，是「道」化生「物」的原質，〈泰錄〉說：「天地成於元氣，萬物乘於天地」即是此意。此時之「氣」已具有天地本原、萬物之始

〔註5〕　〈十大經‧觀〉言：「得天之微，時若□□□□□□□□□□寺（恃）地氣之
　　　　發也，乃夢（萌）者夢而茲（孳）者茲（孳），天因而成之。」〈十大經‧觀〉
　　　　曰：「是□□贏陰布德，□□□□□民功者，所以食之也；宿陽脩刑，童（重）
　　　　陰長，夜氣閉地繩（孕）者，〔所〕以繼之也。」

－168－

的意涵，是以雖有學者質疑《鶡冠子》中並無「元氣」一詞的出現，然而，即便無「元氣」之名，其所言之「氣」實已具備「元氣」的意涵。

五、「陰陽」

「陰陽」總括天地間相反而相成的兩種質性，進而成為導致萬物變化的兩股動力，在道家文獻的宇宙生成理論中，「陰陽」每每與「氣」結合，成為萬物生化的關鍵力量，今本《老子‧四十二章》「萬物負陰而抱陽，沖氣以為和」就是明顯的例證。

在《莊子》外雜篇中，「陰陽」一詞大量出現，且多與「天地」、「四時」、「日月」、「萬物」連用。而〈則陽〉篇則明確指出「陰陽者，氣之大者也」，以「陰陽」為「氣」中最重要的質性分類，將「陰陽」從屬於「氣」，代表「氣」中相反相成的兩種屬性。因之，「陰」、「陽」幾已可以代表「陰氣」與「陽氣」。在〈秋水〉篇中，作者更藉北海若之口言：「自以比形於天地而受氣於陰陽」，說明萬物皆是寄形於天地，而稟受陰陽之氣，也就是說，萬物之「形」源於「天地」、萬物之「氣」源於「陰陽」而來。於此，陰陽之稟受已是萬物生化的徵兆。

在〈太一生水〉中，「陰陽」的順序乃在「四時」、「寒熱」、「濕燥」之前，可見「陰陽」的重要性及抽象性已在上列項目之前。而在黃老帛書、《管子》、《鶡冠子》、《呂氏春秋》等文獻中，「陰陽」概念同樣與四時變化密切相關，時人將陰陽之消長視作是寒暑轉換、萬物生滅的導因。

「陰陽」之原義本著重於自然界，然而，「陰陽」理論發展到後來，亦與人事界，特別是君王之施政有所關連。《管子‧四時》說道：「是故陰陽者天地之大理也，四時者陰陽之大經也，刑德者四時之合也。刑德合於時則生福，詭則生禍。」以為：陰陽四時的變化是天地的道理，而刑德政令的施行，必須與四時變化相合，此種「刑德」須與「陰陽」相符的思想亦見於黃老帛書〈姓爭〉，〈姓爭〉說：「刑德皇皇，日月相望……刑晦而德明，刑陰而德陽，刑微而德彰。」

黃老帛書〈稱〉說：「凡論必以陰陽□大義。天陽地陰，春陽秋陰，夏陽冬陰，晝陽夜陰。大國陽，小國陰；重國陽，輕國陰。有事陽而無事陰，信（伸）者陽而屈者陰。主陽臣陰，上陽下陰，男陽〔女陰，父〕陽〔子〕陰，兄陽弟陰，長陽少〔陰〕，貴〔陽〕賤陰，達陽窮陰。取（娶）婦姓（生）子

陽，有喪陰。制人者陽，制於人者陰。客陽主人陰。師陽役陰。言陽黑（默）陰。予陽受陰。」不只將天地、春秋、夏冬、晝夜等自然現象納入陰陽之規範，亦將人事關係，甚而國力大小一併納入，在此，作者企圖建立一個以陰陽二分爲中心的運作體系。「陰陽」的涵蓋性愈廣，其抽象化的程度也愈高，因此，「陰陽」概念發展至此，已不只是天地萬物生成的關鍵而已，更是天地間萬事萬物區辨的總綱，這也就是說，事物雖然有著表象上的差異，但是皆可納入「陰陽」的規範；自然與人事的生滅變異，看來各不相同，推究至極，亦不過「陰陽」之消長而已。

六、「精」

《老子·二十一章》說：「其中有精，其精甚眞」，此「精」字應出於戰國時期道家後學之造。因爲，戰國時期之道家學者正流行一股討論「精」的風潮。黃老帛書〈道原〉說：「恒無之初〔註6〕，迴同大（太）虛……神微周盈，精靜不配（熙）」，《鶡冠子·夜行》說：「芴乎芒乎，中有象乎；芒乎芴乎，中有物乎；冥乎冥乎，中有精乎；致信究情，復反無貌」，皆以「精」來形容道體之精微幽深。

《莊子·在宥》有「天地之精」、「至道之精」與「六氣之精」，「六氣之精」的提出實爲「精氣」一詞的前身，而「六氣之精」的說法，其實也隱含了「氣之精」與「氣之粗」的差別，這些討論皆爲日後之氣化宇宙論埋下了伏筆。

眞正結合了「精」與「氣」，形成「精氣說」的，乃是《管子》與《呂覽》二書。在《管子》四篇中，「精氣說」由修養論出發，而修養的終極目標則指向治國之術。〈內業〉說：「精」潛藏於人身，是人們生命之泉源。「精」的存在、充旺與否，直接影響到人身感官四體的運作，以及精神之靈明。之所以如此，乃因「精」是人內外身心健全的關鍵〔註7〕。在〈水地〉篇中，有關於水之「精」的論述，顯示出「精」是產生人之感官功能、玉之九德、

〔註6〕 李學勤〈帛書《道原》研究〉一文作「恒先之初」，參見氏著《古文獻叢論》，上海：上海遠東出版社，1996年11月，頁163。

〔註7〕 〈內業〉言：「精存自生，其外安榮，內藏以爲泉原，浩然和平，以爲氣淵。淵之不涸，四體乃固；泉之不竭，九竅遂達，乃能窮天地、被四海，中無惑意，外無邪菑，心全於中，形全於外，不逢天災，不遇人害，謂之聖人。」

河川精物的根源〔註8〕。正因「精」對人們及萬物的重要性,《管子‧內業》
提出了「凡人之生也,天出其精,地出其形,合此以爲人」、「凡物之精,此
(化)則爲生〔註9〕,下生五谷,上爲列星,流於天地之間謂之鬼神,藏於
胸中謂之聖人。是故,民(此)氣杲乎如登於天〔註10〕,杳乎如入於淵,淖
乎如在於海〔註11〕,卒乎如在於己。是故,此氣也不可止以力,而可安以德;
不可呼以聲,而可迎以音(意)〔註12〕,敬守勿失,是謂成德。」的說法,
這「物之精」即是「氣」,學者多以「精氣」釋「(此)氣」,它指涉一種更
爲精粹、始源之氣。「精氣」爲萬物生成運作的根源,五谷、列星因「精氣」

〔註8〕 〈水地〉言:「是以水集於玉,而九德出焉;凝塞而爲人,而九竅五慮出焉。
此乃其精也,精麤濁塞,能存而不亡者也。」、又言:「是以水之精麤濁塞,
能存而不能亡者,生人與玉。伏闇能存而能亡者,著龜與龍。或世見,或世
不見者,蟧與慶忌。」

〔註9〕 丁士涵云:「『此』乃『化』字誤。」張佩綸云:「『此』當爲『化』字之誤也。」
石一參云:「原本『比』作『此』,丁氏《注》作『化』,皆誤。比,合也。」
郭沫若則贊同石一參之意見。參見郭沫若《管子集校》(三),收入《郭沫若
全集》歷史編第七卷,頁121。
李存山指出:「凡物之精,此則爲生」的「此」,從語法上說只能是一個動詞。
因此,認爲「此」或爲「化」之誤,或爲「比」(結合)之訛,在語法上都是可
以成立的。然而,將「此」校改爲「比」,釋爲結合,當然文理上可通。但古人
用「比」一般也要有個所「比」的東西,而不是自身與自身相「比」。嚴格地說,
將「此」改爲「比」,文意上也有滯礙。因此,我一直堅持張佩綸《管子學》將
「此」校改爲「化」。此校改之正確,在〈內業〉篇中的內證就是「一物能化謂
之神」;因爲「一物(氣)能化」,所以「化則爲生」。參見氏著〈關於〈內業〉
等四篇精氣思想的幾個問題〉,《管子學刊》1997年第3期,頁43及45。
又,張舜徽指出:「氣」字古作「气」,俗省作「乞」,與「凡」字形近,故傳
寫者誤書作「凡」。「凡物之精」,原本蓋作「气物之精」,讀「气」字小逗,
而意自得。猶云氣者物之精。參見氏著《周秦道論發微》,台北:木鐸出版社,
1988年9月,頁278。其論可備一說。

〔註10〕 丁士涵云:「『民』乃『此』字誤,氣即精氣也,下文云:『是故此氣也』,是
其證。」參見郭沫若《管子集校》(三),收入《郭沫若全集》歷史編第七卷,
頁121。

〔註11〕 丁士涵云:「『淖』讀爲『綽』,《莊子‧大宗師》:『綽乎其殺也』,《釋文》:『綽,
崔本作淖』;《荀子‧宥坐篇》:『淖約微達似察』,楊《注》:『淖讀爲綽。』綽,
寬也。」參見郭沫若《管子集校》(三),收入《郭沫若全集》歷史編第七卷,
頁122。

〔註12〕 安井衡云:「諸本『意』作『音』,今從張(榜)本。意與德、得相韻。」王
念孫云:「『音』即『意』字也,言不可呼之以聲,而但可迎之以意也。『音』
與力、德、德、得爲韻,明是『意』之借字,若讀爲聲音之音,則失其韻矣。」
參見郭沫若《管子集校》(三),收入《郭沫若全集》歷史編第七卷,頁122。

而得以生成。「精氣」流衍於天地之間，鬼神乃是精氣構成的無形存在，而聖人之所以爲聖人，只因有「精氣」存於胸中。這也就是說，「精」可以爲「物之精」，亦可爲「人之精」。說「精」是物質性的，抑或精神性的，似乎都難盡其實，因爲無論是從〈水地〉篇中有關「精」的討論出發，抑或由〈心術〉四篇來看，「精」乃是精神與物質之上的一切存在之基礎。

正因爲「精」與「氣」兩個範疇有其相似性，二者皆是萬物存在之源，「精氣」一詞於是乎形成，〈內業〉、〈五行〉、〈侈靡〉皆載有關於「精氣」的紀錄。「精」之所以與「氣」結合，乃是要借助於「氣」之充塞天地、瀰漫一切，無處不入、無地不存的特性，「精」與「氣」結合爲「精氣」一詞，更顯其靈動性。

《呂氏春秋・盡數》說：「精氣之集也，必有入也。集於羽鳥，與爲飛揚；集於走獸，與爲流行；集於珠玉，與爲精朗；集於樹木，與爲茂長；集於聖人，與爲敻明。精氣之來也，因輕而揚之，因走而行之，因美而良之，因長而養之，因智而明之。」精氣聚集於各種物類之中，因順萬物本有之質，使其得以正常運作、顯現本性。〈君守〉言：「昊天無形而萬物以成；至精無象而萬物以化。」說萬物乃是由無形的上天生成、由無象之精氣化育。這都顯示出精氣化生萬物、順成萬類，是萬物賦生稟性之根源，此亦與《易經・繫辭傳》所言：「精氣爲物，游魂爲變，是故知鬼神之情狀」、「天地絪縕，萬物化醇；男女構精，萬物化生」之「精氣生物」之說相互印證。

七、「水」

在戰國時期道家的宇宙生成論中，「氣生物」的思想當然是主流，然除此之外，亦有道家學者提出了以「水」作爲萬物生成媒介的思考路線。

論者多以《管子・水地》與〈太一生水〉作爲「水生萬物」思想的代表，然而，前文已指出二者其實有所區別。《管子・水地》有言：「水者何也？萬物之本原也，諸生之宗室也，美惡賢不肖愚俊之所產也。」又言：「是以水集於玉，而九德出焉；凝蹇而爲人，而九竅五慮出焉。此乃其精麤濁蹇，能存而不亡者也。」由此可知，〈水地〉篇中之「水」乃是萬物形體、精神的根源，其與〈心術〉四篇之「精氣」對萬物的作用相同，玉之九德、人之思慮皆由「水」而得；而〈太一生水〉的「水」則介於「太一」與「天地」之間，代表的是一種宇宙原初物質的狀態，此處的「水」乃是形容天地未生、

混沌未明原始狀態的哲學語詞。正因如此，所以，〈太一生水〉在後文中但言「天地者，大一之所生也」，而沒有提及「水」；其又言「大一藏於水」，也就是說「太一」與「水」在宇宙初生之時應是不即不離、難分彼此的關係。因之，〈水地〉與〈太一生水〉二者之「水」並非日常之「水」，其已蘊含了化生萬物的生機。當然，吾人若是反溯二者「水」的概念由何而來，自然可知其是由日常之「水」昇華而來；然而，其與日常之「水」畢竟有所不同。

因此，〈太一生水〉之「水」與《管子‧水地》之以「水」為萬物之源、《老子》以「水」比況「道」，其實有著相異的意涵。〈水地〉篇之「水」乃是萬物形神的根源；《老子》則是以「水」的卑下不爭、能納百川來象徵「道」〔註13〕；而〈太一生水〉之「水」所指則是宇宙初始的原初物質。

由上所論，可以知道，戰國時期道家哲人在宇宙生成論題上，討論的範疇不外乎「宇宙」、「天地」、「太一」、「一」、「神明」、「氣」、「陰陽」、「精」、「水」等等。此一時期道家學者之所以關注「宇宙」的意涵、「天地」的度數，乃是為了掌握客觀世界的運行法則，也就是自然的規律，而規律之所以重要，乃因其恆定不變的性質，讓人們得以預測未來、及早準備，以利自身之生存〔註14〕。因此，天道規律成了時代的熱門議題，而天地規律循環不已、復歸其根的現象，也讓時人感受到了天道的靈妙，這就是「神明」一詞的意義。而在此種將「道」論加以客觀化、實體化的過程中，具有神祇義之「太一」、介於「道生物」間的「一」，時而取代了「道」，成為生發宇宙萬物的根源。

再者，關於「道如何能生物」的問題，道家學者也有了進一步的思索，「氣」、「陰陽」、「精」與「水」是時人對於此一問題的嘗試性答覆，雖然這些觀念乃是前有所承，然而，其義理的開展的確是立基於此時。「氣」以其充塞萬物的特性，成為道生物的中介物質；而「精」之本義為細微、精粹之物，後用以形容道體之精微幽深〔註15〕，在《管子》書中，「精」與「氣」則結合成為一切精神與物質存在之基礎。「道」經「氣（或精氣）」以生成「萬

〔註13〕《老子‧第八章》曰：「上善若水，水善利萬物而不爭，處眾之所惡，故幾於道。」〈七十八章〉又言：「天下莫柔弱於水，而攻堅強者莫之能勝，以其無以易之。」

〔註14〕通過自然律，人們可以預見很多現象，例如日蝕；亦可控制事物的發展，以利民生。參見李震《哲學的宇宙觀》，台北：臺灣學生書局，1978 年 11 月，頁 150。

〔註15〕參見黃老帛書〈道原〉、《鶡冠子‧夜行》上引文。

物」已成爲時人之共識，然而，「氣」仍屬於不可分割之一體，在由一而多
的生化過程中，「一」必須分化爲「二」，此「二」即是「陰陽」。「陰陽」既
已是「二」，所以其性質必然不同；「陰陽」必需生成多物，是以其必然可以
結合，因之，「陰陽」之特性乃是「相反而相成」。「陰陽」亦與「氣」結合，
成爲「氣」之屬性，因此，「陰氣」、「陽氣」亦具備相反相成以生萬物的性
質。再者，「水生萬物」的思考路線亦有文獻的支持。《管子·水地》中之「水」
亦是萬物形體與精神之根源；〈太一生水〉的「水」則是宇宙原初物質，二
者雖都蘊含了化生萬物的生機，然而，其界義有所區別。相較於「氣生萬物」
的思路來說，「水生萬物」的思路並非主流，但這也正顯示出時人對此一議
題討論的熱烈程度。

第二節　戰國時期道家宇宙生成論對漢代氣化宇宙論的影響──以《淮南子》爲討論中心

　　兩漢時期的氣化宇宙論已近乎完備，這一套氣化宇宙思想主宰著漢代哲
學的走向，而《淮南子》的宇宙生成論就是其中的代表。《淮南子》的氣化宇
宙思想與戰國時期道家宇宙生成論的關連性究竟如何？此是本節所要討論的
重心。

一、《淮南子》的氣化宇宙論

　　在《淮南子》中，關於道體創生萬物的理論，主要見於〈天文〉、〈精神〉
和〈俶眞〉三篇，〈天文〉篇中說：

> 天墜未形，馮馮翼翼，洞洞灟灟，故曰太昭（始）〔註16〕。太始生
> 虛霩，虛霩生宇宙，宇宙生（元）氣，（元）氣有涯垠〔註17〕，清陽
> 者薄靡而爲天，重濁者凝滯而爲地。清妙之合摶易，重濁之凝竭難，
> 故天先成而地後定。天地之襲精爲陰陽，陰陽之專精爲四時，四時

〔註16〕 王引之云：「書傳無言天地未形名曰太昭者。馮翼洞灟，亦非昭明之貌。『太
　　　　 昭』當作『太始』，字之誤也。」參見張雙棣《淮南子校釋》，北京：北京大
　　　　 學出版社，1997 年 8 月，頁 247。

〔註17〕 王念孫云：「此當爲『宇宙生元氣，元氣有涯垠』。下文清陽爲天，重濁爲地，
　　　　 所謂元氣有涯垠也。……《太平御覽·天部》一『元氣』下引此，正作『宇
　　　　 宙生元氣，元氣有涯垠』。」參見張雙棣《淮南子校釋》，頁 248。

之散精爲萬物。

在天地生成之前，宇宙一片混沌，待元氣出現後，宇宙才有了生機。在此創生的過程中，元氣是創生的關鍵，它創生於宇宙時空之中，天地、四時、萬物皆由此而出。因之，其生成序列是：

太始 → 虛霩 → 宇宙 → 元氣 → 天地 → 陰陽 → 四時 → 萬物

下文又曰：

積陽之熱氣久者生火，火氣之精者爲日；積陰之寒氣久者爲水，水氣之精者爲月。日月之淫氣精者爲星辰。天受日月星辰，地受水潦塵埃。

陽氣積聚的熱氣生成火，火的精氣爲太陽；陰氣積聚的寒氣生成水，水的精氣爲月亮，過甚之氣則生成星辰。總之，是陰陽之氣創生了日月星辰、水潦塵埃，天地萬物皆由此而備，氣實爲宇宙生化的關鍵。其生成序列，可示意如下〔註 18〕：

陽氣（熱氣）→火（火氣之精者）→日 ╲

　　　　　　　　　　　　　　　　　淫氣→星辰

陰氣（寒氣）→水（水氣之精者）→月 ╱

〈精神〉又說：

古之未有天地之時，惟（惘）像無形〔註 19〕。窈窈冥冥，芒芠漠閔，澒濛鴻洞，莫知其門。有二神混生，經天營地，孔乎莫知其所終極，滔乎莫知其所止息。於是乃別爲陰陽，離爲八極，剛柔相成，萬物乃形。煩氣爲蟲，精氣爲人。

天地生成之前，混一無形，而後「陰陽」混同作用而生成天地，漸至陰陽隔分，萬物生成，雜氣生成動物，精氣生成人。此處將道的創生分爲兩階段：由「未有天地，惘像無形」至「二神混生，經營天地」爲一階段；「陰陽二氣交感而形成萬物」爲另一階段。根據此段敘述，可歸納宇宙生化圖如下〔註 20〕：

〔註 18〕　見熊禮匯《新譯淮南子》，台北：三民書局，民 86 年 5 月，頁 94。

〔註 19〕　俞樾云：惟乃惘字之誤。隸書罔字或作罒……惘象即罔象也。參見張雙棣《淮南子校釋》，頁 720。

〔註 20〕　參見陳師麗桂〈淮南子的道論〉，第一屆世界道學會議，第四屆老莊易學大會論文，民 77 年 11 月，頁 55 及《《淮南子》裏的黃老思想〉，收入《秦漢時期的黃老思想》，台北：文津出版社，1997 年 2 月，頁 70～71。

```
                    ↗陽（剛）↘        ↗精氣—人
惘像無形→二神→天地—              萬物
                    ↘陰（柔）↗        ↘繁氣—蟲
```

根據〈天文〉及〈精神〉兩篇的敘述，太始生虛霩，虛霩衍生宇宙，宇宙肇生元氣，元氣生於有限的時空之中，本身有著清濁之別，其清陽者上揚爲天，重濁者凝聚爲地，生天地陰陽二氣交流結合之下，四時、萬物由是而生。在萬物之中，動物（蟲）爲雜氣所生，而人爲精氣所生。故《淮南子》之氣化宇宙論可以簡列如下〔註21〕：

```
（惘像無形）      （二神混生）
          清陽 ↗天—陽↘  ↗專精—四時↘  ↗繁氣—蟲
太始→虛霩→宇宙→元氣——    （剛）—          —
          重濁 ↘地—陰↗  ↘散精—萬物↗  ↘精氣—人
              （柔）
```

從惘像無形到到有象有形，必須經過「虛霩」的階段，而後宇宙、天地這個物質存在的空間才由此而生，然後始有四時——春夏秋冬的時間變化，當大環境生成妥當，萬物才能在其中生長。

另外，在〈俶眞〉篇中，《淮南子》更以《莊子‧齊物論》「有始也者，有未始有始也者，有未始有夫未始有始也者；有有也者，有無也者，有未始有無也者，有未始有乎未始有無也者」爲基礎，開展出天地宇宙創生之說：

> 所謂有始者，繁憤未發，萌兆牙蘗，未有形埒垠堮，無無蠵蠵，將欲生興而未成物類。有未始有有始者，天氣始下，地氣始上，陰陽錯合，相與優游競暢于宇宙之間，被德含和，繽紛蘢蓯，欲與物接而未成兆朕。有未始有夫未始有有始者，天含和而未降，地懷氣而未揚，虛無寂寞，蕭條霄霆，無有仿佛，氣遂而大通冥冥者也。有有者，言萬物摻落，根莖枝葉青蔥苓蘢，萑蔚炫煌，蠉飛蠉動，蚑行噲息，可切循把握而有數量。有無者，視之不見其形，聽之不聞其聲，捫之不可得也，望之不可極也，儲與扈冶，浩浩瀚瀚，不可隱儀揆度而通光耀者。有未始有有無者，包裹天地，陶冶萬物，大通混冥，深閎廣大，不可爲外，析豪剖芒，不可爲内，無環堵之宇

而生有無之根。有未始有夫未始有有無者，天地未剖，陰陽未判，四時未分，萬物未生，汪然平靜，寂然清澄，莫見其形，若光耀之間於無有，退而自失也，曰：「予能有無，而未能無無也。及其爲無無，至妙何從及此哉！」

《莊子·齊物論》原在說明天地間無絕對之有無與是非，其「始」與「未始」，「有」與「無」皆可層層上推，無有止盡。其所言之「有」、「無」，皆沒有宇宙生成論的實質意義，而是要以此互相抵消的方式，回歸絕對的逍遙之境。然而，《淮南子》卻以其爲宇宙生化的階段說明，認眞地爲其注解詳析。

對於這一段的宇宙生化論，學者注解眾說紛紜（參見附錄），然而，無論對宇宙生化階段的判定如何，可以肯定的是：「氣」的確爲宇宙生化的重要元素。

二、戰國道家宇宙生成論對《淮南子》氣化宇宙論的影響

從以上的論述，可以歸納出《淮南子》氣化宇宙論與戰國道家宇宙生成論的幾點關連：

一者，從「虛霩生宇宙」、「相與優游競暢于宇宙之間」之語可知「宇宙」爲時空之總稱的概念已經形成，〈齊俗〉說：

往古來今謂之宙，上下四方謂之宇，道在其間而莫知其所。

《淮南子》以「上下四方」爲「宇」，以「往古來今」爲「宙」，這當然是戰國以來道家學者熱烈討論的結果。

二者，以「馮馮翼翼，洞洞灟灟」、「窈窈冥冥，芒芠漠閔，澒濛鴻洞」等形容天地未形、萬物未生時的情狀，與黃老帛書〈道原〉「濕濕夢夢」、《呂氏春秋·應同》：「芒芒昧昧」相同，亦與長沙子彈庫帛書〈四時〉的「夢夢墨墨，亡章弼弼」、《楚辭·天問》的「馮翼惟像」、「冥昭瞢闇」相似。《淮南子》此說乃是前有所承的。

三者，在《淮南子》的宇宙生成論中，無處不言「氣」。「氣」亦與「陰陽」、「天地」、「精煩」等範疇結合而爲「陰氣」、「陽氣」、「天氣」、「地氣」、「精氣」「煩氣」之說，更重要的是：在《淮南子》書中，「元氣」一詞已經形成，「氣」位居萬物化生的關鍵角色，「氣」使宇宙由靜而動、由混沌而開化。「氣」生於時空之中，而它靈活了時空，使超時空的道在時空中顯其功

用。「氣」出現前，宇宙一片寧靜，「氣」出現後，道方能顯其生機〔註22〕。這些對於「氣」的論述讀來並不陌生，因為早在《莊子》書中，即有「人之生，氣之聚也」、「通天下一氣」（〈知北遊〉）之論，已將「氣」視為構成萬物的根源，而在其後的道家宇宙生成論中，「氣」或「精氣」常居於關鍵的角色，由此可知，有關「氣」的論述，在戰國時期實已得到長足的發展，《淮南子》之「氣論」應有承襲前說之處。

四者，在〈天文〉、〈精神〉、〈俶眞〉中，「陰陽」皆未缺席，其義已可涵蓋「柔剛」、「晦明」、「牝牡」，代表天地間兩股相反相成的力量。在戰國道家文獻中，無論《老》、《莊》、黃老帛書、〈太一生水〉，還是《鶡冠子》、《管子》、《呂氏春秋》的宇宙生成論，無一不關涉「陰陽」。由此可知，自戰國以來，在道家宇宙生成思想中，「陰陽」一直具有重要之地位，而漢代之宇宙生成論當然也不例外。

五者，有關「天地」生成方面，《淮南子・天文》有「清陽者薄靡而為天，重濁者凝滯而為地」之說，《呂氏春秋》亦言：「天微以成，地塞以形」，認為天乃是由輕微之物上升而形成；地則是由重塞之物下沉而構成，二者之說相合。除此之外，《黃帝內經・陰陽應象大論》亦言：「清陽為天，濁陰為地。」而《列子・天瑞》也說：「清輕者上為天，濁重者下為地。」是以《淮南子》之說代表戰國以來普遍的認知。

六者，〈天文〉有「積陽之熱氣久者生火，火氣之精者為日；積陰之寒氣久者為水，水氣之精者為月。日月之淫氣精者為星辰。天受日月星辰，地受水潦塵埃。」的生成模式，《鶡冠子》則有「地濕而火生焉，天燥而水生焉。法猛刑頗則神濕，神濕則天不生水。音□故聲倒則形燥，形燥則地不生水。水火不生，則陰陽無以成氣，度量無以成制，五勝無以成熟，萬物無以成類。」的生成序列，二者詳細內容雖有不同，卻同樣將「水」、「火」並列，並提高其在生成序列中的地位。

此外，《淮南子》中論及「一」的部分，亦與戰國時期道家宇宙生成論可以相互照應。《淮南子・原道》有言：「道者，一立而萬物生矣。……百事之根，皆出一門。所謂無形者，一之謂也，所謂一者，無匹合於天下也。」此

〔註22〕 參見陳師麗桂〈淮南子的道論〉，頁57。陳師麗桂並指出：萬有之生化，皆緣於一氣，是以《淮南子》書中所有的論述都必須以此為標準。〈精神篇〉言修養，〈覽冥篇〉說感應，〈時則篇〉說時令，〈墬形篇〉言風土，〈兵略篇〉論勝勢，莫不根源於「氣」，足見「氣」在《淮南子》書中的地位。

言「一」爲萬物之母，無形無狀，至上無匹，特別強調出「一」之至高性與創生性。〈俶眞〉說：「得一之道，連千枝萬葉」，更將「一」、「道」連言；〈齊俗〉說「夫一者至貴，無適於天下」，「一」即是「道」〔註 23〕，在這些例子中，「一」與「道」幾無分別。〈俶眞〉又說：「道始於一，一而不生，故分而爲陰陽，陰陽和合而萬物生」更明確地規定了「一」的內涵，將「一」視爲一種含合陰陽的狀態，此狀態介於形上與形下之間，是道創生萬物的關鍵。《淮南子》中關於「一」的論述，與《老》、《莊》、黃老帛書〈道原〉、《呂覽》中所謂「一」之性格大致無別。

　　經由上論之說明，可以知道：戰國時期道家對於宇宙生成議題的討論對代氣化宇宙思想有著關鍵性的影響，漢代氣化宇宙論的基礎早奠定於戰國時期的道家學說中。

〔註23〕參見陳師麗桂《淮南鴻烈思想研究》，國立臺灣師範大學國文研究所博士論文，于大成先生指導，1983 年 3 月，頁 108。

附　錄

　　關於〈俶眞〉中的宇宙生成論，論者之詮解各異，茲舉四家如下：

一、陳師麗桂

　　此段論述是把莊子的「有無」四大階段與「有始」三大階段看做並列而非先後地來描繪；但從它對每一階段的敘述看來，它們雖是並列，卻並不對等；各階段間即使存有對等關係，也是相當模稜兩可的。勉爲其分，則「始」稍前於「有」，「無」又在「始」之前，「未始有始」則天地已分氣而未交，應置無可聞見之「無」後。「未始有夫未始有始」則介於「未始有有無」和「無」之間，差可與「無」並列。再者，「未始有有無者」已漸生有無之根，而「未始有夫未始有有無」則平靜無動，故「未始有夫未始有有無」宜爲先。關於本篇和〈精神〉、〈天文〉所敘之宇宙生化可與老莊之說對比列表如下〔註1〕：

道德經 四十二章	莊子齊物論		鴻烈俶真篇	鴻烈精神篇	鴻烈天文篇
道	未始有夫 未始有無		未始有夫 未始有有 無	古未有天地 之惘像無形	太始
	未始有無		未始有有 無		虛霩
一	無	未始有夫 未始有始	無	未始有夫 未始有始	二神混生經 天營地	（宇宙）元氣

〔註1〕　見陳師麗桂《淮南鴻烈思想研究》，頁101～107。

二		未始有始		未始有始	別爲陰陽	清陽爲天重濁爲地。天地之襲精爲陰陽
三		始		始	剛柔相成	陰陽之專精爲四時
萬物	有		有		萬物乃形	四時之散精爲萬物

二、李 增

第一階段「有有者」代表有形有色之具體萬物；第二階段「有無者」是無形聲色味之階段，又因其爲萬物之第一因，故又稱「有始者」；第三階段「有未始有有無者」是渾沌惚恍之存有；而第四階段「有未始有夫未始有有無者」已是無限無極的階段；第五階段爲「無無」，然此「無無」非絕對虛無，而是雙重否定變成之「有」──「道」是貫通有有者，無有者，有限者與無限者之永恆「存有」〔註2〕。此五階段可列表如下：

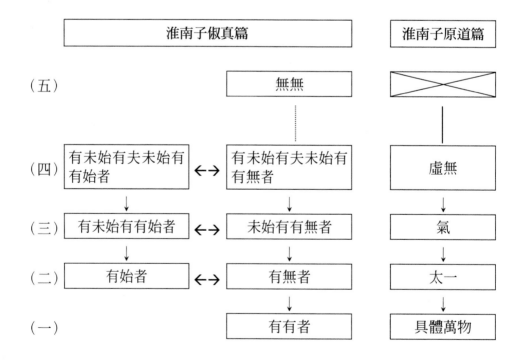

〔註2〕 見李增《淮南子哲學思想研究》，台北：洪葉文化，1997年10月，頁62～68。

三、陳德和

　　「有未始有夫未始有有無者」是對「天道本根」超越無待的形容，這一層次是形而上的層次，和後面六項形而下者不同。至於後面六項則當依原文順序分爲兩組，一組是從時間序列分三階段說明萬物生成的過程，另一組是從存在序列分三階段說明萬物從無到有、從微到顯的演變經過〔註3〕。

四、溫　韌

　　此段以「現在」作爲時間序列的起點，來討論宇宙的演化。它先將現有的一切橫向地分爲「有有者」和「有無者」，「有」指一切可以切循把握而有數量之物，而「無」則指有以外的宇宙空間，這是不可視、不可聞、不可捫、不可及的。接著，再由「有有」和「有無」推到了有未始有有無者的階段，此時大道混冥，有無未分，但已生有無之根，也就是說已孕育了有無的分化。這個階段又細分爲「有未始有夫未始有有始者」、「有未始有有始者」及「有始者」三小階段。最後再推進「有未始有夫未始有有無者」的階段，此時汪然平靜，寂然澄清。將此文與〈天文篇〉所言比對，則可列表如下〔註4〕：

淮南子 天文訓	虛 廓　宇 宙　元 氣 太　昭	氣分化	天　　地　　形　　成			陰 陽	四 時	萬 物
淮南子 俶真訓	有未始有夫未始有 有無者		有未始有夫未始 有有始者	有未始有 有始者	有　始　者	有有者		
			有　未　始　有　有　無　者			有無者		

〔註3〕　參見陳德和《淮南子的哲學》，嘉義：南華管理學院，1999年2月，頁123。

〔註4〕　見溫韌〈《淮南子》的天地演化說〉，《中國文化月刊》第一八六期，1995年4月，頁42～52。

參考書目

壹、專　著

一、傳統文獻（依古籍時代先後排列）

1. 荊門市博物館，《郭店楚墓竹簡》，北京：文物出版社，1998 年 5 月。
2. 馬王堆整理小組，《馬王堆漢墓文物》壹，北京：文物出版社，1980 年。
3. 尸子，《尸子》，京都：中文出版社，1982 年 6 月。
4. 王弼，《老子注》，台北：學海出版社，1994 年 5 月。
5. 陸德明，《經典釋文》，上海：上海古籍出版社，1985 年 10 月。
6. 朱熹，《四書集註》，台北：學海出版社，1991 年 3 月。
7. 王先謙，《荀子集解》，北京：中華書局，1988 年 9 月。
8. 郭慶藩，《莊子集釋》，台北：貫雅文化，1991 年 9 月。
9. 孫詒讓，《墨子閒詁》，台北：華正書局，1995 年 9 月。
10. 王念孫，《廣雅疏證》，南京：江蘇古籍出版社，2000 年 9 月。
11. 王念孫，《讀書雜志》，南京：江蘇古籍出版社，2000 年 9 月。
12. 朱駿聲，《說文通訓定聲》，台北：世界書局，1972 年 4 月。

二、近人論著專書（依出版時間先後排列）

（一）老子類

1. 蔣錫昌，《老子校詁》，台北：東昇文化，1980 年 4 月。
2. 王邦雄，《老子的哲學》，台北：東大圖書，1980 年 9 月。

3. 余培林,《新譯老子讀本》,台北:三民書局,1982 年 2 月。

4. 陳鼓應,《老子註譯及評介》,北京:中華書局,1984 年 5 月。

5. 袁保新,《老子哲學之詮釋與重建》,台北:文津出版社,1991 年 9 月。

6. 錢穆,《莊老通辨》,台北:三民書局,1991 年 12 月。

7. 許抗生,《老子研究》,台北:水牛,1992 年 1 月。

8. 王博,《老子思想的史官特色》,台北:文津出版社,1993 年 11 月。

9. 杜保瑞,《反者道之動──老子新說》,北京:華文出版社,1998 年 5 月。

10. 丁原植,《郭店竹簡老子釋析與研究》,台北:萬卷樓,1998 年 9 月。

11. 高明,《帛書老子校注》,北京:中華書局,1998 年 12 月。

12. 郭鶴鳴,《老子思想發微》,台北:文史哲出版社,1999 年 3 月。

13. 魏啓鵬,《楚簡《老子》柬釋》,台北:萬卷樓,1999 年 8 月。

14. 陳鼓應、白奚,《老子評傳》,南京:南京大學出版社,2001 年 7 月。

15. 尹振環,《楚簡老子辨析》,北京:中華書局,2001 年 11 月。

16. 艾蘭、魏克彬編、刑文譯,《郭店《老子》:東西方學者的對話》,北京:學苑出版社,2002 年 9 月。

(二)莊子類

1. 馬敍倫,《莊子義證》,台北:成文出版社印行。

2. 黃錦鋐,《新譯莊子讀本》,台北:三民書局,1974 年 1 月。

3. 陳鼓應,《莊子今註今譯》,台北:臺灣商務印書館,1984 年 3 月。

4. 楊儒賓,《莊周風貌》,台北:黎明文化,1991 年。

5. 崔大華,《莊學研究》,北京:人民出版社,1992 年 7 月。

6. 歐陽超、歐陽景賢,《莊子釋譯》,台北:里仁書局,1992 年 9 月。

7. 陳鼓應,《老莊新論》,台北:五南,1993 年 3 月。

8. 劉笑敢,《莊子哲學及其演變》,北京:中國社會科學出版社,1993 年 3 月。

9. 鄭世根,《莊子氣化論》,台北:臺灣學生書局,1993 年 7 月。

10. 孫以楷、甄長松,《莊子通論》,北京:東方出版社,1995 年 10 月。

11. 葉海煙,《老莊哲學新論》,台北:文津出版社,1997 年 9 月。

12. 吳汝鈞,《老莊哲學的現代析論》,台北:文津出版社,1998 年 6 月。

13. 譚宇權,《莊子哲學論評》,台北:文津出版社,1998 年 6 月。

14. 張京華,《莊子哲學辨析》,瀋陽:遼寧教育出版社,1999 年 4 月。

15. 池田知久著、黃華珍譯,《莊子──「道」的思想及其演變》,台北:國立編譯館,2001 年 12 月。

16. 王葆玹,《老莊學新探》,上海:新華書店,2002 年 5 月。

(三)黃老帛書類

1. 余明光,《黃帝四經與黃老思想》,哈爾濱:黑龍江人民出版社,1989 年
   8 月。
2. 余明光,《黃帝四經今注今釋》,長沙:岳麓書社,1993 年 3 月。
3. 陳鼓應,《黃帝四經今註今譯》,臺北:臺灣商務印書館,1995 年 6 月。

(四)管子類

1. 安井衡,《管子纂詁》,台北:河洛出版社,1976 年 3 月。
2. 郭沫若,《郭沫若全集》,北京:人民出版社,1984 年 10 月。
3. 徐漢昌,《管子思想研究》,台北:臺灣學生書局,1990 年 6 月。
4. 湯孝純,《管子述評》,台北:東大圖書,1995 年 3 月。
5. 顏昌嶢,《管子校釋》,長沙:岳麓書社,1996 年 2 月。
6. 胡家聰,《稷下爭鳴與黃老新學》,北京:中國社會科學出版社,1998 年
   9 月。
7. 白奚,《稷下學研究》,北京:生活・讀書・新知三聯書店,1998 年 9 月。
8. 王師冬珍等,《新編管子》,台北:國立編譯館,2002 年 2 月。

(五)鶡冠子類。

1. 戴卡琳著、楊民譯,《解讀《鶡冠子》——從論辯學的角度》,瀋陽:遼
   寧教育出版社,2000 年 10 月。
2. 孫福喜,《鶡冠子研究》,西安:陝西人民出版社,2002 年 1 月。

(六)呂氏春秋類

1. 牟鍾鑒,《《呂氏春秋》與《淮南子》思想研究》,濟南:齊魯書社,1987
   年 9 月。
2. 劉元彥,《雜家帝王學——《呂氏春秋》》,北京:生活・讀書・新知三聯
   書店,1992 年 6 月。
3. 王范之,《呂氏春秋研究》,呼和浩特:內蒙古大學出版社,1993 年 10
   月。
4. 張雙棣等,《呂氏春秋譯注》,北京:北京大學出版社,2000 年 9 月。
5. 陳奇猷,《呂氏春秋新校釋》,上海:上海古籍出版社,2002 年 4 月。

(七)淮南子類

1. 熊禮匯,《新譯淮南子》,台北:三民書局,1997 年 5 月。
2. 張雙棣,《淮南子校釋》,北京:北京大學出版社,1997 年 8 月。

3. 李增,《淮南子哲學思想研究》,台北:洪葉文化,1997 年 10 月。

4. 陳德和,《淮南子的哲學》,嘉義:南華管理學院,1999 年 2 月。

(八) 其他類。

1. 瀧川資言,《史記會注考證》,台北:藝文印書館印行。

2. 曾仰如,《形上學》,台北:臺灣商務印書館,1971 年 11 月。

3. 姜亮夫,《屈原賦校注》,台北:文光圖書,1974 年 8 月。

4. 牟宗三,《才性與玄理》,台北:臺灣學生書局,1975 年 11 月。

5. 李震,《哲學的宇宙觀》,台北:臺灣學生書局,1978 年 11 月。

6. 唐君毅,《哲學概論》,台北:臺灣學生書局,1979 年 9 月。

7. 楊伯峻,《列子集釋》,北京:中華書局,1979 年 10 月。

8. 李震,《中外形上學比較研究》,台北:中央文物供應社,1982 年 6 月。

9. 蕭萐父、李錦全,《中國哲學史》,北京:人民出版社,1982 年 12 月。

10. 牟宗三,《中國哲學十九講》,台北:臺灣學生書局,1983 年 10 月。

11. 陳遵媯,《中國天文學史》(第一冊),台北:明文書局,1984 年 2 月。

12. 任繼愈,《中國哲學發展史》秦漢編,北京:人民出版社,1985 年 2 月。

13. 吳光,《黃老之學通論》,杭州:浙江人民出版社,1985 年 6 月。

14. 李零,《長沙子彈庫戰國楚帛書研究》,北京:中華書局,1985 年 7 月。

15. 錢穆,《莊子纂箋》,台北:東大圖書,1985 年 11 月。

16. 深圳大學國學研究所,《中國文化與中國哲學》,北京:東方出版社,1986 年 12 月。

17. 楊儒賓,《先秦道家「道」的觀念的發展》,台北:國立臺灣大學出版委員會 1987 年 6 月。

18. 葛兆光,《道教與中國文化》,上海:上海人民出版社,1987 年 9 月。

19. 鄔昆如,《哲學概論》,台北:五南,1987 年 9 月。

20. 王葆玹,《正始玄學》,濟南:齊魯書社,1987 年 9 月。

21. 張舜徽,《周秦道論發微》,台北:木鐸出版社,1988 年 9 月。

22. 戴璉璋,《易傳之形成及其思想》,台北:文津出版社,1988 年 11 月。

23. 謝松齡,《天人象:陰陽五行學說史導論》,濟南:山東文藝出版社,1989 年 1 月。

24. 李學勤,《李學勤集》,哈爾濱:黑龍江教育出版社,1989 年 5 月。

25. 方立天,《中國古代哲學問題發展史》,北京:中華書局,1990 年 3 月。

26. 呂理政,《天、人、社會——試論中國傳統的宇宙認知模型》,台北:中央研究院民族學研究所,1990 年 3 月。

27. 小野澤精一等著、李慶譯，《氣的思想——中國自然觀和人的觀念的發展》，上海：上海人民出版社，1990 年 7 月。

28. 李志林，《氣論與傳統思維方式》，上海：學林出版社，1990 年 9 月。

29. 李存山，《中國氣論探源與發微》，北京：中國社會科學出版社，1990 年 12 月。

30. 張立文，《氣》，北京：中國人民大學出版社，1990 年 12 月。

31. 鍾肇鵬，《讖緯論略》，瀋陽：遼寧教育出版社，1991 年 1 月。

32. 陳師麗桂，《戰國時期的黃老思想》，台北：聯經出版社，1991 年 4 月。

33. 朱伯崑，《易學哲學史》，台北：藍燈文化，1991 年 9 月。

34. 牟鍾鑒、胡孚琛、王葆玹，《道教通論——兼論道家學說》，濟南：齊魯書社，1991 年 11 月。

35. 新城新藏著、沈璿譯，《中國天文學史研究》，台北：翔大圖書，1993 年 11 月。

36. 吳怡，《新譯老子解義》，台北：三民書局，1994 年 2 月。

37. 國立臺灣師範大學國文系，《紀念程旨雲先生百年誕辰學術研討會論文集》，台北：國立臺灣師範大學國文系，1994 年 5 月。

38. 陳鼓應，《易傳與道家思想》，台北：臺灣商務印書館，1994 年 9 月。

39. 李震，《宇宙論》，台北：臺灣商務印書館，1994 年 12 月。

40. 黃慶萱，《周易縱橫談》，台北：東大圖書，1995 年 3 月。

41. 王更生，《文心雕龍讀本》，台北：文史哲出版社，1995 年 6 月。

42. 徐志銳，《周易大傳新注》，台北：里仁書局，1995 年 10 月。

43. 徐志銳，《周易新解》，台北：里仁書局，1996 年 2 月。

44. 鄧啓耀，《中國神話的思維結構》，重慶：重慶出版社，1996 年 4 月。

45. 李學勤，《古文獻叢論》，上海：上海遠東出版社，1996 年 11 月。

46. 陳師麗桂，《秦漢時期的黃老思想》，台北：文津出版社，1997 年 2 月。

47. 楊儒賓，《中國古代思想中的氣論及身體觀》，台北：巨流圖書，1997 年 2 月。

48. 曾春海，《易經哲學的宇宙與人生》，台北：文津出版社，1997 年 4 月。

49. 湯炳正等，《楚辭今注》，上海：上海古籍出版社，1997 年 4 月。

50. 劉長林，《中國系統思維》，北京：中國社會科學出版社，1997 年 4 月。

51. 李玲璞、臧克和、劉志基，《古漢字與中國文化源》，貴陽：貴州人民出版社 1997 年 7 月。

52. 勞思光，《新編中國哲學史》，台北：三民書局，1997 年 10 月。

53. 金春峰，《漢代思想史》，北京：中國社會科學出版社，1997 年 12 月。

54. 鄺芷人,《陰陽五行及其體系》,台北:文津出版社,1998 年 2 月。

55. 王新華,《周易繫辭傳研究》,台北:文津出版社,1998 年 4 月。

56. 艾蘭、汪濤、范毓周,《中國古代思維模式與陰陽五行說探源》,南京:江蘇古籍出版社,1998 年 6 月。

57. 陳鼓應,《道家文化研究》第十四輯,北京:生活・讀書・新知三聯書店,1998 年 7 月。

58. 張琦,《素問釋義》,北京:科學技術文獻出版社,1998 年 8 月。

59. 歐崇敬,《混沌之知的構造》,台北:洪葉出版社,1998 年 11 月。

60. 張運華,《先秦兩漢道家思想研究》,長春:吉林教育出版社,1998 年 12 月。

61. 艾蘭著、楊民譯,《早期中國歷史、思想與文化》,瀋陽:遼寧教育出版社,1999 年 2 月。

62. 陳鼓應,《道家文化研究》第十五輯,北京:生活・讀書・新知三聯書店,1999 年 3 月。

63. 楊儒賓,《儒家身體觀》,台北:中央研究院中國文哲研究所籌備處,1999 年 4 月。

64. 陳鼓應,《道家文化研究》第十七輯,北京:生活・讀書・新知三聯書店,1999 年 8 月。

65. 龐樸,《當代學者自選文庫・龐樸卷》,合肥:安徽教育出版社,1999 年 9 月。

66. 丁原植,《文子新論》,台北:萬卷樓,1999 年 10 月。

67. 趙載光,《中國古代自然哲學與科學思想》,長沙:湖南人民出版社,1999 年 11 月。

68. 姜廣輝,《中國哲學》第二十輯(《郭店楚簡研究》),瀋陽:遼寧教育出版社,2000 年 1 月。

69. 姜廣輝,《中國哲學》第二十一輯(《郭店簡與儒學研究》),瀋陽:遼寧教育出版社,2000 年 1 月。

70. 周桂鈿,《秦漢思想史》,石家莊:河北人民出版社,2000 年 1 月。

71. 李零,《中國方術考》,北京:東方出版社,2000 年 4 月。

72. 莊萬壽,《道家史論》,台北:萬卷樓,2000 年 4 月。

73. 武漢大學中國文化研究院,《郭店楚簡國際學術研討會論文集》,武漢:湖北人民出版社,2000 年 5 月,,。

74. 黃漢光,《黃老之學析論》,台北:鵝湖出版社,2000 年 5 月。

75. 安徽大學古文字研究室,《古文字研究》第二十二輯,北京:中華書局,2000 年 7 月。

76. 陳鼓應，《道家文化研究》第一輯，台北：文史哲出版社，2000 年 8 月（在臺重版）。

77. 陳鼓應，《道家文化研究》第二輯，台北：文史哲出版社，2000 年 8 月（同上）。

78. 陳鼓應，《道家文化研究》第三輯，台北：文史哲出版社，2000 年 8 月（同上）。

79. 陳鼓應，《道家文化研究》第四輯，台北：文史哲出版社，2000 年 8 月（同上）。

80. 陳鼓應，《道家文化研究》第五輯，台北：文史哲出版社，2000 年 8 月（同上）。

81. 陳鼓應，《道家文化研究》第六輯，台北：文史哲出版社，2000 年 8 月（同上）。

82. 陳鼓應，《道家文化研究》第十輯，台北：文史哲出版社，2000 年 8 月（同上）。

83. 王利器，《文子疏義》，北京：中華書局，2000 年 9 月。

84. 徐復觀，《兩漢思想史（卷二）》，台北：臺灣學生書局，2000 年 9 月（臺六版）。

85. 丁四新，《郭店楚墓竹簡思想研究》，北京：東方出版社，2000 年 10 月。

86. 丁原明，《黃老學論綱》，濟南：山東大學出版社，2000 年 10 月。

87. 孫振青，《形而上學》，台北：洪葉文化，2001 年 1 月。

88. 郭沂，《郭店竹簡與先秦學術思想》，上海：上海教育出版社，2001 年 2 月。

89. 朱伯崑，《燕園耕耘錄——朱伯崑學術論集》，台北：臺灣學生書局，2001 年 3 月。

90. 熊鐵基，《秦漢新道家》，上海：上海人民出版社，2001 年 3 月。

91. 黃沛榮，《周易象象傳義理探微》，台北：萬卷樓，2001 年 4 月。

92. 馮時，《出土古代天文學文獻研究》，台北：臺灣古籍，2001 年 5 月。

93. 王博，《簡帛思想文獻論集》，台北：台灣古籍出版社，2001 年 5 月。

94. 李學勤，《簡帛佚籍與學術史》，南昌：江西教育出版社，2001 年 9 月。

95. 曾振宇，《中國氣論哲學研究》，濟南：山東大學出版社，2001 年 10 月。

96. 歐崇敬，《中國哲學史》先秦卷，台北：洪葉文化，2001 年 10 月。

97. 周立升，《兩漢易學與道家思想》，上海：上海文化出版社，2001 年 11 月。

98. 馮時，《中國天文考古學》，北京：社會科學文獻出版社，2001 年 11 月。

99. 王中江，《道家形而上學》，上海：上海文化出版社，2001 年 11 月。

100. 葛兆光，《中國哲學史（第一卷）》，上海：復旦大學出版社，2001 年 12 月。

101. 孫以楷、陳廣忠，《道家文化尋根》，合肥：安徽人民出版社，2001 年 12 月。

102. 曾春海，《兩漢魏晉哲學史》，台北：五南，2002 年 1 月。

103. 王初慶等，《紀實與浪漫——史記國際研討會論文》，台北：洪葉文化事業，2002 年 3 月。

104. 高亨，《周易大傳新注》，濟南：齊魯書社，2002 年 4 月。

105. 徐元誥，《國語集解》，北京：中華書局，2002 年 6 月。

106. 江林昌，《楚辭與上古歷史文化研究——中國古代太陽循環文化揭秘》，濟南：齊魯書社，2002 年 9 月。

107. 林忠軍，《《易緯》導讀》，濟南：齊魯書社，2002 年 11 月。

貳、近人論著期刊（依出版時間先後排列）

（一）老子類

1. 黃釗，〈試析老子書中的「一」——兼論「大」、「一」、「道」三者的關係〉，《中國哲學史》1983 年第 11 期，頁 41～46，1983 年。

2. 王金凌，〈論《道德經》的無為〉，《中山大學人文學報》第三期，頁 37～45，1995 年 4 月。

3. 周學武，〈老子書中之「一」〉，《文史哲學報》第四十三期，頁 95～105，1995 年 12 月。

4. 高晨陽，〈郭店楚簡《老子》的真相及其與今本《老子》的關係——與郭沂先生商討〉，《中國哲學史》1999 年第 3 期，頁 77～81，1999 年。

5. 丁原植，〈從出土《老子》文本看中國古典哲學的發展〉，《哲學與文化》廿六卷第四期，頁 317～335，1999 年 4 月。

6. 袁信愛，〈經典與詮釋〉，《哲學與文化》第廿六卷第四期，頁 344～351，1999 年 4 月。

7. 黃釗，〈竹簡《老子》應為稷下道家傳本的摘抄本〉，《中國哲學》2000 年第 4 期，頁 58～64，2000 年。

8. 許抗生，〈再讀郭店竹簡《老子》〉，《中州學刊》2000 年第 5 期，頁 74～79，2000 年。

9. 丁四新，〈從簡、帛、通行本比較的角度論《老子》文本演變的觀念、過程和規律〉，簡帛研究網站 http://www.bamboosilk.org/Wssf/2002/dinsixin01

-1.htm，2002 年 2 月 5 日。

10. 聶中慶，〈郭店楚簡《老子》構成新論〉，《古籍整理研究學刊》2002 年第 2 期，頁 22～24，2002 年。

（二）莊子類

1. 傅佩榮，〈莊子天論研究〉，《哲學與文化》第十二卷第六期，頁 44～54，1985 年 6 月。

2. 劉笑敢，〈莊子後學中的黃老派〉，《國文天地》第七卷第十一期，頁 33～38，1992 年 4 月。

3. 葉海煙，〈莊子哲學的「陰陽」概念〉，《宗教哲學》第三卷第三期，頁 88～99，1997 年 7 月。

4. 謝明陽，〈莊子氣論的思想體系〉，《鵝湖月刊》第二四卷第三期，頁 18～24，1998 年 9 月。

5. 劉榮賢，〈從老莊之異論二者於先秦爲不同的學術源流〉，《東海中文學報》第十二期，頁 75～100，1998 年 12 月。

6. 王葆玹，〈試論郭店楚簡的抄寫時間與莊子的撰作時代──兼論郭店與包山楚墓的時代問題〉，《哲學研究》1999 年第 4 期，頁 18～29，1999 年。

7. 劉榮賢，〈莊子外雜篇中老莊思想之融合〉，《靜宜人文學報》第十一期，頁 91～103，1999 年 7 月。

8. 劉榮賢，〈《莊子·外雜篇》中的黃老思想〉，《中山人文學報》第九期，頁 25～42，1999 年 8 月。

9. 劉榮賢，〈《莊子·外雜篇》中「氣」與「陰陽」觀念之發展〉，《暨大學報》第四卷第一期，頁 1～16，2000 年 3 月。

10. 張京華，〈莊子的宇宙定義及其現代意義〉，《中州學刊》2000 年第 4 期，頁 83～87，2000 年。

11. 莊萬壽，〈《莊子》與陰陽家〉，《師大學報》第四十五期，頁 1～13，2000 年 10 月。

12. 李存山，〈莊子思想中的道、一、氣──比照郭店楚簡《老子》和《太一生水》〉，《中國哲學史》2001 年第 4 期，頁 35～39，2001 年。

（三）黃老帛書類

1. 唐蘭，〈馬王堆出土《老子》乙本卷前古佚書的研究〉，《考古學報》1975 年第 1 期，頁 7～38，1975 年。

2. 龍晦，〈馬王堆出土《老子》乙本卷前古佚書探原〉，《考古學報》1975 年第 2 期，頁 23～31，1975 年。

3. 魏啓鵬，〈《黃帝四經》思想探源〉，《中國哲學》第四輯，頁 179～191，

北京：生活・讀書・新知三聯書店，1980 年。

4. 葛榮晉，〈試論《黃老帛書》的「道」和「無爲」思想〉，《中國哲學史研究》1981 年第 3 期，頁 47～53+21，1981 年。

5. 余明光，〈黃老思想初探──讀長沙馬王堆三號漢墓出土的古佚書《黃帝四經》〉，《中國哲學史》1985 年第 3 期，頁 54～60，1985 年。

6. 趙吉惠，〈關於「黃老之學」、《黃帝四經》產生時代考證〉，《哲學與文化》十七卷第十二期，頁 1088～1093，1990 年 12 月。

7. 趙吉惠，〈《黃帝四經》與先秦思想史研究〉，《哲學與文化》十七卷第八期，頁 708～717，1991 年 8 月。

8. 許抗生，〈《黃老之學新論》讀後的幾點思考〉，《管子學刊》1993 年第 1 期，頁 64～67，1993 年。

9. 陳鼓應，〈帛書《繫辭》和帛書《黃帝四經》〉，《周易研究》1993 年第 4 期，頁 1～8，1993 年。

10. 艾畦，〈《黃帝四經》對老子思想的吸收和繼承〉，《中國哲學史》1997 年第 1 期，頁 78～85，1997 年。

11. 方銘，〈《黃帝四經》《老子》《莊子》〉，《中國哲學》1998 年第 10 期，頁 77～83，1998 年。

12. 陸建華，〈《黃帝四經》──黃老道學的奠基之作〉，《安徽大學學報》第 23 卷第 3 期，頁 74～79，1999 年 5 月。

13. 李增，〈帛書《黃帝四經》道生法思想之研究〉，《哲學與文化》廿六卷第五期，頁 410～429，1999 年 5 月。

14. 謝君直，〈《道原》中的道論〉，《鵝湖》第二五卷第八期，頁 36～45，2000 年 2 月。

15. 張增田，〈《黃老帛書》研究綜述〉，《安徽大學學報》2001 年第 4 期，頁 111～118，2001 年。

16. 史婷婷，〈試論《黃帝四經》與《老子》之異〉，《管子學刊》2002 年第 2 期，頁 80～84，2002 年。

17. 崔永東，〈帛書《黃帝四經》中的陰陽刑德思想初初探〉，《哲學與文化》廿九卷第四期，頁 342～351，2002 年 4 月。

（四）太一生水類

1. 郭沂，〈試談楚簡〈太一生水〉及其簡本《老子》的關係〉，《中國哲學史》1998 年第 4 期，頁 33～38，1998 年。

2. 韓東育，〈《郭店楚墓竹簡・太一生水》與《老子》的幾個問題〉，《社會科學》1999 年第 2 期，頁 25～28+33，1999 年。

3. 莊萬壽，〈太一與水之思想探究──〈太一生水〉楚簡之初探〉，《哲學與

文化》廿六卷第五期，頁 394～401，1999 年 5 月。

4. 魏啓鵬，〈〈太一生水〉札記〉，《中國哲學史》2000 年第 1 期，頁 24～30，2000 年。

5. 魯瑞菁，〈《郭店楚簡·太一生水》的思想特色〉，《鵝湖》第二十五卷第九期，頁 13～17，2000 年 3 月。

6. 陶磊，〈〈太一生水〉發微〉，簡帛研究網站 http://www.bamboosilk.org/Wssf/Taolei.htm，2001 年 1 月 12 日。

7. 陳忠信，〈〈太一生水〉渾沌創世初探〉，《鵝湖》第二十六卷第十期，頁 47～53，2001 年 4 月。

8. 李二民，〈讀《太一生水》札記〉，簡帛研究網站，http://www.bamboosilk.org/Wssf/Liermin.htm，2001 年 4 月 9 日。

9. 劉信芳，〈《太一生水》與《曾子天圓》的宇宙論問題〉，簡帛研究網站，http://www.bamboosilk.org/Wssf/Liuxinfang5.htm，2001 年 4 月 9 日。

10. 趙東栓，〈〈太一生水〉篇的宇宙圖式及其文化哲學闡釋〉，《齊魯學刊》2001 年第 4 期，頁 72～78，2001 年。

11. 蕭漢明，〈《太一生水》的宇宙論與學派屬性〉，《學術月刊》2001 年第 12 期，頁 32～37，2001 年。

12. 張思齊，〈論道家「太一生水」的生成途徑〉，《中國哲學》2002 年第 1 期，頁 51～55，2002 年。

13. 丁四新，〈楚簡〈太一生水〉研究結論述要〉，簡帛研究網站，http://www.bamboosilk.org/Wssf/2002/dinsixin02.htm，2002 年 2 月 19 日。

（五）管子類

1. 裘錫圭，〈馬王堆《老子》甲乙本卷前後佚書與「道法家」——兼論《心術上》《白心》為慎到田駢學派作品〉，《中國哲學》第二輯，頁 68～84，北京：生活·讀書·新知三聯書店，1980 年 3 月。

2. 黃明同，〈淺談《管子·內業篇》精氣說的特點〉，《中國哲學史》1981 年第 2 期，頁 33～38，1981 年。

3. 周立升、王德敏，〈管子中的精氣論及其歷史貢獻〉，《哲學研究》1983 年第 5 期，頁 57～62，1983 年。

4. 馮禹，〈試論《管子》中關於「天」的思想〉，《管子研究》第一輯，頁 105～113，濟南：山東人民出版社，1987 年 11 月。

5. 黃釗，〈淺論《管子·水地》篇成文的時限〉，《管子研究》第一輯，頁 42～51，濟南：山東人民出版社，1987 年 11 月。

6. 李學勤，〈《管子·心術》等篇的再考察〉，《管子學刊》1991 年第 1 期，頁 12～16，1991 年。

7. 尹振環，〈《老子》、《管子》的「一」及其發展〉，《管子學刊》1991 年第 3 期，頁 16～22，1991 年。

8. 張岱年，〈《管子》書中的哲學範疇〉，《管子學刊》1991 年第 3 期，頁 3～7，1991 年。

9. 李霞，〈本世紀以來《管子》研究簡介〉，《中國哲學史》1994 年第 4 期，頁 73～76，1994 年。

10. 楊儒賓，〈論《管子》四篇的學派歸屬問題——一個孟子學的觀點〉，《鵝湖學誌》第十三期，頁 63～105，1994 年 12 月。

11. 李存山，〈關於〈內業〉等四篇精氣思想的幾個問題〉，《管子學刊》1997 年第 3 期，頁 39～46，1997 年。

12. 白奚，〈中國古代陰陽與五行說的合流——《管子》陰陽五行思想新探〉，《中國社會科學》1997 年第 5 期，頁 24～34，1997 年。

13. 袁信愛，〈《管子》中黃老道家的人學思想〉，《哲學與文化》廿四卷第十二期，頁 1130～1140，1997 年 12 月。

14. 樂愛國，〈《管子·內業》精氣說的再探討〉，《管子學刊》1998 年第 2 期，頁 59～61，1998 年。

15. 陳紅兵，〈《管子》水本原論淵源及其內在矛盾探析〉，《管子學刊》1998 年第 3 期，頁 15～20，1998 年。

16. 丁原植，〈古典哲學中「道原」問題探析〉，《輔仁大學哲學論集》第卅一期，頁 311～355，1998 年 6 月。

17. 丁原植，〈精氣說與精神、精誠兩觀念的起源〉，《中國哲學》1998 年第 7 期，頁 71～78，1998 年。

18. 李增，〈《管子》之宇宙觀〉，《國立編譯館館刊》第 27 卷第 2 期，頁 9～36，1998 年 12 月。

19. 陳鼓應，〈《管子》四篇的心學和氣論〉，《臺大哲學論評》第二十二期，頁 173～185，1999 年 1 月。

20. 李存山，〈再談《內業》等四篇的寫作時間——與學友白奚先生商榷〉，《中國哲學史》1999 年第 2 期，頁 116～123，1999 年。

21. 陳鼓應，〈《管子》四篇的道論〉，《國立臺灣大學哲學論評》第 23 期，頁 1～15，2000 年 1 月。

22. 謝明陽，〈從《老子》到《管子》四篇看「心」的概念之發展〉，《鵝湖》第二十五卷第八期，頁 8～19，2000 年 2 月。

23. 陳政揚，〈稷下黃老思想初探〉，《鵝湖》第二十五卷第十期，頁 24～37，2000 年 4 月。

24. 陳鼓應，〈《管子》〈形勢〉〈宙合〉〈樞言〉〈水地〉諸篇的黃老思想〉，《漢學研究》第 20 卷第 1 期，頁 1～26，2002 年 6 月。

（六）鶡冠子類

1. 張金城，〈鶡冠子箋疏〉，《國文研究所集刊》第二十九號，頁 641～793，1975 年 6 月。

2. 杜寶元，〈《鶡冠子》研究〉，《中國歷史文獻研究集刊》第五集，頁 51～60，長沙：岳麓書社，1985 年 5 月。

3. 譚家健，〈《鶡冠子》試論〉，《江漢論壇》1986 年第 2 期，頁 57～62，1986 年。

4. 葛瑞漢著、楊民譯，〈《鶡冠子》：一部被忽略的漢前哲學著作〉，《清華漢學研究》第一輯，頁 102～146，北京：清華大學出版社，1994 年。

5. 丁原明，〈《鶡冠子》及其在戰國黃老之學中的地位〉，《文史哲》1996 年第 2 期，頁 24～29，1996 年。

6. 孫福喜，〈《鶡冠子》與帛書《黃帝四經》語法、文體比較研究〉，《西北大學學報》2000 年第 3 期，頁 38～41，2000 年。

7. 熊鐵基，〈論《鶡冠子》的「道法」思想～兼論道法、黃老及其他〉，《華中師範大學學報》第 40 卷第 1 期，頁 94～102，2001 年 1 月。

8. 孫以楷，〈鶡冠子淮河西楚人考〉，《安徽大學學報》2001 年第 4 期，頁 93～95，2001 年。

9. 楊兆貴，〈近年《鶡冠子》研究簡評〉，《山東師範大學學報》2002 年第 47 卷第 1 期，頁 74～77，2002 年。

（七）呂氏春秋類

1. 王金凌，〈呂氏春秋的天人思想〉，《輔仁學誌》第 11 期，頁 509～527，1982 年 6 月。

2. 劉元彥，〈《呂氏春秋》的精氣說——兼論與德謨克利特原子論的異同〉，《傳統文化與現代化》1997 年第 2 期，頁 47～55，1997 年。

3. 修建軍，〈《呂氏春秋》與道家析論〉，《管子學刊》2000 年第 3 期，頁 53～57，2000 年。

4. 陳鼓應，〈從《呂氏春秋》到《淮南子》論道家在秦漢哲學史上的地位〉，《文史哲學報》第五十二期，頁 41～92，2000 年 6 月。

5. 陳鼓應，〈從《呂氏春秋》看秦道家思想特點〉，《中國哲學史》2001 年第 1 期，頁 86～92，2001 年。

6. 陳宏敬，〈《呂氏春秋》的自然哲學〉，《中國哲學史》2001 年第 1 期，頁 94～100，2001 年。

（八）淮南子類

1. 陳師麗桂，〈淮南子的道論〉，第一屆世界道學會議，第四屆老莊易學大

會論文，頁 50～73，1988 年 11 月。

2. 溫韌，〈《淮南子》的天地演化說〉，《中國文化月刊》第一八六期，頁 43 ～52，1995 年 4 月。

3. 胡楚生，〈釋《淮南子》中「道」的意義與「道」的效用〉，《文史學報》 第二十七期，頁 1～12，1997 年 6 月。

4. 朱書萱，〈淮南子「道」之形象思維〉，《中國學術年刊》第十九期，頁 177～195，1998 年 3 月。

（九）其他類

1. 莊師耀郎，〈原氣〉，《國文研究所集刊》第二十九號，頁 283～388，1975 年 6 月。

2. 劉文英，〈中國古代的時空觀念〉，《中國哲學史》1979 年第 9 期，頁 29 ～44，1979 年。

3. 劉文英，〈中國古代的時空觀念（續一）〉，《中國哲學史》1979 年第 12 期，頁 17～27，1979 年。

4. 劉文英，〈中國古代的時空觀念（續完）〉，《中國哲學史》1980 年第 3 期，頁 29～44，1980 年。

5. 杜維明，〈試談中國哲學中的三個基調〉，《中國哲學史研究》1981 年第 1 期，頁 19～25，1981 年。

6. 鍾肇鵬，〈先秦五行說的起源和發展〉，《中國哲學史研究》1981 年第 2 期，頁 3～15，1981 年。

7. 李存山，〈先秦氣論與古希臘伊奧尼亞哲學〉，《中國哲學史》1986 年第 9 期，頁 13～36，1986 年。

8. 葛兆光，〈眾妙之門——北極與太一、道、太極〉，《中國文化》第 3 期，頁 46～65，1990 年 12 月。

9. 連劭名，〈長沙楚帛書與中國古代的宇宙論〉，《文物》1991 年第 2 期，頁 40～46，1991 年。

10. 江曉原，〈上古天文考——古代中國「天文」之性質與功能〉，《中國文化》 第四期，頁 48～58，1991 年 8 月。

11. 劉長林，〈論五行學說的形成〉，《孔子研究》1993 年第 4 期，頁 9～19，1993 年。

12. 廖名春，〈論帛書《繫辭》的學派性質〉，《哲學研究》1993 年第 7 期，頁 58～65，1993 年。

13. 陳鼓應，〈也談帛書《繫辭》的學派性質〉，《哲學研究》1993 年第 9 期，頁 58～60，1993 年。

14. 崔大華，〈《易傳》的宇宙圖景與三個理論層面〉，《中州學刊》1994 年第

1 期，頁 71～77，1994 年。

15. 楊儒賓，〈從「生氣通天」到「與天地同流」——晚周秦漢兩種轉化身體的思想〉，《中國文哲研究集刊》第四期，頁 477～520，1994 年 3 月。

16. 吳疆，〈完全隱喻與中國哲學中的本體論陳述〉，《中國哲學史》1995 年 12 月，頁 4～13，1995 年。

17. 江曉原，〈古代中國人的宇宙〉，《傳統文化與現代化》1998 年第 5 期，頁 68～79，1998 年。

18. 王師開府，〈思想研究法綜論——以中國哲學為例〉，《國文學報》第二十七期，頁 147～187，1998 年 6 月。

19. 黃漢光，〈黃老之學初議〉，《鵝湖》第二四卷第七期，頁 16～24，1999 年 1 月。

20. 任繼愈，〈郭店竹簡與楚文化〉，《中國哲學史》2000 年第 1 期，頁 22～23，2000 年。

21. 陳鼓應，〈乾坤道家易詮釋〉，《中國哲學史》2000 年第 1 期，頁 3～17，2000 年。

22. 高懷民，〈《易緯‧乾鑿度》殘篇文解析——西漢形上思想的成就〉，《周易研究》2001 年第 1 期，頁 3～9。

23. 陳鼓應，〈道家老學與《周易》經傳思想脈絡詮釋〉，《臺大文史哲學報》第五十四期，頁 201～226，2001 年 5 月。

24. 張強，〈陰陽五行說的歷史與宇宙生成模式〉，《湖北大學學報》2001 年第 9 期，頁 77～83，2001 年。

25. 郭梨華，〈先秦老子後學之學術流派與哲學問題探究——從出土簡帛道家資料談起〉，國立臺灣師範大學國文學系，儒道學術國際研討會——先秦，2002 年 5 月 25 日。

26. 陳啟智，〈論《易傳》的學派屬性——與陳鼓應先生商榷〉，《周易研究》2002 年第 1 期，頁 8～18，2002 年。

27. 湯一介，〈論中國先秦解釋經典的三種模式〉，《中國哲學》2002 年第 4 期，頁 2～5，2002 年。

28. 林忠軍，〈試析鄭玄易學天道觀〉，《中國哲學史》2002 年第 4 期，頁 48～56。

29. 林忠軍，〈《易緯》宇宙觀與漢代儒道合流趨向〉，《哲學研究》2002 年第 10 期，頁 37～41。

30. 顏國明，〈「《易傳》是道家《易》學」駁議〉，《中國文哲研究集刊》第二十一期，頁 171～216，2002 年 9 月。

參、學位論文 (依出版時間先後排列)

1. 陳師麗桂,《淮南鴻烈思想研究》,國立臺灣師範大學國文研究所博士論文,于大成先生指導,1983 年 3 月。

2. 陳明恩,《氣化宇宙論主體架構的形成及其開展》,淡江大學中文研究所碩士論文,李正治先生指導,1995 年 6 月(1998 年 4 月修正稿)。

3. 吳仁昌,《《鶡冠子》研究》,中山大學中國文學研究所碩士論文,徐漢昌先生指導,1998 年 6 月。

4. 易天任,《先秦「氣」思想研究》,高雄師範大學國文研究所碩士論文,周虎林先生指導,2001 年 1 月。

5. 林靜茉,《帛書《黃帝書》研究》,國立臺灣師範大學國研所博士論文,傅武光先生指導,2001 年 6 月。

6. 諸葛俊元,《先秦兩漢「太一」思想的起源與演變》,靜宜大學中文研究所碩士論文,劉榮賢先生指導,2001 年 6 月。

7. 陳忠信,《先秦兩漢混沌神話研究》,彰化師範大學國文研究所碩士論文,陳金木先生指導,2002 年 1 月。